La solitude de François

Un pape prophétique,
une Église dans la tourmente

Du même auteur

François parmi les loups, Philippe Rey, 2015 ; Points, 2016

Marco Politi

La solitude de François

Un pape prophétique,
une Église dans la tourmente

Traduit de l'italien
par Samuel Sfez

Philippe Rey

Titre original : *La Solitudine di Francesco*

7, rue Rougemont – 75009 Paris

www.philippe-rey.fr

Pour Greta
Pour Gino Belleri, prêtre

À la croisée des chemins, il demanda à la Sphinge :
vais-je à droite, vais-je à gauche ?
Elle sourit : « Choisis la voie
qui te fut attribuée par le plan.
À gauche souffle la tempête,
à droite hurle le vent :
tu trouveras refuge dans le Labyrinthe. »

Mascha KALÉKO, poétesse

1
Le Dieu de François

L'enfant bondit du banc dans la cour devant l'église et se dirige vers le micro. Il ralentit le pas, hésite, s'arrête et regarde le pape assis en soutane blanche dans un fauteuil rouge. Emanuele a neuf ans, un coupe-vent bleu, un jogging gris. Ses camarades ont déjà posé leurs questions. Ils l'applaudissent pour l'encourager. Il reste immobile, fixe le micro, fixe le pontife venu en visite du Vatican, regarde sur le côté et tente de s'enfuir. « Je n'y arrive pas », s'exclame-t-il, fondant en larmes. Un monseigneur le pousse lentement vers le pape. « Viens me dire à l'oreille », l'exhorte François. Emanuele couvre ses yeux de ses mains, ses jambes résistent faiblement. Puis il se retrouve dans les bras de Bergoglio, en sanglots.

La banlieue abandonnée de Rome se trouve là, à quelques kilomètres du palais apostolique. Pas besoin d'aller jusque dans les bidonvilles de Buenos Aires. Ici, au Corviale, se dresse le cauchemar d'une utopie architecturale. Dans les années 1970, ils ont voulu créer un bâtiment qui soit une petite ville en soi. Un gratte-ciel horizontal avec des logements, des bureaux, des banques, des magasins. Vaguement inspiré par Le Corbusier et les lignes sobres du modernisme. Le résultat est un ghetto en béton d'un kilomètre de long, haut de neuf étages, constitué de trois blocs reliés entre eux. Avec de longues baies vitrées brisées en plusieurs endroits, l'eau qui envahit les escaliers, des ascenseurs souvent en panne, une alimentation électrique aléatoire.

Une ruche habitée par des familles avec des enfants, des personnes âgées seules, des dealers, des délinquants en quête d'un refuge, des locataires réguliers aux côtés de squatteurs et des enfants de la première génération d'occupants, qui avaient émigré dans d'autres quartiers mais sont revenus, car ici les loyers sont bas. Les banques, les bureaux et les commerces n'ont jamais ouvert. Ceux qui veulent peuvent acheter illégalement un miniappartement pour vingt ou vingt-cinq mille euros. À Rome, on appelle ce cauchemar de béton, situé dans une rue au nom poétique de Poggio Verde, le « Serpentone », le gros serpent.

« Ici, on vend de la drogue, mais il n'y a pas de délinquance, explique le curé Roberto Cassano. On n'entend pas parler de vols, de cambriolages, ni de viols. On peut se promener jusque tard, même les filles peuvent sortir leur chien à minuit. » L'État étant absent, d'autres maintiennent l'ordre. Des autres qui ont décidé qu'aux côtés de la majorité italienne habitent quelques immigrés asiatiques : Sri-Lankais, Pakistanais, Indiens. Pas d'Africains, pas de Roumains. Les douze familles roms qui habitent le « Serpentone » se contentent de dormir dans les appartements : le jour, elles retournent dans leur camp.

Emanuele parle doucement à l'oreille de François. Il a un frère et une sœur plus petits, son père est mort il y a quelques mois, sa mère, veuve, travaille occasionnellement dans un bar, mais il a aussi un grand frère autiste, aussi tendre qu'ingérable, avec de brusques crises de fureur durant lesquelles il hurle et se tape la tête contre les murs. Il est né de la première relation de sa mère. Quand son compagnon a découvert la maladie de son fils, il a dit : « C'est moi ou l'enfant. » Elisabetta, la mère, a choisi l'enfant.

François et Emanuele parlent à voix basse pendant une longue minute. François tient la tête de l'enfant dans sa main marquée par l'anneau, offert pour le début de son pontificat par le cardinal

Angelo Sodano, doyen du Collège des cardinaux. Il devait être en or, mais Bergoglio l'a accepté à condition qu'il soit en argent.

Le pape écoute, murmure sa réponse tout près de l'oreille d'Emanuele. Puis il s'adresse à la petite foule des enfants de la paroisse et dit : « Si seulement nous pouvions tous pleurer comme Emanuele quand nous avons une douleur telle que la sienne dans le cœur. » Les visites papales dans les paroisses comportent souvent une rencontre avec les enfants. Jeunes, vieux, malades sont des interlocuteurs incontournables. Ils font partie de la routine. Mais au pied de ce monstre de ciment, pas même adouci par une banderole qui annonce : « On voit mieux la réalité depuis les banlieues » (une citation du pape argentin), et face à ce public d'enfants, François touche l'un des points cruciaux et ardus de la doctrine chrétienne, du moins dans le sens traditionnel. Qu'arrive-t-il quand on n'est pas baptisé, qu'arrive-t-il quand on refuse Dieu ?

Le pape explique qu'Emanuele l'a autorisé à répéter en public la question qu'il lui a posée à l'oreille. Comme s'il arpentait les routes de Galilée, François raconte d'une voix posée le dilemme d'Emanuele : « Il n'y a pas longtemps, mon papa s'en est allé. Il était athée, mais il a fait baptiser ses quatre enfants. C'était un homme bien. Il est au ciel, mon papa ? »

Un bon père, qui a eu de braves enfants aussi courageux qu'Emanuele, un père qui n'était pas croyant, mais qui a fait baptiser ses enfants : quel sera son destin après la mort ? poursuit François, élaborant sa parabole. « C'est Dieu qui décide qui va au ciel, mais que ressent le cœur de Dieu face à un père comme celui-ci ? Vous pensez que Dieu serait capable de l'éloigner de Lui ? » Bergoglio ne s'adresse pas à des théologiens, il pose la question aux enfants. « Vous pensez ça ? » Non, crient-ils. « Dieu abandonne-t-Il Ses enfants ? » Non, crient-ils. « Dieu abandonne-t-Il Ses enfants, quand ils sont bons ? » Non, réplique l'auditoire. « Voilà la réponse, Emanuele. Dieu était sûrement fier de ton papa, car il est plus facile de faire baptiser ses enfants quand on est croyant que quand on ne l'est pas. » Cela a sûrement plu à Dieu, conclut le pape. Emanuele, qui avait enfoui son visage dans ses mains en regagnant sa place, se montre de nouveau et écoute attentivement, mordillant les jointures de sa main gauche. « Parle avec ton papa, prie ton papa », dit François en le saluant.

Peu avant, il avait répondu à une autre question, qui, dans sa spontanéité, se heurtait au noyau dur des croyances traditionnelles. « Bonjour, pape François, nous, quand on reçoit le baptême, on devient les enfants de Dieu. Et les personnes qui ne sont pas baptisées, elles ne sont pas les enfants de Dieu ? » lui avait demandé la petite Carlotta. Encore une fois, Bergoglio lui avait retourné la question : « Dis-moi, Carlotta, qu'est-ce que tu penses, toi ? Les gens qui ne sont pas baptisés, ce sont les enfants de Dieu ou non ? Que te dit ton cœur ? » Carlotta était restée un instant en équilibre, puis elle avait hasardé : « Oui. » Et Bergoglio raconte à nouveau son Dieu.

Tout le monde est enfant de Dieu. Même les non-baptisés ? Oui. Les bons et les méchants. Même ceux qui ne connaissent pas Jésus, va-t-il jusqu'à affirmer, même ceux qui ont une autre religion, qui sont loin. Même ceux qui ont des idoles ? « Oui », crient les enfants, excités. Même les mafieux ? Eux aussi sont des enfants de Dieu. Ils préfèrent se comporter comme des fils du diable, mais ce sont des enfants de Dieu, il faut prier pour qu'ils reviennent et le reconnaissent. « Tout le monde, tout le monde est enfant de Dieu », scande le pape[1].

Le curé don Cassano confiera par la suite que c'est l'une des questions les plus fréquentes des enfants : « Mon camarade de classe musulman, c'est un enfant de Dieu ? » Cassano rappelle que le catéchisme de l'Église catholique enseigne que l'on devient enfant de Dieu seulement avec le baptême. Tous les autres sont des « créatures », une distinction qui crée une frontière. « Moi aussi, j'avais envie de comprendre », ajoute-t-il. La réponse du pape semble l'avoir convaincu. « C'est une réponse générale », qui

1. François, visite pastorale à la paroisse romaine San Paolo della Croce, 15/04/2018.

englobe tout le monde. L'intégration du pape aussi le convainc. « La différence, c'est que ceux qui ont reçu le baptême ont un devoir supplémentaire, ils doivent se comporter comme un enfant du Père[2]. » Le curé, qui a fondé un groupe charismatique, apprécie cette vocation spéciale.

Tel est le Dieu de François. Il transcende l'Église, dépasse les barrières doctrinaires. Pour lui, Dieu se manifeste à tous les hommes au-delà des étiquettes identitaires. Ceux qui connaissent l'histoire de Jorge Mario Bergoglio savent qu'il a de solides bases théologiques malgré son parler populaire. Chacune de ses phrases possède un ancrage doctrinal, mais le pape argentin n'aime pas les constructions théologiques. Il les juge inadaptées à communiquer la Bonne Nouvelle dans l'époque d'aujourd'hui, et surtout incompréhensibles pour les nouvelles générations, auxquelles il a voulu consacrer le synode de 2018.

Mère Teresa disait que « Dieu n'est pas catholique ». Le pape François le proclame depuis la chaire de Pierre. La vieille devise *Extra ecclesiam nulla salus* (« Il n'est nul salut hors de l'Église ») est pour lui inconcevable. Dans les années 1960, le concile Vatican II avait réfuté cette position, mais, en fin de compte, la nouvelle vision selon laquelle Dieu accorde le salut par des voies mystérieuses, y compris à ceux qui n'ont pas embrassé la foi chrétienne, était restée l'apanage de cercles circonscrits. François la rend évidente d'une manière universelle et immédiatement compréhensible.

Même à partir d'un extrait de l'Évangile, François évoque toujours un Dieu universel, supérieur aux limites des confessions. Comme dans l'Angélus de novembre 2016 qui conclut l'année sainte de la Miséricorde. Le Dieu dont il parle est un Dieu « fidèle, plein d'attention, qui n'abandonne pas ses enfants. Dieu ne nous abandonne jamais! Cette certitude doit habiter notre cœur[3] ». C'est un Dieu toujours en mouvement qui n'attend pas d'être

2. Entretien avec l'auteur.
3. François, Angélus, 13/11/2016.

recherché par des êtres humains au comportement imparfait, indigent, « hésitant », affirme le pape argentin. Au contraire, il s'agit d'un Dieu qui cherche les personnes. Jésus les saisit et ne les lâche plus, prêche François, évoquant un christianisme qui est à la fois une grâce et une surprise. C'est pour cela qu'il exige « un cœur capable d'étonnement ». Et peu importe si l'on est pécheur ou si l'on a accumulé les échecs dans la vie[4].

Pas surprenant que, au cours des premières années de son pontificat, le pape Bergoglio ait tant fasciné agnostiques et non-croyants avec son icône d'un Dieu universel et miséricordieux, ainsi qu'avec l'image d'une Église « hôpital de campagne », au chevet des blessés du monde contemporain. Une maison ouverte, une communauté que François veut « prête à accueillir et à accompagner ». Immédiatement après la visite du pontife aux États-Unis à l'automne 2015, Michael Novak, penseur catholique américain, conservateur et ancien conseiller de Ronald Reagan, a expliqué que Bergoglio était parvenu à faire en sorte que « non-croyants, Juifs et protestants regardent l'Église catholique d'un œil nouveau, avec intérêt ». Car il avait compris qu'il fallait parler aux gens du noyau dur du christianisme : la miséricorde[5].

Dans un monde fragmenté, constellé de solitudes immenses – 13,2 % des Italiens n'ont personne à qui s'adresser en cas de difficulté, 28 % des personnes âgées des États-Unis passent leurs journées dans une solitude totale, en Angleterre la moitié des plus de 75 ans vivent seuls[6], sans compter la solitude existentielle de millions de personnes, bien qu'apparemment immergées dans une activité professionnelle –, François prêche incessamment la proximité divine, une intimité où « personne ne doit se sentir un intrus, quelqu'un qui abuse ou qui n'a pas de droits[7] ». Lors

4. François, *Famiglia cristiana*, 19/04/2017.
5. E. Molinari, *Avvenire*, 13/03/2016.
6. M. Ainis, *La Repubblica*, 03/09/2018.
7. François, Angélus, 01/07/2018.

de la clôture de l'année de la Miséricorde, il a associé de manière indissoluble le concept religieux de miséricorde à celui social et psychologique d'inclusion : « Ouvrir grand les bras pour accueillir sans exclusion, sans classer les autres en fonction de leur condition sociale, de leur langue, de leur race, de leur culture, de leur religion : nous sommes seulement face à une personne qu'il faut aimer comme Dieu l'aime[8]. »

S'adresser universellement à tous, sans frontières, est ce qui caractérise depuis le début l'horizon de François. Dans sa première exhortation apostolique *Evangelii gaudium*, document programmatique du pontificat, *tous* est un mot fondamental : il revient 139 fois[9]. L'ingénieuse distinction du cardinal Joseph Ratzinger, quand il était préfet de la Congrégation pour la doctrine de la foi du temps de Jean-Paul II, selon laquelle le catholicisme reste « la seule Église du Christ » tandis que les autres confessions chrétiennes figurent à un échelon inférieur et les autres religions à un degré encore plus bas, est totalement étrangère au pape argentin[10].

C'était en l'an 2000, les distinctions de Ratzinger résonnaient dans la déclaration *Dominus Iesus*, approuvée par Jean-Paul II. Monseigneur Tarcisio Bertone (alors secrétaire de l'ancien Saint-Office) soulignait que le contenu de ce document était « infailliblement proposé par le magistère » de l'Église et exigeait de chaque fidèle « un assentiment définitif et irrévocable[11] ». Ce texte avait aussitôt suscité des polémiques dans le monde catholique et au-delà : par sa rigidité, il s'opposait au symbole de nombreux gestes œcuméniques de Jean-Paul II. Il faut croire fermement que l'Église est nécessaire au salut et que le Christ est la seule voie vers ce but, insistait Ratzinger. Il était temps de réaffirmer les « vérités

8. François, *Avvenire*, 13/11/2016.
9. Il s'agit du décompte dans la traduction française officielle.
10. J. Ratzinger, déclaration *Dominus Iesus*, 06/08/2000.
11. M. Politi, *La Repubblica*, 06/09/2000.

égarées » par certaines tendances au dialogue, affirmait le cardinal qui monterait sur le trône papal quelques années plus tard. Il était urgent de lutter contre « l'idée erronée que les religions du monde sont complémentaires à la révélation chrétienne », oubliant que celles-ci contiennent également des erreurs et des superstitions. Le futur Benoît XVI se dressait contre « l'idéologie du dialogue qui se substitue à la mission et à l'urgence de l'appel à la conversion ».

À peine élu, le pape Bergoglio confiait à l'athée Eugenio Scalfari, fondateur du quotidien *La Repubblica*, que « le prosélytisme est une sottise sans nom, ça n'a pas de sens [...]. Le monde est parcouru de voies qui rapprochent ou éloignent, mais l'important est qu'elles mènent vers le Bien », car chacun possède sa vision du Bien et du Mal, et « nous devons l'inciter à se diriger vers ce qu'il pense être le Bien »[12]. Puisque, dans cet entretien, on ne sait trop quelle est la part de la farine de Bergoglio et la part de la levure de Scalfari, le pape argentin a développé cette idée à plusieurs reprises au cours de son pontificat. Il l'a dit aux néocatéchuménaux lors d'une rencontre sur l'esplanade de Tor Vergata : « Jésus [...] ne dit pas : conquérez, occupez, mais "faites des disciples", c'est-à-dire partagez avec les autres le don que vous avez reçu, la rencontre d'amour qui vous a changé la vie. » D'où la critique ouverte du pape contre la dynamique du prosélytisme[13]. Il l'a répété dans l'atmosphère plus intime des messes matinales dans sa résidence à Sainte-Marthe : « Transmettre la foi n'est pas faire du prosélytisme [...], ce n'est pas chercher des gens qui soutiennent une équipe de foot, un club, un centre culturel. » À ce sujet, François aime citer une phrase de Benoît XVI, qui s'était persuadé au fil des ans que le christianisme, devenu minoritaire en Europe, doit retrouver son essence : « L'Église croît non par prosélytisme, mais par attraction. » Par témoignage, glose François[14].

12. E. Scalfari, entretien avec le pape François, *La Repubblica*, 01/10/2013.
13. François, rencontre internationale néocatéchuménale, 05/05/2018.
14. François, messe à Sainte-Marthe, *Vatican news*, 03/05/2018.

Le Dieu de François est apparu clairement dans un message vidéo consacré au dialogue interreligieux. Dans cette vidéo diffusée par la télévision du Vatican, les mots du pape alternent avec la profession de foi d'un chrétien, d'un juif, d'un musulman et d'un bouddhiste. « Je me fie à Bouddha », dit le bouddhiste. « Je crois en Jésus-Christ », dit le prêtre catholique. « Je crois en Dieu », dit le rabbin. « Je crois en Allah », dit le musulman. Beaucoup de gens pensent de manière différente, ressentent les choses de manière différente, « cherchent Dieu ou le trouvent de manière différente », affirme François. Dans le texte intégral, dont il existe une version imprimée, le pape inclut également dans la filiation divine ceux qui se disent agnostiques et « ne savent pas si Dieu existe ou non », et même ceux qui se disent athées. Le pape est animé par la conviction que « dans cette multitude, dans cette vaste gamme de religions, il existe une seule certitude pour tous : nous sommes tous les enfants de Dieu[15] ».

Aujourd'hui encore, cette affirmation scandalise les fidèles les plus traditionalistes. Entre le catéchisme et le pape, qui a raison ? C'est la question qu'a posée un lecteur désorienté à la revue *Famiglia cristiana*, contraignant le théologien chargé de lui répondre à une complexe contorsion doctrinale : oui, le baptisé est intégré à l'Église, qui est la communauté des enfants de Dieu, mais de manière « inclusive », c'est-à-dire que « cette appartenance ne doit pas susciter en nous un sentiment de supériorité ou de mépris envers ceux qui n'ont pas reçu le baptême ». Il s'agit plutôt de redécouvrir les origines communes de toutes les créatures et de vivre dans la solidarité[16]. Épuisantes subtilités. Une partie des catholiques ne s'écarte pas de l'ancien horizon et reste irritée. Sur le site de la revue, parmi de nombreux commentaires favorables à François, on peut aussi lire l'opinion polémique de Giuliano : « Qu'est-ce que c'est que ça, le nouveau catéchisme ? [...] Veut-

15. François, message vidéo, *La Stampa – Vatican Insider*, 06/01/2016.
16. *Famiglia cristiana*, 07/02/2017.

on dire qu'au nom de l'œcuménisme, le baptême ne signifie plus rien ? Le baptême de Jésus n'était-il qu'un shampooing ? Le péché originel n'existe plus ? Toutes les fois se valent ? »

François est un peu « évangéliste », a un jour laissé échapper l'un de ses cardinaux électeurs, par ailleurs favorable à sa ligne réformatrice. Ce qui est sûr, c'est que la vision qu'a le pape de l'annonce de la Bonne Nouvelle échappe aux cages doctrinales bâties au fil des siècles. Le père Federico Lombardi, jésuite comme le pape, porte-parole de Benoît XVI et du pontife argentin, admet avoir été frappé par l'insistance avec laquelle François répète la plaisanterie attribuée au patriarche Athénagoras de Constantinople lors d'un entretien avec Paul VI : « Les théologiens, envoyons-les tous discuter sur une île et, nous, occupons-nous de l'œcuménisme ! » Le fait est que Bergoglio est parfaitement convaincu que « Dieu est toujours plus grand que ce que nous avons prévu et calculé ». C'est le Dieu des surprises qui ouvre de nouveaux horizons et nous place toujours face à des situations nouvelles[17].

Les ennemis de Bergoglio ne cessent de lui reprocher d'avoir participé, en tant qu'archevêque de Buenos Aires, à la rencontre entre évangélistes pentecôtaux et catholiques, qui eut lieu en 2006 dans un stade de la capitale argentine, et où fut lue une déclaration commune rompant toutes les barrières confessionnelles : « Nous sommes venus célébrer le fait qu'il n'existe qu'une Église, formée de tous ceux qui professent que Jésus est le Seigneur et ont été baptisés. » Le dessein de Dieu, affirmait-on, est « une humanité diverse mais unie[18] ». Depuis le début, François a souhaité s'adresser à la grande mosaïque d'une humanité caractérisée par de multiples traditions et cultures, présentant un Dieu qui sait parler à chacun. Dieu apporte le salut à tout le monde et offre « un chemin pour unir chacun des êtres humains de tous les temps[19] ».

17. F. Lombardi, *Popoli*, 03/12/2014.
18. *Zenit*, 22/06/2006.
19. François, *Evangelii gaudium*, 24/11/2013.

Aux nouveaux cardinaux créés lors du troisième consistoire du pontificat, Bergoglio a donné une indication précise : « Dans le cœur de Dieu, il n'y a pas d'ennemis, Dieu n'a que des enfants. » Ce sont les hommes qui classent qui dressent des murs et des barrières. Lors de la messe célébrée au Caire pendant son voyage en Égypte en 2017, le pape argentin déclare explicitement : « Pour Dieu, il vaut mieux ne pas croire qu'être un faux croyant, un hypocrite[20] ! »

Des liens subtils existent dans l'histoire de l'Église entre un pontificat et l'autre. Tandis que le XXIe siècle débute, Joseph Ratzinger pressent que le seul mot convaincant que le christianisme peut offrir aux masses de la planète, qui oscillent entre laïcisation et résurgence fondamentaliste, est celui-ci : amour. Bien qu'il soit galvaudé, dit Benoît XVI avec un trait d'humour dans son encyclique *Deus caritas est* (« Dieu est amour »), consacrée à l'amour de Dieu pour l'homme et à l'amour du chrétien pour son prochain. Un texte où le pape professeur se fait lyrique quand il décrit un Dieu à la fois principe métaphysique à l'origine de toute chose, *logos*, raison primordiale, mais aussi « aimant avec toute la passion d'un vrai amour », où l'*éros* (amour-passion) se confond avec l'*agapè* (amour-affection solidaire).

François reprend cette idée, l'exalte et en fait un message compréhensible par tous, la ligne directrice de l'Église à l'ère de la mondialisation. L'amour divin, affirme-t-il, est « un amour viscéral, un amour maternel/paternel, inconditionnel [...]. Notre Père n'attend pas que nous soyons bons pour aimer notre monde [...] que nous soyons moins injustes ou parfaits[21] ».

Le changement de cap advenu sous les deux pontificats apparaît dans une statistique publiée en 2018. Le mot le plus utilisé par Jean-Paul II, Jean-Paul Ier, Paul VI et Jean XXIII est « Église ». Bergoglio et Ratzinger mettent en avant « amour ». Pour le pape

20. François, homélie, 29/04/2017.
21. François, homélie pour le consistoire, 19/11/2016.

argentin, « Église » vient au troisième rang. Derrière « vie ». Raniero La Valle, intellectuel catholique de premier plan de l'ère conciliaire et postconciliaire, affirme que le pontificat de François est messianique, car il annonce un temps qui est déjà présent et où « l'humanité ne compte ni élus ni rebuts, où il n'y a pas de vides à perdre ». Où il n'y a pas de place pour l'idéologie du talion, car « la justice n'est pas une balance avec sur un plateau l'offense, sur l'autre la vengeance ». Dieu n'a pas besoin d'être dédommagé ni « satisfait » pour pardonner[22].

François choisit souvent les enfants pour expliquer sa Bonne Nouvelle. Quelques semaines avant sa visite dans la banlieue de Rome pour rencontrer le petit Emanuele, un groupe d'orphelins roumains est venu le voir au Vatican. L'un d'eux lui a fait part du décès d'un ami : « Il est mort pendant la semaine sainte. Un prêtre orthodoxe nous a dit qu'il est mort pécheur et qu'il n'ira pas au paradis… » Le garçon refuse d'y croire. Peut-être que ce prêtre ne savait pas ce qu'il disait, répond le pape, peut-être qu'il ne se sentait pas bien ce jour-là. « Aucun d'entre nous ne peut dire que quelqu'un n'est pas allé au ciel. Je vais te dire quelque chose qui te surprendra peut-être : on ne peut même pas le dire de Judas. »

François évoque à nouveau Jésus bon berger, qui cherche la brebis égarée et ne prend pas peur quand il trouve les gens dans un état de grande fragilité, salis par le péché, abandonnés par tout, par la vie. « Il nous prend dans les bras et nous embrasse… Connaissant Jésus, je suis sûr que pendant cette semaine sainte, c'est ce qu'a fait le Seigneur avec votre ami. » Car Dieu, s'entête le pape argentin, veut mener tout le monde au paradis[23]. Même Hitler, même Staline ? lui a demandé Giovanni di Lorenzo, directeur de l'hebdomadaire allemand *Die Zeit* lors d'une interview. « Je ne sais pas, c'est possible… », a répondu le pape. On ne peut pas dire que Judas est au ciel, mais on ne peut pas non plus affirmer le

---

22. R. La Valle, *Rocca*, 01/04/2018.
23. *Avvenire*, 19/02/2018.

contraire. François décrit à son interlocuteur le chapiteau d'une colonne de la basilique médiévale de Vézelay, en France. D'un côté, on voit Judas pendu, de l'autre le bon berger qui emmène son cadavre sur son dos.

Nul ne peut deviner la personnalité ou le tempérament du pape qui viendra après Bergoglio, mais ce dernier a imprimé cette image de Dieu de manière irréversible dans l'esprit et dans le cœur de millions de contemporains. Il sera difficile de revenir en arrière et de proclamer depuis le Vatican un Dieu juge, père et patron. Cependant, bien que François ait attiré l'attention d'hommes et de femmes au-delà de leur credo religieux ou philosophique, l'Église n'a pas vu augmenter sa popularité. Au contraire. Moins de quatre Italiens sur dix lui font confiance[24].

24. Sondage Demos, *La Repubblica*, 24/12/2018.

2

Un antipape en Italie

Le 4 mars 2018, après les élections générales italiennes, François se retrouve minoritaire en Italie. C'est comme s'il avait perdu les élections. Le Mouvement 5 Étoiles (*Movimento 5 Stelle*, M5S) et la Ligue s'emparent du Parlement. Le Parti démocratique s'effondre à 18 %. Forza Italia, le parti de Berlusconi, chute à 14 %. Un quart de siècle d'histoire part en fumée. Pour l'Église aussi, c'est un choc.

Quel a été le message de François pendant cinq ans ? interroge l'historien Andrea Riccardi, fondateur de la communauté de Sant'Egidio. « Un message d'espoir, d'ouverture aux étrangers, pour une plus grande intégration européenne. » Et pourtant, c'est la colère, la peur et un anti-européisme confus qui ont gagné. L'Église et le monde catholique s'aperçoivent que l'électorat va dans une autre direction. Une partie des catholiques ont voté pour la Ligue et le Mouvement 5 Étoiles. Pour eux, le discours du pape n'a eu aucun poids : « D'une certaine manière, c'est une défaite pour l'Église[25] », conclut Riccardi.

25. S. Turco, *L'Espresso*, 18/03/2018.

Pendant plus de soixante-dix ans, l'Église catholique a toujours pu influer sur les partis politiques italiens : Démocratie chrétienne (DC), Parti communiste italien (PCI), Parti socialiste italien (PSI), républicains et libéraux. Le Saint-Siège communiquait avec toutes les formations politiques, selon des paradigmes différents. Il exerçait la plus grande influence sur la Démocratie chrétienne, une influence moindre sur les radicaux. Mais Jean-Paul II avait même établi un lien avec « notre ami » Marco Pannella, dirigeant historique du Parti radical. Dès 1994, à la fin de la Première République, le paysage ne changea pas. Le Vatican et la Conférence épiscopale italienne (CEI) nouèrent une alliance avec Berlusconi, mais ils eurent en temps voulu, et sous des formes parfois tendues, des échanges avec le centre gauche du catholique romain Romano Prodi, du socialiste Giuliano Amato et de l'ancien communiste Massimo d'Alema. Les technocrates Carlo Azeglio Ciampi et Mario Monti, plusieurs fois invités à la messe matinale du Vatican par Jean-Paul II, étaient également catholiques pratiquants. Par la suite, Matteo Renzi a commencé sa carrière politique dans les rangs du Parti populaire italien, né en 1994 des cendres de la Démocratie chrétienne.

Les vainqueurs des élections du 4 mars ont un passif radicalement différent. Le Mouvement 5 Étoiles, lancé par l'humoriste Beppe Grillo, à l'origine des « Vaffa Days », reçoit des soutiens transversaux de droite comme de gauche et tient une ligne mouvante à l'égard de l'Église. Tantôt rude, tantôt ouverte au dialogue. Dans ses spectacles de masse, Grillo mime la distribution des hosties, déposant dans la bouche de ses ouailles des grillons séchés et annonçant : « Le pape François est grilliste, il a copié notre programme. » Dans le même temps, ses soutiens attaquent durement l'Église pour ses taxes impayées et contestent l'afflux d'argent public dans les caisses de la CEI par le biais du « huit pour mille », l'impôt qui finance les cultes. Une tentative de rapprochement entre le M5S et le monde catholique échoue quand, en avril 2017, le directeur d'*Avvenire*, Marco Tarquinio, introduit dans le journal des évêques une longue interview de

Grillo et confie dans le *Corriere della Sera* que de nombreux catholiques participent aux initiatives du Mouvement : « [Sur] les grands thèmes, du travail à la lutte contre la pauvreté, dans les trois quarts des cas, nous avons la même sensibilité[26]. » Le monde catholique n'apprécie pas. Face à la polémique, Tarquinio est contraint de faire machine arrière.

La CEI ne veut aucune implication avec les partis politiques. François décide de couper symboliquement le cordon ombilical qui liait le Vatican et la politique italienne de Pie XII à Benoît XVI. En septembre 2017, il nomme nonce en Italie le Suisse monseigneur Paul Tscherrig. C'est une nouveauté absolue. Il n'était jamais arrivé que l'ambassadeur du Vatican auprès du gouvernement italien – par ailleurs chargé d'aider les pontifes à sélectionner les futurs évêques en Italie – soit étranger. En août 2018, François accomplit un deuxième pas pour affirmer une séparation nette entre le Saint-Siège et la vie politique italienne. Il nomme substitut de la Secrétairerie d'État l'archevêque vénézuélien Edgar Peña Parra. Monseigneur Suppléant, comme on l'appelle habituellement, est le numéro trois de la hiérarchie du Vatican et occupe depuis toujours des fonctions de supervision de la situation politique, sociale et ecclésiastique en Italie. L'arrivée d'un Latino-Américain marque la fin d'une époque.

En détachant la papauté des intrigues italiennes, François ne s'attendait cependant pas à trouver à la tête du pays une personnalité si hostile à son prêche. Au printemps 2018, Matteo Salvini est secrétaire de la Ligue, le deuxième parti de la nouvelle coalition de gouvernement. Sur le plan des chiffres, il se trouverait relégué dans une position d'infériorité. Aux élections de 2018, le M5S, mené par Luigi Di Maio, obtient en effet 32 % des voix. Et la Ligue à peine plus de la moitié. Pourtant, en peu de temps, Salvini, outrepassant largement son rôle officiel de vice-Premier ministre et de ministre de l'Intérieur, s'affirme comme l'homme

---

26. C. Zapperi, *Corriere della Sera*, 19/04/2017.

fort du nouveau pouvoir. Son cheval de bataille, grâce auquel il a fait passer la Ligue de 4 % lors des élections de 2013 à 17 % en 2018, est la lutte contre l'« invasion » des migrants et pour leur expulsion massive. L'objectif affiché de sa campagne électorale est d'en rapatrier un demi-million. La politique de Salvini est aux antipodes du prêche de François. Ses actions, et particulièrement son langage, tendent à marginaliser l'Église de Bergoglio.

François a inauguré son pontificat par une visite à Lampedusa, en solidarité avec les migrants, qui risquent leur vie pour aborder en Europe, et en soutien aux habitants, aux volontaires et aux forces de l'ordre qui leur viennent en aide. Face à l'opinion publique planétaire, François a dénoncé la mondialisation de l'indifférence, pointant du doigt ceux qui, dans l'anonymat, « prennent des décisions socio-économiques qui ouvrent la voie à des drames comme celui-ci[27] ». Trois ans plus tard, accompagné du patriarche œcuménique Bartholomée Ier et de l'archevêque majeur Hiéronyme d'Athènes, le pape arrive sur l'île grecque de Lesbos, première étape des réfugiés du Moyen-Orient cherchant à s'installer en Europe. Au port de Mytilène, tous trois jettent des couronnes à la mer en l'honneur des victimes noyées pendant la traversée depuis la Turquie. François prie Dieu : « Ouvre nos yeux à leurs souffrances et libère-nous de l'insensibilité [...]. Ceux qui gagnent nos côtes [sont] nos frères et sœurs[28]. » Dans son avion, le pape ramène au Vatican douze réfugiés syriens musulmans, suscitant le mécontentement des conservateurs catholiques, qui l'accusent insidieusement de négliger les persécutions contre les chrétiens.

Depuis qu'il est devenu pape, François revient sans relâche sur le thème de l'accueil. « Repousser en mer [les migrants] est un acte de guerre », met-il en garde. Soudain, après le retournement électoral, il assiste contraint et forcé à la rhétorique violente contre

27. François, homélie, Lampedusa, 08/07/2013.
28. François, prière, 16/04/2016.

les migrants du gouvernement jaune-vert dominé par Salvini. Le leader de la Ligue s'opposait dès 2015 au prêche du pape. Lors des meetings de son parti, où il arborait un T-shirt « Pelleteuses en action » (allusion à l'expulsion des campements roms), il ne mâchait pas ses mots : « Tu ne peux pas tendre l'autre joue à celui qui arrive chez toi et dont le seul but est de te trancher la gorge parce que tu ne crois pas en son dieu. » Et que les évêques ne s'avisent pas de s'interposer. « Je le dis comme le dernier des pécheurs [...] : que l'évêque reste évêque et ne casse pas les couilles aux maires et aux administrateurs[29] ! »

D'année en année, Salvini a développé une stratégie à l'encontre du message social de l'Église. Il rend un hommage de pure forme à François, fait l'éloge de l'« Église saine » (composée du clergé et des fidèles qui partagent la propagande de la Ligue) et critique les positions ecclésiastiques en faveur des migrants. Lors de la visite pontificale de François à Lesbos, le leader de la Ligue postait sur Facebook : « Avec tout le respect que je lui dois, le pape a tort [...] Il y a des pauvres en Grèce, mais aussi à deux minutes du Vatican. Peut-être que ça fait moins chic parce qu'il ne va pas les chercher en avion, mais il y en a ici aussi[30]. » Au cours des semaines qui suivent les élections, le chef de la Ligue se révèle être le plus habile sur la scène politique italienne. Son premier geste consiste à obliger Di Maio, leader du Mouvement 5 Étoiles dont le poids électoral est presque le double de celui de la Ligue, à renoncer au poste de président du Conseil. Le poste sera occupé par Giuseppe Conte, figure incolore, avocat et universitaire. Le 1er juin 2018, à peine installé au palais du Viminal en tant que ministre de l'Intérieur, Salvini déclenche sa guerre politique et médiatique contre l'immigration.

Dans la nuit du 9 au 10 juin, le navire *Aquarius*, appartenant à Médecins sans frontières, recueille à son bord 623 migrants

29. *Il Fatto Quotidiano*, 16/08/2015.
30. *Il Messaggero*, 16/04/2016.

lors de six opérations de sauvetage distinctes, coordonnées par les garde-côtes italiens. La composition des passagers reflète les fuites désespérées à travers la Méditerranée, mais aussi la cruauté des trafiquants d'hommes, qui mettent à la mer des embarcations vouées au naufrage. On trouve 123 mineurs non accompagnés, 11 enfants, 7 femmes enceintes. Le ministre de l'Intérieur ordonne de fermer les ports italiens. Un bras de fer international s'engage, qui se conclut le 17 juin, quand l'*Aquarius* jette l'ancre dans le port de Valence, en Espagne. Salvini exulte sur Facebook : « Pour la première fois, un navire parti de Libye pour l'Italie accoste dans un autre pays : quelque chose est en train de changer, nous ne sommes plus le paillasson de l'Europe. »

Le navire marchand danois *Alexander-Maersk*, qui a sauvé 110 personnes, doit attendre quatre jours avant de débarquer sa cargaison humaine à Pozzallo, en Sicile. Le 21 juin éclate l'affaire du navire allemand *Lifeline*, qui a secouru 224 migrants. Nouveau refus de Salvini : une solution est trouvée seulement le 26 juin, quand huit pays s'accordent sur la répartition des migrants. Salvini célèbre la victoire de son attitude musclée. Il considère même comme un succès le fait que, le 23 juin, des vedettes libyennes aient intercepté sept Zodiacs avec 820 désespérés à leur bord, pour les ramener en Libye. Quand le pape François voit les images des camps où sont enfermés les migrants en Libye, il est extrêmement perturbé.

Le 20 août, c'est au tour du navire *Diciotti*, appartenant aux garde-côtes italiens, de faire la une. Malte refuse d'accueillir les 177 migrants sauvés par l'équipage au large de Lampedusa, Salvini exige une redistribution des réfugiés entre les pays européens. Les migrants resteront bloqués pendant plusieurs jours dans le port de Catane. Le 22 août, Salvini autorise le débarquement de 29 mineurs. Trois jours plus tard, d'autres autorisations sont accordées pour raisons sanitaires. Ce n'est que le 25 août que tous reçoivent le permis de débarquer. L'Église italienne s'est engagée à accueillir cent réfugiés dans ses structures, les autres doivent être envoyés vers l'Albanie (où ils n'iront jamais) et en Irlande. Ce qui intéresse le leader de la Ligue, c'est l'action symbolique, peu lui importe que, pendant ce temps, d'autres débarquements aient eu lieu sur les côtes italiennes. En raison de l'inertie de l'Union européenne, la majorité de l'opinion publique penche de son côté.

François ne reconnaît plus cette Italie. Un pays où ses paroles, bien que retransmises à la télévision et dans les journaux, ne parviennent plus à inverser la tendance qui s'empare de l'électorat. La majorité de la population éprouve toujours de la sympathie pour le pape, mais approuve le style autoritaire du ministre Salvini et ses méthodes policières. François avance à contre-courant. « Chaque étranger qui frappe à notre porte est une occasion de rencontrer Jésus-Christ », proclame-t-il dans un tweet. François n'oublie pas que la Bible est une histoire de migrations. Migrant est Abraham, migrant est Joseph parvenu au succès à la cour du pharaon, migrant est Moïse. Le pape ne se lasse pas de rappeler que ces caravanes d'êtres humains ne partent pas à la recherche d'un avenir meilleur, mais simplement d'un avenir, car « rester dans son pays peut signifier une mort certaine[31] ». Ce sont des masses désespérées, rappelle-t-il, soumises aux brimades de bandits avides d'argent. La Méditerranée est devenue un immense cimetière. Regarder passivement ces gens qui « meurent de noyade, de privations, de violences, de naufrages[32] » signifie devenir complice. Il faut savoir se mettre à la place des autres, même si c'est très difficile, déclare-t-il au mensuel de la Caritas de Milan, *Scarp de' tenis*. Agiter l'idée d'une « race » autochtone qu'il faudrait protéger n'a aucun fondement : « Les Européens ne sont pas une race née en Europe, explique-t-il. [...] Ils ont des racines migrantes[33]. » Ce discours vaut à plus forte raison pour l'Amérique, mélange de cultures et d'ethnies, depuis les États-Unis jusqu'à l'Argentine.

31. François, vœux au corps diplomatique, 12/01/2015.
32. François, message pour la Journée mondiale des migrants, 17/01/2016.
33. S. Centofanti, *Vatican news*, 18/12/2017.

L'analyse du pape sur le phénomène migratoire est lucide. Il s'agit de « la plus grande tragédie après la Seconde Guerre mondiale[34] ». Lors de son intervention en septembre 2016 pour le sommet des Nations unies sur les migrations, le cardinal Pietro Parolin, secrétaire d'État, reflète la pensée du pape quant à l'origine des conflits et des crises économiques qui provoquent la « dislocation des peuples ». Commerce des armes, conditions d'approvisionnement en matières premières et en énergie, stratégies financières et d'investissement au niveau international, insuffisance des politiques d'aide au développement. À la lumière de ce scénario, expose Parolin, le Saint-Siège estime irréaliste la distinction entre migrants bénéficiant du statut officiel de réfugiés (parce qu'ils fuient les guerres, la dictature ou les persécutions) et les « migrants économiques » sans protection juridique. Eux aussi méritent protection, souligne le cardinal, car « ils fuient des situations de pauvreté extrême et de dégradation environnementale [...], souffrent beaucoup et sont plus vulnérables au trafic d'êtres humains et aux diverses formes d'esclavage[35]. »

Pour le pape, le droit d'émigrer et le droit d'être accueilli existent. Il incombe aux gouvernants de gérer les problèmes. François raisonne en leader géopolitique, sans jamais vouloir substituer l'action de l'Église aux compétences des politiques. À l'Europe de légiférer pour accueillir et intégrer les migrants tout en protégeant les droits des citoyens et en évitant les tensions sociales, a déclaré le pape lors de sa visite au Parlement européen de Strasbourg. François n'est pas le débonnaire que dépeignent ses adversaires, tenants du souverainisme et du nationalisme identitaire. Il a répondu plusieurs fois avec pragmatisme qu'une politique d'intégration efficace doit faire en sorte que les sociétés d'accueil ne se sentent pas menacées dans leur sécurité, leur identité culturelle et leurs

34. *Ibid.*
35. P. Parolin, intervention au sommet de l'Onu sur les migrations, 19/09/2016.

équilibres politico-sociaux. À charge pour les nouveaux arrivants « le devoir de respecter les lois, la culture et les traditions des pays dans lesquels ils sont accueillis[36] ».

Mais à l'été 2018, l'objectif du nouveau gouvernement n'est pas à l'intégration. Bien au contraire. François assiste médusé et inquiet à l'ascension d'une rhétorique anti-immigrés toujours plus agressive. Salvini met en œuvre une escalade savamment calculée en excitant les pulsions xénophobes de son électorat. Pas besoin de faire venir des délinquants de l'étranger, martèle le ministre de l'Intérieur. « Finie la bonne planque pour les immigrés clandestins, préparez-vous à faire vos valises[37] », proclame-t-il. Avant d'ajouter : « Ils ont trop profité des autres. » L'Italie, insiste-t-il, ne peut se permettre d'accueillir « cent soixante-dix mille réfugiés présumés qui regardent la télé à l'hôtel, payés par les Italiens[38] ».

Pendant l'affaire de l'*Aquarius*, le pape intervient. « La question de l'immigration ne met pas seulement en jeu des chiffres, mais des personnes avec leur histoire, leur culture, leurs sentiments et leurs aspirations. » Attentif à ne pas donner l'impression qu'il intervient directement dans la politique italienne, le pape émet ce message lors d'une conférence organisée par le Vatican sur les migrations à la frontière mexicaine : les migrants sont des frères et des sœurs qui ont besoin de protection, quel que soit leur statut légal, martèle-t-il – et sa voix résonne jusqu'en Italie. « Leurs droits fondamentaux et leur dignité doivent être protégés et défendus[39]. » Le leader de la Ligue poursuit imperturbablement ses canonnades verbales. Quand il apprend que des navires d'ONG espagnoles sont retournés dans la Méditerranée, il attaque aussitôt : « Gagnons du temps et

36. François, vœux au corps diplomatique, 09/01/2017.
37. *La Repubblica*, 02/06/2018.
38. TPI, 06/06/2018.
39. François, message à l'occasion du IIe Colloque Saint-Siège - Mexique sur la migration internationale, 14/06/2018.

de l'argent, les ports italiens, ils les verront en carte postale[40]. » Informé que cinquante migrants du *Diciotti* ont abandonné le centre de Rocca di Papa (où la Conférence épiscopale italienne les avait accueillis), il excite l'opinion publique : « Ils avaient tant besoin de protection, du gîte et du couvert qu'ils ont décidé de s'éloigner. » Sarcasme à tout va. « Tous ceux qui arrivent en Italie ne sont pas des squelettes qui fuient la guerre et la famine. » Il faut mettre un terme aux arrivées, répète-t-il[41].

Le pape argentin n'a pas attendu l'arrivée de Salvini au ministère de l'Intérieur pour saisir les signes d'une xénophobie croissante, alimentée par la Ligue au fil des ans. Bergoglio est convaincu que les migrations sont « le véritable nœud politique mondial de notre temps ». Quand il a créé le nouveau dicastère pour le service du développement humain intégral, il a tenu à garder la responsabilité de la section dédiée aux migrants. Bergoglio observe d'un côté la courbe croissante du phénomène (fin 2017, on comptait déjà 250 millions d'expatriés dans le monde, dont près de 22,5 millions de réfugiés), et de l'autre la mutation de l'opinion publique. Le père Antonio Spadaro, jésuite et directeur de *La Civiltà cattolica*, l'une des personnes les plus proches du pape, décrit en ces termes l'analyse de François sur le discours nationaliste qui désigne le migrant comme un étranger, un ennemi : « On hausse le ton pour pousser au désordre, on alimente la rhétorique du conflit et de la peur, et c'est une stratégie gagnante[42]. »

Lorsqu'il ouvre l'année 2018 avec son message pour la Journée de la paix, François dénonce explicitement les politiciens qui exagèrent les risques pour la sécurité nationale ou le coût de l'accueil des nouveaux arrivants. Au Vatican, tout le monde sait que ces mots s'adressent, sans les nommer, aux dirigeants d'un style nouveau qui se répandent sur la scène internationale : depuis

40. *Il Giornale*, 17/07/2018.
41. *La Repubblica*, 05/09/2018.
42. A. Spadaro, intervention devant la presse étrangère, Rome, 08/12/2018.

le Premier ministre hongrois Viktor Orbán jusqu'au président américain Donald Trump. En Italie, Salvini aspire explicitement à bâtir un bloc nationaliste, xénophobe et identitaire. Un programme en opposition directe avec la vision de François, qui prêche la mondialisation de la solidarité. Le pape s'élève contre ces dirigeants : « Ceux qui fomentent la peur des migrants, parfois à des fins politiques, au lieu de construire la paix sèment la violence, la discrimination raciale et la xénophobie[43]. »

Pour le pape, le vent antilibéral qui souffle en Italie, en Europe et dans le monde est source de grande inquiétude. En effet, l'hostilité verbale accrue, qui résonne sans frein dans les hautes sphères du gouvernement, dédouane au quotidien des comportements racistes, qui acquièrent une effrayante normalité. Dans le train Frecciarossa de Milan à Trieste, une femme demande à une jeune fille italienne d'origine indienne : « Tu as ton billet ? » Après une réponse affirmative, la femme se lève pour changer de place, s'écriant : « Moi, je m'assieds pas à côté d'une négresse. » Dans une école élémentaire romaine est apparu le « jeu du racisme » : dans la cour de récréation, un enfant fait le raciste, l'autre la victime, le troisième appelle la police. Depuis l'accès au pouvoir du gouvernement jaune-vert, on assiste en Italie à un nombre impressionnant d'agressions d'étrangers. Comme si cette rhétorique enflammée exprimée sans retenue au sein des institutions alimentait les conflits physiques entre les gens.

En juin, dans la province de Salerne, un footballeur camerounais est frappé à coups de batte de base-ball. Près de Caserte, trois jeunes tirent depuis une voiture sur deux Maliens aux cris de « Salvini, Salvini[44] ». À Naples, le cuisinier d'un restaurant originaire du Mali est pris pour cible de tirs. En juin, à Turin, un immigré est frappé à coups de poing par un homme qui crie « sale nègre ». À Latina, on tire sur deux Nigérians. À Rome, une

43. François, message pour la Journée mondiale de la paix, 2018.
44. *La Repubblica*, 19/06/2018.

fille rom est blessée par un plomb. À Vicence, un homme tire depuis une terrasse sur un ouvrier venu du Cap-Vert. À Cipriano d'Aversa, deux jeunes tirent depuis un scooter sur un jeune de dix-neuf ans originaire de Guinée. À Partinico, un jeune Sénégalais est agressé à coups de poing et de pied. La nuit du 29 juillet, un vigile et un automobiliste poursuivent en voiture et tuent un citoyen marocain, qu'ils suspectent d'être un voleur. Il transportait des outils de crochetage.

Alarmé, le président de la République Sergio Mattarella évoque la honte du manifeste fasciste sur la race et dénonce le venin raciste qui s'insinue dans les fractures de la société et entre les peuples, créant barrières et divisions. « Il revient à chaque civilisation d'éviter qu'il se régénère[45]. » L'escalade xénophobe se poursuit sans interruption en août. Le 2, dans la province de Pistoia, deux jeunes de treize ans tirent avec un pistolet à grenaille sur un migrant originaire de Gambie. Le 15 août, toujours à Aprilia, trois jeunes blessent avec un fusil à air comprimé un Camerounais. Le même jour, sur la promenade de Falerna, en Calabre, un jeune Dominicain, accompagné de sa femme calabraise enceinte et de sa belle-mère, est malmené par un groupe à la sortie d'un restaurant, aux cris de : « Va-t'en, nègre de merde ! » Le 16 août, à Partinico, un autre groupe frappe cinq mineurs étrangers, hébergés par une communauté. Le 19 août, à Terracina, un ouvrier agricole indien est blessé par des tirs d'arme à feu. Toujours en août, dans la région de Trente, une immigrée éthiopienne, Agitu Idea Gudeta, diplômée et bien intégrée dans la communauté locale, propriétaire d'un élevage de chèvres, est menacée de mort par son voisin, avant de trouver l'une de ses bêtes abattue, et le pis coupé.

Pas d'accalmie en septembre. Dans les Pouilles, à Francavilla Fontana, un Guinéen de dix-sept ans est agressé et frappé. À Raffadali, en Sicile, un Tunisien de seize ans est hospitalisé à la suite d'une agression, avec des plaies sur tout le corps. Le responsable

45. M. Breda, *Corriere della Sera*, 26/07/2018.

de la communauté qui l'héberge écrit sur les réseaux sociaux que depuis un certain temps, ce jeune et d'autres pensionnaires de la maison font l'objet de crachats et de menaces de la part d'un caïd local. On respire « une atmosphère que tout le monde ressent. [...] Nous ne voulons pas que cette agression raciste soit passée sous silence[46] ». En Sicile, c'est le cinquième épisode de ce genre en un mois. Une semaine plus tard, un autre migrant est battu jusqu'au sang à Sassari.

Cet été infernal culmine avec l'intervention de la haute-commissaire aux droits humains de l'Onu, Michelle Bachelet (ancienne présidente du Chili), qui décide d'envoyer sur place des observateurs pour évaluer la « forte hausse d'actes racistes et violents contre les migrants d'origine africaine[47] ». L'annonce a un effet boomerang. Salvini considère cet avertissement comme une médaille et menace de couper les financements aux Nations unies, qu'il accuse d'être un ensemble de « dilapidateurs, profiteurs, voleurs. [...] Un organisme qui veut donner des leçons aux Italiens et qui compte des pays qui pratiquent la torture et la peine de mort[48] ». Ce langage est proche de celui de l'extrême droite américaine et complètement inédit de la part d'un membre du gouvernement italien. Des mots qui n'ont jamais résonné en soixante-dix ans d'existence de la République. Le 22 août 2018, le leader de la Ligue, que ses suiveurs appellent « Capitaine », poste son manifeste sur Facebook : « J'ai promis de défendre les frontières et la sécurité des Italiens [...]. 700 000 immigrés débarqués sous les gouvernements de gauche, ça suffit ! [...] Les bobos de gauche qui veulent les "ports ouverts" à tous, ils le savent que cinq millions d'Italiens vivent dans la pauvreté ??? Les Italiens d'abord. » Son post atteint 2,8 millions de vues.

---

46. *La Repubblica*, 03/09/2018.
47. *La Repubblica*, 10/09/2018.
48. C. Cartaldo, *Il Giornale*, 19/09/2018.

« Le pape est très préoccupé par la montée du climat populiste », affirme le cardinal Francesco Coccopalmerio, ancien président du Conseil pontifical pour les textes législatifs, l'équivalent de la cour constitutionnelle du Saint-Siège. « La recherche d'un "homme fort" vient d'un besoin de sécurité, mais ce n'est pas la solution. » En fin de compte, ajoute le cardinal, « c'est le peuple qui paie l'addition ». Face à cette dérive de la haine contre les étrangers, qui se manifeste dans un nombre croissant de pays, François encourage l'initiative du Vatican et du Conseil œcuménique des Églises (où se réunissent évangélistes, anglicans et orthodoxes), qui convoque à Rome le 20 septembre 2018 une conférence internationale sur le thème « Xénophobie, racisme et nationalisme populiste dans le contexte de la migration mondiale ».

François est convaincu de l'urgence que les Églises chrétiennes se mobilisent contre le souverainisme xénophobe. Cependant, le changement d'humeur dans de vastes pans – pas nécessairement racistes – de l'opinion publique italienne et européenne ne lui a pas échappé. Une masse notable de citoyens perçoit qu'il existe une différence entre l'aide traditionnelle offerte et due aux naufragés selon le code de la mer et l'organisation industrielle pratiquée par les trafiquants d'hommes qui jettent dans la Méditerranée des centaines de milliers de désespérés, calculant qu'un navire quelconque les repêchera et les emmènera dans un port sûr. L'opinion publique, effrayée et alarmée par les difficultés d'intégration qui se manifestent un peu partout en Europe avec la naissance de ghettos urbains, perçoit la différence entre un accueil régulé et le flux incontrôlé qui s'est déversé pendant des années sur les côtes italiennes. Enfin, il existe un mécontentement toujours plus répandu contre l'Union européenne, qui n'est jamais parvenue à mettre en œuvre un plan d'accueil des réfugiés avec des quotas obligatoires pour chaque pays.

C'est pour cette raison qu'en 2016, le pape a commencé à corriger le tir sur les limites de l'accueil. De retour de son voyage en Suède le 1er novembre, il explique aux journalistes qu'on ne peut fermer son cœur à un réfugié, « mais que les gouvernants doivent aussi se montrer prudents et calculer comment les installer et les intégrer ». Usant d'un langage populaire, François déclare : « Si un pays a la capacité d'intégrer, disons vingt personnes, il faut qu'il en intègre vingt. Un autre qui a davantage de capacité doit en intégrer davantage. » L'Europe s'est formée à travers les migrations, rappelle-t-il. Cependant, il insiste sur la nécessité de ne pas recevoir plus de personnes qu'on ne peut en intégrer. Une imprudence dans ce domaine peut avoir un coût politique, conclut-il, car la création de ghettos est négative[49].

C'est pour cette raison que dès 2017, le Vatican soutenait discrètement Marco Minniti, le ministre de l'Intérieur du gouvernement Gentiloni, qui de décembre 2016 au 1er juin 2018 est parvenu à réduire de manière drastique le nombre de débarquements depuis la Libye, traitant avec le gouvernement et les chefs de clan libyens. Les statistiques sont éloquentes. Contre 181 000 débarquements en 2016, on en compte seulement 119 000 en 2017[50]. Au cours des cinq premiers mois de 2018, les derniers du gouvernement Gentiloni (Parti démocratique, PD), on observe encore une nette réduction. Entre janvier et avril 2017, 37 000 migrants avaient débarqué en Italie, contre 12 000 à la même époque en 2018[51]. De retour de son voyage à Dublin en août 2018, le pape répète la nécessité de conjuguer accueil, intégration et prudence : « Un peuple qui peut accueillir, mais qui n'a pas la possibilité d'intégrer, mieux vaut qu'il n'accueille pas[52]. » L'Union européenne doit prendre en charge le problème dans son ensemble, ajoute-t-il.

Mais l'objectif du discours politique de Salvini est autre. L'homme fort du gouvernement italien entend renforcer sa base

49. François, conférence de presse au retour de la Suède, 01/11/2018.
50. *Il Sole 24 Ore*, 06/10/2017 ; *Corriere della Sera*, 14/01/2018.
51. *Corriere della Sera*, 18/09/2018.
52. François, conférence de presse au cours du vol retour d'Irlande, 26/08/2018.

électorale nationaliste et identitaire. Dans cette optique, chaque geste du « Capitaine » est calculé. Les attaques contre le président français Emmanuel Macron, accusé d'avoir fermé ses frontières aux migrants, la dénonciation d'une Union européenne qui « tourne le dos à l'Italie », les critiques contre la chancelière allemande Angela Merkel qui a autorisé en Allemagne une « immigration incontrôlée », la rencontre à la préfecture de Milan avec le Premier ministre hongrois Viktor Orbán où celui-ci proclame son objectif de changer les traités européens et d'arrêter l'invasion de l'Europe. « Quand les migrants sont déjà entrés, le rôle des États n'est pas de les répartir, mais de les ramener chez eux. Là-dessus, l'Italie peut compter sur la Hongrie[53] », affirme Orbán sous le regard approbateur du dirigeant de la Ligue. Les appels à l'agressivité contre les Roms font partie du jeu de Salvini, par exemple demander leur recensement pour expulser les irréguliers, tandis que « ceux qui sont italiens, malheureusement on doit les garder chez nous ». On compte également les appels aux nostalgiques du fascisme : « Beaucoup d'ennemis, beaucoup d'honneur », scande Salvini dans un tweet, reprenant le slogan de Mussolini. Dans ce climat, lors d'un rassemblement de groupes néofascistes à Predappio, village natal de Mussolini, un militant a pu porter sans vergogne un T-shirt portant l'inscription « Auschwitzland ». Il s'agit d'« humour noir », explique-t-il en souriant à un reporter.

La violence verbale du ministre de l'Intérieur est programmée et se déclenche sélectivement. Quand en octobre 2018 une fille de seize ans, Desirée Mariottini, est violée et abandonnée mourante par un groupe d'immigrés dans un bâtiment désaffecté, le ministre Salvini s'exclame, commentant les premières arrestations : « Je ferai tout mon possible pour que les lâches coupables de cette horreur paient jusqu'au bout leur infamie. » Le même mois, l'assassinat brutal de Manuel Careddu, dix-huit ans, dont le corps est retrouvé en plusieurs morceaux dans la campagne de Ghilarza

53. L. Romano, *Il Giornale*, 28/08/2018.

(trois majeurs et deux mineurs sardes sont accusés du crime), ne suscite pas une pareille réaction médiatique de la part du leader de la Ligue. Un cardinal italien, proche du pape, explique que Bergoglio ressent fortement le problème de l'« absolutisme » propre aux mouvements nationalistes populistes. « En raison de mon âge, je n'ai pas vu naître le fascisme, poursuit le cardinal, mais d'après ce que l'on sait, on entrevoit quelque chose de similaire. »

Le leader de la Ligue ne néglige pas non plus de resserrer ses liens avec le lobby des armes à feu. Le Vatican, inquiet, observe la mise en place de l'accord officiel souscrit par Salvini en campagne électorale avec le « Comité directive 477 » (du nom de la directive européenne qui régule le commerce des armes), point de référence de 2 500 entreprises du secteur. Le « Capitaine » considère essentiel de se rapprocher du million et trois cent mille citoyens titulaires d'un permis de port d'armes : chasseurs, tireurs sportifs, passionnés, amateurs de jeux de guerre et simples citoyens qui s'arment par sécurité. Ils ont toujours composé un groupe hétérogène. Salvini, s'engageant « sur [son] honneur » à impliquer le comité chaque fois que seraient discutées des mesures concernant le droit à « détenir et utiliser des armes de manière légitime, à quelque titre que ce soit[54] », se fixe comme objectif de faire de cette galaxie un « peuple en armes ». À utiliser comme masse électorale sur le modèle de la puissante National Rifle Association aux États-Unis. Cent jours après la prise de fonction du gouvernement jaune-vert, Salvini honore son engagement. Un décret législatif autorise à augmenter de 6 à 12 le nombre d'armes sportives détenables ; pour les armes longues, le nombre de coups autorisés par chargeur passe de 5 à 10, pour les armes courtes de 15 à 20. Il n'existe aucune obligation d'informer les personnes vivant sous le même toit que l'on possède des armes[55].

54. F. Tonacci, *La Repubblica*, 16/07/2018.
55. AGI, 10/09/2018.

Cette ligne tend vers une liberté de s'armer à l'américaine, en nette opposition par rapport à la culture juridique et sociale européenne.

Justement, aux États-Unis, s'adressant au Congrès à Washington en septembre 2015, François avait fait remarquer le silence coupable et honteux face au commerce des armes au niveau national et international. « Nous devons nous demander : pourquoi des armes mortelles sont-elles vendues à ceux qui projettent d'infliger des souffrances indicibles à des individus et aux sociétés ? » La réponse, ajoutait-il, était : « Pour de l'argent ; l'argent qui est trempé dans du sang, souvent du sang innocent[56]. »

Dans sa stratégie, Salvini apporte un soin particulier à sa relation avec les secteurs les plus conservateurs du monde catholique, liés à l'identité traditionaliste et souvent intolérants face à l'ouverture sociale d'un pape qu'ils jugent « communiste ». En tant que ministre de l'Intérieur, le leader de la Ligue ne s'en prend jamais au pape. Mais en tant que chef de parti, il se moquait souvent de Bergoglio. « Le pape François se plaint parce que, quand il prenait le bus à Rome, l'irruption de gitans dans le véhicule faisait dire au chauffeur : "Attention à votre portefeuille". Va savoir pourquoi... », tweetait-il déjà en 2014. À présent, il préfère s'exprimer par symboles. Lors de la clôture de sa campagne électorale sur la place du Duomo, à Milan, il agite le rosaire en promettant que « les derniers seront les premiers[57] ». Puis, montrant la Constitution républicaine et invoquant « les enseignements du saint Évangile » brandi devant la foule, il jure théâtralement fidélité au peuple italien. Commentaire sec de deux hommes de Bergoglio. Le père Spadaro invite à se demander « pourquoi un homme politique utilise l'Évangile et le rosaire comme instruments de propagande ». Monseigneur Mario Delpini, choisi par François comme archevêque de Milan, affirme, tranchant : « En meeting, on parle politique. » Autant de

56. François, visite au Congrès des États-Unis, 24/09/2015.
57. M. Cremonesi, *Corriere della Sera*, 24/02/2018.

carburant pour Salvini, qui se déclare prêt à affronter l'archevêque sur son projet pour l'Italie aux « racines chrétiennes que certains nient, en Italie comme en Europe ».

À la veille du vote du 4 mars 2018, un représentant de la mouvance catholique intégriste, le journaliste Antonio Socci, tenant de l'invalidité du conclave ayant élu Bergoglio, proclame : « Nous, les catholiques, sommes avec don Matteo Salvini. » Socci se dresse contre les évêques qui « oublient d'annoncer l'Évangile et tiennent des congrès pour l'immigration et pour embrasser l'islam. […] Ils ne savent plus quel est leur métier[58] ». Les mots de Socci reflètent l'humeur de ce magma catholique qui prend parti contre le prêche de François dans la guerre civile interne à l'Église. C'est ce qui intéresse Salvini.

Quelques semaines après son arrivée au gouvernement, le ministre de l'Intérieur se fait photographier avec le cardinal Raymond Burke, invité d'honneur à la cérémonie de clôture de l'année académique de l'école de police. Le message : il a de bons rapports avec des ecclésiastiques, dont certains l'auraient contacté pour l'encourager dans sa voie. Burke n'est pas un cardinal quelconque. C'est le chef de file de l'opposition au pape. Il a accusé Bergoglio de mener au naufrage la barque de l'Église, a mobilisé contre lui des centaines de milliers de fidèles pour défendre les traditions et empêcher que les divorcés remariés aient accès à la communion. Alors qu'avec le document postsynodal *Amoris lætitia* François ouvrait une fenêtre, Burke a appelé le Collège des cardinaux à donner au pontife une nécessaire « correction fraternelle ». L'agence Faro di Roma révèle qu'en pleine campagne électorale Salvini s'était rendu chez le cardinal pour un entretien de près d'une heure et demie. Tout se tient : la proximité avec le lobby des armes et l'entente cordiale avec le lobby anti-Bergoglio.

En octobre 2016 déjà, Salvini avait posté sur sa page Facebook une vidéo de Burke qui dénonçait la « menace » islamique. Le

58. A. Socci, *Libero quotidiano*, 27/02/2018.

leader de la Ligue est très attentif aux nuances. En septembre 2016, au rassemblement de la Ligue de Pontida – à la période où l'agressivité des secteurs conservateurs de l'Église contre François prend de l'ampleur –, Salvini se fait photographier avec un T-shirt où est écrit « Mon pape, c'est Benoît ». Il ne le porte pas, il ne fait que le montrer. Mais il ajoute des paroles éloquentes : « Sur l'islam, Benoît avait les idées très claires. Je n'aime pas ceux qui ouvrent l'Église aux imams[59]. »

Lors d'une manifestation de la Ligue organisée en décembre 2018, piazza del Popolo à Rome, pour tirer un premier bilan de l'action du gouvernement, entre l'éloge de la crèche de Noël prononcé par le ministre de la Famille Lorenzo Fontana et l'exaltation de la présence du crucifix dans les salles de classe par le ministre de l'Éducation Marco Bussetti, le ministre de l'Intérieur Salvini enrôle dans sa rhétorique Jean-Paul II pour avoir parlé d'une âme et d'une identité de l'Europe.

Le duel est constant avec les médias catholiques *Avvenire* et *Famiglia cristiana*, qui représentent le mieux l'Église de François en Italie. En juillet 2018, la revue *Famiglia cristiana* publie en couverture la photo du ministre de l'Intérieur avec le titre « *Vade retro*, Salvini ». Une journaliste allemande raconte qu'une enfant est morte sur un bateau, car sa mère l'avait cachée de peur qu'on ne la jette à la mer. Au large de Chypre, un bateau a chaviré : 19 morts et plus de 25 disparus. *Famiglia cristiana* explique en couverture : « L'Église réagit à l'agressivité du ministre de l'Intérieur. Rien de personnel ni d'idéologique. Il s'agit de l'Évangile. » Pendant la première moitié de l'année, on compte déjà 1 490 noyés en mer. En juillet, l'épave d'un Zodiac est aperçue au large des côtes libyennes, avec à son bord une survivante ainsi que les cadavres d'une femme et d'un enfant. En 2015, la photo d'un garçon syrien noyé a fait le tour du monde ; allongé à plat ventre sur la plage de Bodrum, chaussures noires, pantalon bleu, T-shirt rouge, le visage

59. *La Repubblica*, 18/09/2018.

plongé dans l'eau. François aussi l'a vue. Cette image est devenue l'icône « des repoussés et des abandonnés » de la mondialisation de l'indifférence, comme la nomme le pape. De retour de sa visite à Lesbos au printemps 2016, Bergoglio a montré aux journalistes un dessin que lui ont offert des enfants afghans dans un camp de réfugiés. Un navire coulé et des enfants à la mer criant : « *Help us!* » C'est son aide-mémoire.

La couverture de *Famiglia cristiana* crée la polémique. La revue publie une note critique de la présidence de la Conférence épiscopale italienne protestant contre « des mots méprisants et des comportements agressifs » au niveau politique. Les dirigeants ecclésiastiques dénoncent la diffusion d'« un climat de méfiance et de mépris, de colère et d'intolérance[60] ». Salvini réplique qu'il trouve de mauvais goût d'être comparé à Satan et répète qu'il reçoit quotidiennement le soutien de nombreuses femmes et hommes d'Église. En effet, le monde ecclésiastique est divisé. La guerre civile souterraine qui fait rage depuis des années au sein du catholicisme sur les questions doctrinales et pastorales s'étend également au thème explosif des migrations. Depuis 2015, le pape invite toutes les paroisses à accueillir une famille de réfugiés. « Que chaque paroisse [...] d'Europe héberge une famille, à commencer par mon diocèse de Rome[61] », avait-il annoncé. Ce n'est pas arrivé. Un certain nombre de paroisses l'ont suivi. Pas beaucoup. Le journal *Il Tempo* de Rome a calculé qu'au printemps 2018 seules 38 paroisses de la capitale sur 332 se sont rendues disponibles. Le pape est un souverain absolu mais, contrairement à ce que l'on peut croire, il n'est pas omnipotent. François assiste impuissant au changement d'humeur, voire au sabotage, qui sévit au sein du clergé.

Certains cas ont fait du bruit. En septembre 2018, à Claviere, dans le Piémont, un vieux curé de quatre-vingts ans dénonce à

---

60. *Corriere della Sera*, 18/07/2018.
61. François, Angélus, 06/09/2015.

la préfecture des dizaines de migrants et de volontaires qui ont établi leur camp dans des locaux de la paroisse, car les réfugiés africains tentent de rallier la France en traversant les Alpes. À Gorino, un village de la vallée du Pô, c'est pire. En octobre 2016, avec les habitants, le curé Paolo Paccagnella érige une barricade sur la route pour empêcher l'arrivée d'un autobus où se trouvent douze jeunes femmes africaines. Sur le tableau d'affichage de l'église est épinglée une note : « Vu que, pour vous, nous sommes des infidèles, pourquoi est-ce que vous n'allez pas dans votre califat d'Irak rejoindre le saint calife al-Baghdadi, qui vit avec des armes et tue à tout bout de champ ceux qui ne sont pas sunnites ? » Le bus est contraint à faire marche arrière. Interrogé sur les appels du pape, le père Paccagnella rétorque sèchement : « Le pape François répond de lui-même. C'est moi qui dois répondre devant Dieu[62]. »

Salvini sait que l'Église est divisée et en profite. Il transmet sa solidarité au curé de Gorino. Salvini sait également que certains prêtres sont disposés à mener des actions caritatives, mais le soutiennent politiquement. Le monde catholique est varié. En Campanie, le père Salvatore Picca, curé dans le petit village de San Martino Valle Caudina, récolte des fonds pour une mission en Afrique, adoptant à distance quarante-cinq enfants. Mais en lisant que le « Capitaine » a été comparé à Satan, Picca réagit énergiquement : « *Vade retro*, *Famiglia cristiana* […] Pendant que des pseudo-catholiques alignent de grandes phrases pour couvrir les millions gagnés par des exploiteurs des pauvres, le ministre de l'Intérieur suit réellement l'Évangile […] pour faire comprendre à tout le monde que le problème de l'Occident est le manque d'enfants. »

L'Église italienne a fait beaucoup pour les migrants. Dans 136 diocèses, elle en a accueilli 25 000 (aidée par des subventions de l'État). Mais une faille politique s'est ouverte dans le monde catholique. Dans plusieurs régions du pays, surtout au nord, les

62. F. Giubilei, *La Stampa*, 28/10/2019.

fidèles rechignent quand le prêtre aborde la question des migrants depuis sa chaire. Don Ivan Maffeis, sous-secrétaire à la Conférence épiscopale italienne, raconte une messe dans le Trentin : « Le prêtre commente l'Évangile, il parle de la mer et invite à penser non aux plages de Rimini, mais aux rives où accostent les migrants [...]. Rien de plus. » À la fin de la messe, une femme l'aborde et lui dit que l'évocation des migrants l'a dérangée. En juillet 2018, en pleine polémique autour des navires bloqués par le ministre de l'Intérieur, un groupe de touristes du Trentin en voyage dans les Abruzzes conteste ouvertement l'homélie d'un prêtre critique envers Salvini.

Alessandro Castegnaro, directeur de l'Observatoire socio-religieux du Triveneto, confirme : « Dans la région, le discours de François sur les migrants ne passe pas. Les fidèles ne veulent pas en entendre parler, ils sont radicalement divisés, les prêtres évitent le sujet. Il arrive qu'en confession certains reconnaissent ne pas pouvoir suivre le pape. » Salvini fait tout pour accentuer ces divisions. Quand *Avvenire*, le journal des évêques, l'attaque, car son décret sécurité retire la protection humanitaire à des dizaines de milliers d'immigrés, les jetant à la rue et les poussant vers la clandestinité et l'illégalité, le ministre de l'Intérieur répond par son habituel slogan : « Je rencontre de nombreux prêtres, évêques, frères et sœurs qui me disent de continuer ! » Quand *Famiglia cristiana* raconte qu'après la mise en place du décret sécurité une famille de migrants – le mari ghanéen, sa femme nigériane enceinte, une fille de six mois – a été expulsée en pleine nuit d'un centre d'accueil à Crotone, Salvini rétorque que la revue est « d'ultra-gauche » (pendant qu'en sous-main il tente d'obtenir une rencontre avec le pape).

Six mois après sa prise de fonction, le gouvernement jaune-vert du Premier ministre Conte termine l'année 2018 avec 60 % d'opinions favorables. En février 2019, la Ligue bondit à 35 %, tandis que les 5 Étoiles tombent à 21 %[63]. Un blanc-seing à la politique musclée de Salvini, qui remportera 34,26 % des voix aux élections européennes. Dans le même temps, un sondage SWG confirme le changement d'attitude des sondés par rapport au concept de « populisme », traditionnellement défini comme recours à la démagogie : en 2016, 58 % des sondés jugeaient ce terme négatif, à l'été 2018, seuls 43 % des sondés se montrent critiques. Sous la poussée du « Capitaine », l'Italie change de peau. Pour s'y opposer symboliquement, il ne reste que l'Église de Bergoglio, le président Mattarella (qui dans ses vœux pour l'année 2018 rend expressément hommage au travail des cinq millions d'immigrés en Italie) et les maires et gouverneurs de régions qui se rebellent contre le décret sécurité de Salvini, qui au lieu de favoriser l'intégration alimente la zone grise où dominent exploitation et crime organisé.

L'Église fait rempart. L'homme de François aux commandes de la Conférence épiscopale italienne, le cardinal Gualtiero Bassetti, ne cesse de prêcher contre ceux qui alimentent la peur. L'*Osservatore romano* met en première page les migrants abandonnés au milieu du désert, à la frontière entre le Niger et l'Algérie. L'archevêque de Palerme, Corrado Lorefice, invite les politiciens de la région à « ne pas rester silencieux face à des décrets inhumains » qui aggravent les souffrances de ceux qui sont accablés par la guerre et la pauvreté. L'ancien président de la CEI, le cardinal Angelo Bagnasco, habituellement modéré, fait remarquer que l'Italie franchit un cap extrêmement délicat avec la politique de Salvini et le décret sécurité. « Personne ne souhaite être subversif, mais certains problèmes exigent un examen de conscience. L'objection de conscience est un principe reconnu. Ce que je souhaite, c'est que ceux qui ont un besoin véritable, sérieux, sincère, puissent trouver de l'aide. » D'autres évêques se positionnent contre le décret.

63. N. Pagnoncelli, *Corriere della Sera*, 02/03/2019.

Sur le front italien, une partie très dure s'engage pour François. À la fin de la sixième année de pontificat, le « pape noir » Arturo Sosa, supérieur général des jésuites du monde entier, lance un cri d'alarme contre le vent populiste qui souffle en Amérique comme en Europe. Ce phénomène constitue une menace très dangereuse pour le développement politique et social des peuples du monde, prévient-il. « Derrière les comportements populistes se cachent de nouvelles formes de domination de quelques-uns sur le reste de l'humanité. » Il se manifeste un culte du chef typique des « formes dictatoriales d'exercice du pouvoir[64] ». François, le père Sosa et le cardinal Bassetti savent que cette nouvelle idéologie compte des adeptes au sein même de l'Église.

Salvini a l'ambition de mener l'Italie, un des membres fondateurs de l'Union européenne, à la tête des pays souverainistes qui veulent renverser toute possibilité de programme fédéraliste. En septembre 2018, il rencontre Steve Bannon et adhère à The Movement, le regroupement international des souverainistes et des eurosceptiques hostiles à l'Europe catholique démocrate et sociale-libérale. Bannon, héraut de la droite populiste étasunienne, proche conseiller de Donald Trump dans la course à la Maison-Blanche et au début de son mandat, a déclaré que The Movement est favorable à la création d'un groupe populiste unique au Parlement européen dans un but précis : fin de la dépendance envers Bruxelles et « retour aux frontières, car sans frontières il n'y a pas de pays[65] ».

Souverainistes et conservateurs catholiques trouvent un terrain d'entente. Dans l'ancienne abbaye chartreuse de Trisulti, louée pour la somme dérisoire de cent mille euros l'année, s'est installé le Dignitatis Humanæ Institute, voué à la défense des « racines judéo-chrétiennes de la civilisation occidentale » et politiquement dominé par des chrétiens anglo-saxons pro-Trump. Son président d'honneur fut un temps le cardinal Raffaele Martino, qui laissa

64. P. Mele, Rai News 24, 24/12/2018.

65. M. Ventura, *Il Messaggero*, 10/09/2018.

ensuite sa place au cardinal Raymond Burke. Mais les opérations sont dirigées par le « théoconservateur » anglais Benjamin Harnwell, étroitement lié à Bannon, entré au conseil d'administration de l'institut, dont il organisera plusieurs formations.

Bannon travaille le pape François au corps. Il le qualifie de « radical » sur la question des migrants, tout en l'accusant de lenteur dans le traitement des scandales de pédophilie. Trisulti entend être une épine permanente dans le pied du pape argentin. Bannon a déjà commencé à ouvrir le feu contre Bergoglio : parmi les accusations les plus graves lancées par l'agitateur populiste à l'encontre du pape figure celle de « s'être rangé du côté des élites mondialistes contre les citoyens des nations du monde ». François, accuse Bannon, devrait être du côté de l'« homme de la rue[66] ». Inquiet, le cardinal Martino écrit dans sa lettre de démission de la présidence du Dignitatis Humanæ Institute son souhait que l'institut « écoute avec une dévotion filiale les enseignements et les préceptes du pontife romain[67] ».

En juin 2019, effrayé par l'ingérence politique de Bannon et en désaccord avec son projet de réaliser un film sur les prélats homosexuels à la curie (selon la trame du livre *Sodoma* de Frédéric Martel), le cardinal Burke quitte à son tour la présidence du Dignitatis Humanæ Institute. Par la suite, les autorités italiennes retirent à cet institut la jouissance de l'ancienne abbaye.

François se méfie de l'extrémisme national-populiste. Lorsqu'il rencontre au Vatican les participants à la conférence internationale sur le thème « Xénophobie, racisme et nationalisme populiste dans le contexte des migrations mondiales », le pape lance un cri d'alarme. Des tendances que l'on croyait appartenir au passé se diffusent de plus en plus, déclare-t-il. « Des sentiments de méfiance, de crainte, de mépris et même de haine envers des individus ou des groupes jugés différents en raison de leur appartenance

66. N. Farrell, *The Spectator*, 07/12/2018.
67. *FarodiRoma*, 23/02/2019.

ethnique, nationale ou religieuse. » Certaines ethnies ne sont pas jugées dignes de participer pleinement à la vie de la société. Une politique qui instrumentalise les peurs et les difficultés objectives voit le jour, met en garde le pape. « La gravité de ces phénomènes ne peut pas nous laisser indifférents[68]. »

L'année 2018 marque un tournant pour la papauté en Italie. À l'automne, la revue étasunienne *Time* consacre sa couverture à l'homme qui se trouve aux antipodes de François. Matteo Salvini y est présenté comme le nouveau visage de l'Europe. Le sous-titre annonce : « Le tsar de l'immigration en Italie. En mission pour défaire l'Union européenne ». Steve Bannon – dont la stratégie européenne est parfaitement alignée sur celle du président américain – réserve à l'Italie le rôle de chef de file du mouvement populiste *antiestablishment* en Europe et qualifie Salvini de « leader mondial, un symbole ». Pour 58 % des Italiens, fin 2018, il est de fait le chef du gouvernement[69]. Avant la fin de l'année, le « Capitaine » assène un coup supplémentaire à la ligne du pape, contraignant le gouvernement à ne pas signer le Global Compact de l'Onu sur les migrations bien qu'à l'assemblée des Nations unies, le Premier ministre Conte ait garanti l'adhésion de l'Italie.

Aux élections européennes de mai 2019, Salvini savoure son triomphe. Les Italiens cherchent un « homme fort », expliquent les enquêtes d'opinion. La Ligue totalise 34,26 % des suffrages. 33 % des catholiques pratiquants ont voté pour ce parti, et 38 % des fidèles qui vont à la messe au moins une fois par mois. Ivre de ce succès, Salvini perd la tête, provoque une crise de gouvernement en août 2019 et demande aux citoyens les « pleins pouvoirs », espérant que des élections nationales seront organisées. Mais à sa surprise, un nouveau gouvernement est formé par le

68. François, discours aux participants à la conférence mondiale sur le thème « Xénophobie, racisme et nationalisme populiste dans le contexte des migrations mondiales », 20/09/2018.
69. I. Diamanti, *La Repubblica*, 02/11/2018.

Mouvement 5 Étoiles et le Parti démocratique, reléguant la Ligue à l'opposition. Cependant, lors des élections régionales d'Ombrie au mois d'octobre suivant, les partis de centre droit menés par la Ligue totalisent 57 % des voix. Dans le cas d'une nouvelle crise de gouvernement, les sondages estiment certaine la victoire du candidat Salvini.

Au cours de l'année où Salvini était vice-Premier ministre, François a cependant vu sa popularité diminuer de manière significative. Il est toujours le préféré des Italiens, mais sa cote chute brutalement dans un secteur de la population. Si en 2013 le pape jouissait de 88 % d'opinions favorables, cinq ans plus tard il est descendu à 71-72 %. Les recherches d'Ilvo Diamanti, publiées dans *La Repubblica*, confirment un fait alarmant : pendant l'année où il a convoqué un synode des évêques intégralement consacré aux nouvelles générations, la popularité de François parmi les jeunes de moins de vingt-cinq ans atteint seulement 58 %. Chez les jeunes de vingt-cinq à trente-quatre ans, encore moins : 55 %. Diamanti considère que ce retard est essentiellement lié à la question de l'immigration, puis à la déception des réformes manquées. En 2019, la cote de popularité du pape en Italie baisse encore pour atteindre 66 %. Pour François, la deuxième période du pontificat se déroule dans des conditions difficiles. Quelques années plus tôt, il avait déclaré qu'il ne pensait diriger l'Église que pendant quatre ou cinq ans. Ce temps est écoulé. Le pape est convaincu que son devoir est de poursuivre sa route. Cependant, en Italie même, une bonne moitié de la population refuse politiquement la prédication de François sur le thème crucial des migrants. Son appel à la fraternité, qui constitue le cœur de sa bénédiction de Noël *urbi et orbi*, se heurte désormais au contrechant permanent de l'homme fort de la politique italienne.

À Piazza Armerina, la ville sicilienne où François est arrivé le 15 septembre 2018 avant de se rendre à Palerme, la haine xénophobe ne s'est pas arrêtée pour sa visite. Quelques heures avant le départ du pape, un homme de vingt-trois ans originaire de Gambie est agressé dans le parc communal. Pris à la gorge par un jeune qui le jette au sol, il est malmené par deux autres qui le rouent de coups de pied et de poing. Personne n'intervient. Quand il parcourt, blessé et sanguinolent, l'artère principale de la ville, il se rend compte qu'il est invisible.

3
L'Amérique lointaine

À six heures du matin, le 16 avril 2016, Bernie Sanders, en lice pour la candidature démocrate aux élections présidentielles américaines, arrive à l'entrée de la résidence Sainte-Marthe au Vatican. François a accepté de le rencontrer alors qu'il s'apprête à partir pour l'île de Lesbos. L'entrevue dure cinq minutes, le temps d'un échange de politesses. Le politicien américain est accompagné par sa femme et par l'économiste Jeffrey Sachs, l'une des personnalités dont s'est réclamé le pape argentin pour son encyclique *Laudato si'*, consacrée à la défense de l'environnement. Sanders a participé à une conférence de l'Académie pontificale des sciences sur l'encyclique *Centesimus Annus* de Jean-Paul II. « L'inégalité est devenue l'urgence de notre temps », a-t-il déclaré dans son intervention. La société, a-t-il fait remarquer en citant le pape, est dominée par « une idéologie qui donne le contrôle absolu au marché. Le système financier commande les hommes, au lieu de les servir »[70].

70. *La Stampa*, 16/04/2016.

Peu importe le contenu de cet entretien éclair, c'est le message qui compte. Indirectement, François intervient dans la campagne présidentielle des États-Unis. Un événement absolument inédit dans l'histoire des rapports entre le Vatican et Washington. Le signal est clair, il s'adresse aux catholiques américains et aux « hommes de bonne volonté » qui ont applaudi son voyage aux États-Unis en septembre 2015. Pour François, les présidentielles sont l'occasion de réfléchir sur le mécanisme économico-financier qui domine politique et société. Des millions d'individus abandonnés par un système crient vers le ciel et frappent aux portes de la ville, avait-il déclaré le 23 septembre 2015 devant le président des États-Unis de l'époque, Barack Obama, sur la pelouse de la Maison-Blanche. François avait alors cité Martin Luther King: « Nous avons manqué d'honorer un billet à ordre et le moment est arrivé de le faire[71]. »

En Europe, le programme de Sanders serait considéré comme social-démocrate, mais dans la culture politique américaine, il est « socialiste ». Il prévoit un système de santé national pour tous, un salaire minimum de 15 dollars de l'heure, des universités publiques gratuites, deux semaines de congés payés pour tous les salariés, une semaine de maladie, quatre semaines de congé maternité et des mesures de protection de l'environnement renforcées. La préférence de François est claire, mais Hillary Clinton remporte la primaire démocrate, et Donald Trump les élections présidentielles, brandissant entre autres slogans la construction d'un mur à la frontière avec le Mexique et l'abolition de l'Obamacare, la législation introduite par le premier président noir des États-Unis pour assurer au moins partiellement une assurance maladie à tous. Protectionnisme, isolationnisme, hostilité envers les politiciens de Washington et l'élite financière, populisme xénophobe et clins d'œil à l'idéologie suprématiste

71. François, discours à la cérémonie de bienvenue, 23/09/2015.

sont les ingrédients qui mènent Trump à la Maison-Blanche. Les « pauvres blancs » menacés par la mondialisation, les oubliés des élites libérales qui soutiennent le parti démocrate, les fondamentalistes évangélistes et les extrémistes anti-État de l'*alt-right* (l'extrême droite, alternative aux Républicains modérés) et du Tea Party Movement constituent son socle électoral. « Je suis votre voix ! » proclamait Trump dans ses meetings.

Le pape s'est déjà heurté à Trump pendant la campagne électorale. Cela aussi est parfaitement inhabituel. Pendant son voyage au Mexique, en février 2016, François arrive à Ciudad Juárez, la ville qui connaît le plus fort taux d'homicides au monde, en particulier de femmes : jeunes femmes exploitées dans les usines locales, exploitées sexuellement, agressées dans la rue, violées, tuées et jetées dans le désert. Lors de son pèlerinage mexicain, François a voulu faire étape dans ce point névralgique du narcotrafic de l'Amérique latine vers les États-Unis, cet entonnoir où passe la migration de centaines de milliers de personnes, qui chaque année franchissent illégalement la frontière à la recherche du rêve américain. Souvent au prix de leur vie.

Les évêques mexicains ont fait dresser l'autel au dos du grand grillage qui marque la frontière avec les États-Unis. En de nombreux points de la barrière sont attachées des croix. Le père Spadaro, directeur de *La Civiltà cattolica*, se rappelle aujourd'hui encore le spectacle : « L'autel était à quatre-vingts mètres de la frontière. On voyait la foule de part et d'autre du grillage, car même sur le territoire américain des fidèles étaient venus suivre la cérémonie et saluer le pape. L'espace d'un instant, François avait abattu le mur. » Ce jour-là, les mots du pape sont très durs. Les migrants, rappelle-t-il, sont réduits en esclavage, séquestrés, victimes d'extorsion et de trafic humain. « Cette crise, que l'on peut mesurer avec des chiffres, nous voulons la mesurer avec des noms, des histoires, des familles. Ce sont des frères et des sœurs qui partent, poussés par la misère et la violence, par le narcotrafic et le crime organisé. » Pour toute réponse, souligne le pape avec amertume, « se déploie un réseau qui attrape et détruit toujours les plus pauvres[72] ».

Occupé à promettre à ses électeurs un mur infranchissable de 2 500 kilomètres bâti aux frais du Mexique, Donald Trump avait attaqué le pape avant même son départ de Rome : « Je crois que c'est un sujet très politisé. Je ne crois pas qu'il comprend les problèmes de notre nation. » Pendant le vol de retour de son voyage mexicain, François réplique de manière tranchante, quoique avec son ton habituellement doux : « Une personne qui pense uniquement à ériger des murs, où que ce soit, et non à créer des ponts, n'est pas chrétienne. » À part cela, le pape précise ne pas souhaiter s'immiscer dans le vote pour ou contre Trump[73]. Mais l'estocade fait le tour du monde. Vexé, Trump répond qu'il trouve honteux qu'un chef religieux mette sa foi en doute. « Je suis une bonne personne, je suis chrétien et fier de l'être[74] », martèle-t-il. Quelques heures plus tard, craignant de s'aliéner le vote catholique, il change de registre : « Le pape est une personne fantastique, je n'aime pas m'opposer au pape. » Sans s'épargner une plaisanterie : « Il a de grands murs au Vatican[75]. »

Les élections du 8 novembre 2016 ont révélé une mutation significative du vote catholique, traditionnellement pro-démocrate. Selon les analyses du Pew Research Center, 52 % des catholiques ont voté pour Donald Trump. Comme en Italie, le vécu de la grande crise économique et la sensation d'avoir trouvé l'« homme fort » qui détient les bonnes réponses prévalent (du moins dans l'immédiat) sur le contenu du message de François et sur les valeurs de la doctrine sociale de l'Église. En arrière-fond, étant donné le mécanisme électoral particulier de la présidentielle américaine où l'on vote pour de grands électeurs et non directement pour les

72. François, homélie, 17/02/2016.
73. François, conférence de presse, 17/02/2016.
74. *The Huffington Post*, 18/02/2016.
75. *La Repubblica*, 18/02/2016.

candidats, Donald Trump devient le 45e président des États-Unis d'Amérique bien qu'il ait reçu environ trois millions de voix de moins que Hillary Clinton : 62 984 825 contre 65 853 516.

Six mois plus tard, le 24 mai 2017, Trump vient en visite officielle au Vatican. Grands sourires de sa part, le pontife se montre moins expansif. L'entretien dure trente-cinq minutes, et le président des États-Unis passe cinquante minutes supplémentaires avec le secrétaire d'État Pietro Parolin et le ministre des Affaires étrangères du Vatican, monseigneur Paul Gallagher. « Nous verrons ce qu'il fait et jugerons sur cette base », avait commenté le pape au lendemain de la prise de fonction de Trump. Inutile de se tourmenter à faire des prévisions, avait-il déclaré. Pour Bergoglio, l'étoile polaire reste le dialogue et le « discernement », mot-clé que ses proches collaborateurs ont appris à bien connaître. Dans les oppositions les plus délicates, le pape argentin se tient à la règle d'observer ce qui se produit concrètement. « Qu'est-ce que tu as fait, qu'est-ce que tu as dit, comment te comportes-tu ? Par rapport à cela, j'espère et je regarde[76]. »

Le communiqué du Vatican annonce que le pape et le président des États-Unis ont évoqué un engagement commun en faveur de la vie, de la liberté religieuse et de conscience. Les interlocuteurs de Trump au Vatican ont mis l'accent sur l'activité notable de l'épiscopat catholique américain dans le domaine de la santé, de l'éducation et de l'aide aux migrants. En termes de politique étrangère, le communiqué souligne la « promotion de la paix dans le monde à travers la négociation politique et le dialogue interreligieux », avec une attention particulière à la situation au Moyen-Orient et à la protection des communautés chrétiennes. Des termes génériques que chacun des deux dirigeants interprète de manière différente. Le président revenait de Riyad, où il avait vendu à l'Arabie Saoudite 110 milliards de dollars de fournitures militaires (missiles, navires, outils de cybersécurité) avec la

76. A. Caño, P. Ordaz, *El País*, 21/01/2017.

possibilité de contrats supplémentaires pour 350 milliards sur dix ans. Dans la capitale saoudienne, lors du sommet arabo-musulman américain, auquel participaient quarante États à majorité musulmane, Trump avait durement attaqué l'Iran, qu'il accusait de soutenir le terrorisme, affirmant son souhait que le peuple iranien ait un jour « le gouvernement juste qu'il mérite ». Ensuite, Trump s'était envolé pour Jérusalem, où il avait à nouveau attaqué l'Iran, accusant son régime de vouloir détruire Israël.

Le Saint-Siège s'inquiète du fait que, peu de temps après la catastrophique aventure militaire en Irak et sans tenir compte du résultat désastreux de la guerre en Afghanistan, les États-Unis souhaitent identifier au Moyen-Orient un nouveau « grand ennemi », mobilisant les nations sunnites contre le régime chiite de Téhéran. C'est l'opposé de la perspective de François qui, comme l'Union européenne, vise à intégrer l'Iran dans la communauté internationale. Quand le président Hassan Rohani était venu rendre visite au pape au Vatican, les deux dirigeants avaient estimé la rencontre bénéfique. Chacun avait exalté les valeurs communes du christianisme et de l'islam, ainsi que la nécessité de poursuivre le dialogue interreligieux. Tous deux avaient jugé positif l'accord sur le nucléaire conclu entre États-Unis, Russie, Chine, France, Grande-Bretagne et Allemagne et avaient souligné l'importance d'impliquer Téhéran dans la recherche de solutions pacifiques aux crises du Moyen-Orient, « pour lutter contre la diffusion du terrorisme et le trafic d'armes[77] ». Lorsque François prend congé de Rohani en s'exclamant : « J'espère en la paix », la réponse du président iranien est inattendue : « Je vous demande de prier pour moi. »

En mai 2017, lors de son entretien avec le président américain, François sait déjà que Trump évolue sur une ligne opposée. Il a l'intention de se retirer de l'accord sur le nucléaire, de même qu'il est décidé à jeter à la corbeille l'accord sur le climat. François lui

77. Audience au président d'Iran, 26/01/2016.

donne une copie de l'encyclique sur l'environnement *Laudato si'* dans le seul but d'exprimer un espoir. De même, le cadeau du président américain est un geste de pure politesse : un coffret des œuvres de Martin Luther King. Pour autant, sa présidence ne mettra pas en œuvre une politique active pour l'intégration des immigrés. « Je n'oublierai pas ce que vous m'avez dit », déclare emphatiquement le président américain en prenant congé. « *Buena suerte*, bonne chance », le salue sobrement le pape en espagnol. Deux messages émis par le palais du Vatican à la veille de la rencontre entre François et Trump sont plus éloquents que les formules de circonstance. « C'est dans le dialogue que l'on peut projeter un avenir partagé. C'est à travers le dialogue que nous bâtissons la paix, en prenant soin de tous », tweete le pape. Le cardinal Peter Turkson, préfet du dicastère pour le service du développement humain intégral tweete quant à lui : « François et Trump s'adressent au monde musulman pour le libérer de la violence. L'un offre la paix du dialogue, l'autre la sécurité des armes. » Le fossé politique qui sépare les deux dirigeants ne sera pas comblé. Les politesses prononcées en public font partie du jeu diplomatique.

Le monde a changé rapidement au cours du pontificat de Jorge Mario Bergoglio. Des points stables depuis des décennies vacillent, l'architecture internationale multilatérale mise en place après 1945 se fissure. Les pulsions antilibérales prévalent. La fièvre de ne voir que l'horizon de sa propre nation revient en force. Des « dirigeants de fer » accaparent la scène : de Trump à Erdoğan, d'Orbán à Netanyahou, de Poutine au président du Brésil nouvellement élu Bolsonaro, de Mohammed ben Salmane à Xi Jinping, d'Abdel Fattah al-Sissi à l'Indien Modi et au Philippin Duterte.

La présidence Trump constitue une page radicalement nouvelle des relations entre le Saint-Siège et Washington, un retournement par rapport aux autres pontificats. Depuis l'après-guerre, les États-Unis ont toujours été un point d'appui pour le Vatican en matière de politique internationale, même en cas de positions divergentes.

Jean XXIII avait pu assurer la médiation entre Kennedy et Khrouchtchev lors de la crise de Cuba en 1962. Paul VI avait pu compter sur le soutien actif des États-Unis pour défendre la liberté religieuse à travers l'Acte de Helsinki (signé en 1975), qui jetait les bases de la Conférence pour la sécurité et la coopération en Europe. Jean-Paul II avait avancé en convergence stratégique avec le président Ronald Reagan pour soutenir les luttes du syndicat libre Solidarność en Pologne et bloquer la diffusion en Amérique latine des mouvements marxistes et des groupes liés à la théologie de la libération. Dans le même temps, le pape Wojtyła avait tenté de contrecarrer avec les moyens diplomatiques à sa disposition l'intervention américaine en Irak, condamnant la décision de George W. Bush.

Avec les États-Unis menés par Barack Obama, le pape François avait trouvé un terrain d'entente sur de nombreux thèmes. Entente sur la défense de l'environnement à travers l'accord sur le climat, signé par 195 pays le 12 décembre 2015 à Paris pour mettre en œuvre une réduction des émissions de gaz à « effet de serre ». Entente sur la préoccupation face aux « nouveaux esclavages ». Entente dans la recherche d'un accord avec l'Iran et pour rappeler à Israël que ses frontières sont celles de 1967. Sous l'impulsion de François, le Vatican avait servi de médiateur pour la reprise des relations entre Cuba et les États-Unis : Obama et Raúl Castro l'avaient tous deux remercié.

La diplomatie du Saint-Siège est habituée depuis toujours au changement de présidents et chefs de gouvernement. Mais dans le cas de Trump, on constate quelque chose de complètement différent. Dans l'optique du nouveau locataire de la Maison-Blanche, les lignes de fond de la présence américaine dans le monde changent. La mémoire commune du chemin parcouru ensemble par les démocraties occidentales après la Seconde Guerre mondiale ne semble plus avoir aucun poids, les accords pris peuvent être dénoncés, et même l'Alliance atlantique est démantelée. Toute la perspective multilatérale, qui a inspiré pendant des dizaines d'années le « rôle directeur » des États-Unis, est abandonnée.

Reste seulement une politique de la puissance inspirée du slogan *America first*.

Au Vatican, la succession d'atteintes à une série d'accords internationaux provoque inquiétude et égarement. Le 1er juin 2017, à une semaine de la rencontre avec le pape à l'encyclique verte, Trump retire les États-Unis du traité de Paris sur le climat. Le 3 décembre 2017, il annonce le retrait de son pays du Global Compact sur les migrations, l'accord soutenu par les Nations unies pour l'élaboration d'un programme capable d'assurer une « migration sûre, ordonnée et régulière » au niveau international. Le 8 mai 2018, c'est le retrait de l'accord sur le nucléaire iranien, accompagné de l'annonce de lourdes sanctions contre Téhéran, qui frapperont également les entreprises et les pays qui feront affaire avec l'Iran. La même année, Washington quitte le Conseil des droits humains de l'Onu. En janvier 2019, les États-Unis (et Israël) se retirent de l'Unesco. Au mois de février suivant, Trump déclare la fin du traité INF sur les missiles nucléaires à moyenne portée. La Russie le suit de peu. « Le monde craint une course au réarmement nucléaire », titre alarmé *L'Osservatore romano*. Les nouvelles concernant la création d'une Space Force américaine inquiètent davantage encore le Vatican. « On assiste à un renversement de la stratégie de désarmement proposée par Paul VI, affirme monseigneur Marcelo Sánchez Sorondo, chancelier de l'Académie pontificale des sciences. De cette manière, on retourne à la dissuasion nucléaire, on va vers la militarisation de l'espace avec les satellites. Il est bien connu que tout système défensif peut également être utilisé à des fins offensives[78]. »

Les relations Europe-États-Unis aussi connaissent des tensions. Trump formule des critiques répétées envers l'Union européenne. « Nous avons beaucoup d'ennemis. L'Union européenne est un ennemi [pour] ce qu'ils nous font dans le domaine commercial [...]. Vous ne le croiriez pas, mais c'est un ennemi », confie Trump

78. Entretien avec l'auteur.

lors d'une interview à la chaîne de télévision CBS[79]. Il conseille à la Première ministre britannique Theresa May de « faire un procès à l'Union européenne » au lieu de poursuivre les négociations sur le Brexit. C'est elle-même qui le révèle à la BBC[80]. Lors d'un entretien à huis clos, il glisse au président français Emmanuel Macron : « Pourquoi ne quittez-vous pas l'Union européenne[81] ? », faisant miroiter d'avantageux accords bilatéraux. Il ne mâche pas ses mots contre l'Allemagne d'Angela Merkel. Un jour, Trump tweete que « le peuple allemand est en train de se retourner contre ses dirigeants » à cause des immigrés qui modifient violemment la culture des nations européennes. « La criminalité augmente en Allemagne[82] », ajoute-t-il. Un autre jour, lors de la réunion des pays de l'Otan à Bruxelles en juillet 2018, il attaque l'Allemagne, l'accusant d'être « totalement contrôlée par la Russie[83] » à cause du gazoduc Nord Stream qui relie les deux États.

Pour les vétérans de la diplomatie vaticane, la stratégie de la présidence Trump semble s'inscrire dans un scénario de darwinisme politique, où elle ne compte que sur la puissance militaire et économique des États-Unis (et le déclenchement de la grave crise entre Washington et Téhéran à la suite de l'assassinat du général Qassem Soleimani en janvier 2020 ne fera que creuser davantage le fossé entre le Vatican et l'administration Trump). Ce n'est plus l'Amérique que François a connue durant les premières années de son pontificat, quand il s'adressait au Congrès américain en 2015 pour affirmer que la crise sans précédent des réfugiés plaçait chaque État face à de grands défis et à des décisions difficiles. Et pour rappeler que « dans ce continent aussi, des milliers de personnes sont amenées à voyager vers le Nord à la recherche [...] de plus

79. *Il Post*, 16/07/2018.
80. *La Stampa*, 15/07/2018.
81. J. Rogin, *The Washington Post*, 28/06/2018.
82. Tweet de @realDonaldTrump, 18/06/2018.
83. Ansa, 11/07/2018.

grandes opportunités. N'est-ce pas ce que nous voulons pour nos propres enfants ? » Écouté avec attention et respect, il mettait en garde : « Nous avons besoin d'éviter une tentation fréquente de nos jours : écarter tout ce qui s'avère difficile[84]. »

L'Amérique n'apparaît plus au Saint-Siège comme le point de référence vers lequel se tourner pour renforcer la paix internationale à travers une robuste architecture multilatérale. Le grand massacre de la Première Guerre mondiale a laissé deux avertissements à la postérité, déclare François aux ambassadeurs en audience au palais apostolique début 2018 : on ne bâtit pas la paix en humiliant le vaincu, elle se construit en reconnaissant l'égalité des nations. Un président américain en eut l'intuition voici un siècle, Thomas Woodrow Wilson, qui favorisa la création d'une association générale des nations, insiste le pape Bergoglio à l'intention de Washington. C'est alors que furent jetées les bases de cette « diplomatie multilatérale qui a acquis [...] un rôle et une influence croissante au sein de la communauté internationale tout entière[85] ».

Depuis le pape Paul VI, qui obtint en 1964 le statut d'« observateur permanent » pour le Vatican, l'Onu et les organisations multilatérales ont toujours constitué un point d'appui dans la politique internationale de chaque pape. Paul VI, Jean-Paul II, Benoît XVI et François se sont adressés à l'Assemblée générale des Nations unies. Sous le signe du multilatéralisme, le pape Ratzinger avait même imaginé dans son encyclique *Caritas in veritate* de 2009 une autorité financière internationale pour éviter les distorsions spéculatives du système économique mondialisé. Mais c'est l'horizon même de « communauté » internationale qui disparaît de la perspective de la présidence Trump et des souverainistes-populistes dans d'autres endroits du monde.

---

84. François, visite au Congrès des États-Unis, 24/09/2018.
85. François, vœux au corps diplomatique, 08/01/2018.

François souhaite saisir les racines profondes de ce mouvement de la société américaine qui a produit la victoire de Trump. C'est ainsi que naît un article dans la revue des jésuites *La Civiltà cattolica*, qui sort des presses de la Secrétairerie d'État le 15 juillet 2017, au terme du premier semestre de la nouvelle présidence américaine. Le titre est éloquent : « Fondamentalisme évangélique et intégrisme catholique ». Le nom des signataires en dit long : Antonio Spadaro, proche collaborateur du pape, et Marcelo Figueroa, pasteur presbytérien que le pape Bergoglio a voulu à la direction de l'édition argentine de *L'Osservatore romano*, précisément en tant que personnalité protestante. L'article passe aux rayons X le bloc électoral fondamentaliste, qui a assuré la victoire de Trump, et part du constat inquiet qu'au cours des dernières décennies les États-Unis ont connu une « compétition entre politique, morale et religion [qui] a adopté un langage manichéen et partage la réalité entre le Bien absolu et le Mal absolu ». Il s'agit d'un mouvement évangélique (éloigné du protestantisme originel d'inspiration puritaine) qui non seulement considère l'Amérique comme « une nation bénie par Dieu », mais diabolise toujours plus les adversaires du « véritable mode de vie américain ». Si par le passé les cibles de ce bloc, essentiellement composé de « Blancs des couches populaires du Sud profond », étaient les défenseurs des droits des esclaves, puis les communistes, les mouvements hippie ou féministe, aujourd'hui, ses nouveaux ennemis sont les migrants et les musulmans.

Ce fondamentalisme évangélique, vers lequel convergent également des groupes fondamentalistes catholiques, affirme la nécessité de soumettre la politique et l'État à la Bible (interprétée de manière étroitement littérale) et s'exprime selon une logique similaire au fondamentalisme islamique, souligne *La Civiltà cattolica* : idéologiquement, l'imaginaire des djihadistes et des néochrétiens n'est finalement pas si différent. Le martèlement manichéen du langage est particulièrement frappant. Celui qui professe la vraie foi (*faith*) doit être prêt à mener la même bataille (*fight*). L'article met en évidence la manière dont Trump s'adresse à la masse indistincte de ceux qu'il considère comme les adversaires de ses objectifs: ils sont « *bad*... mauvais » ou « *very bad*... très mauvais ». Trump est à son tour glorifié par une association évangélique américaine appelée *Church Militant* comme un nouveau Constantin, l'empereur romain qui fit du christianisme une religion d'État. Une comparaison qui fait frissonner les auteurs de l'article.

La convergence entre fondamentalisme évangélique et fondamentalisme catholique s'opère sur des thèmes tels que l'avortement, le refus de marier les personnes de même sexe, l'éducation religieuse dans les écoles et un ensemble de valeurs génériques, dans une atmosphère de conflit permanent avec ceux qui ne partagent pas leurs opinions. La revue des jésuites juge cette attitude dangereuse et empreinte d'« un rêve nostalgique d'un État aux caractéristiques théocratiques [...] [nourri] par une vision xénophobe et islamophobe, qui invoque murs et déportations purificatrices ». Cet « œcuménisme de la haine » se caractérise par un désintérêt total pour les désastres provoqués par les changements climatiques, un manque d'attention pour les situations dramatiques qui surviennent hors de son propre pays, par un manque de considération du lien entre capital, profit et armes. Ce mouvement théopolitique a une autre caractéristique fortement négative: le rappel obsessif, voire un culte néopaïen voué à une identité nationale mythifiée. *La Civiltà cattolica* la définit comme un « ethnicisme triomphaliste, arrogant et vindicatif [...], le contraire du christianisme ».

S'il ne s'agissait que d'un article dans une prestigieuse revue ecclésiastique, son importance se limiterait au champ culturel. Mais étant donné la proximité de Spadaro avec le pape, le texte prend la valeur d'un manifeste politique du pontificat de François face à l'idéologie qui inspire la base électorale de Trump. Ses conclusions sonnent comme une mise en garde solennelle pour ceux qui en Occident, de part et d'autre de l'Atlantique, mélangent de manière agressive intérêts politiques et symboles religieux. « Le religieux ne doit jamais être confondu avec le politique [...]. Les religions ne peuvent considérer certains comme des ennemis jurés ou comme des ennemis éternels [...]. Le schéma géopolitique fondamentaliste veut instaurer le règne d'une divinité ici et maintenant. Et cette divinité est évidemment la projection idéale du pouvoir constitué. Cette vision génère une idéologie de la conquête. » Voilà ce que François abhorre.

Pour toutes ces raisons, conclut la revue, se faisant le porte-voix du pape argentin, le Saint-Siège préfère entretenir des rapports directs et fluides avec les superpuissances, sans entrer dans un réseau d'alliances préconstruites. Bergoglio n'a pas l'intention de coincer le Vatican dans des prises de position fondées sur d'apparentes raisons morales ou spirituelles. De plus, le pape entend s'opposer à tout type de manipulation religieuse en ces temps d'anxiété et d'insécurité. « François ne donne aucune légitimation théologico-politique à ceux qui postulent et souhaitent une "guerre sainte" ou érigent des barrières de fil de fer barbelé. » Car, et l'on croit entendre le timbre doux de François, le seul barbelé pour le chrétien est celui de la « couronne d'épines que le Christ porte sur la tête[86] ».

Le 15 février 2017, Donald Trump et le Premier ministre israélien Benjamin Netanyahou se rencontrent à la Maison-Blanche. Lors de la conférence de presse, le président américain lance une phrase : « J'envisage deux États ou un État [...]. Je serai content de ce qui plaît aux deux parties[87]. » Trump évoque ensuite le projet de transférer l'ambassade américaine à Jérusalem. Cela signifie l'abandon du principe de « deux États », l'un israélien, l'autre palestinien, qui guide les États-Unis depuis les accords d'Oslo en 1994, quand Yitzhak Rabin et Yasser Arafat se serrèrent la main sous le patronage du président américain Bill Clinton. Washington abandonne la route maîtresse pour la réalisation d'un État

86. A. Spadaro, M. Figueroa, *La Civiltà cattolica*, 15/07/2017.
87. *La Repubblica*, 15/02/2017.

palestinien aux côtés d'Israël, commente la presse internationale. Le geste de Trump revient à laisser les mains entièrement libres au gouvernement de Netanyahou et à sa politique d'expansion des colonies israéliennes sur les territoires palestiniens, bien que le président américain conseille formellement de suspendre pour l'instant la création de nouvelles colonies.

Le lendemain, *L'Osservatore romano* titre en première page: « Trump change de cap sur la solution à deux États ». Au Vatican, l'inquiétude règne. Israël est une puissance nucléaire, très forte militairement, soutenue par une alliance de fer qui vient juste de se resserrer avec les États-Unis, et a déjà installé dans les territoires palestiniens 126 colonies comptant 630 000 colons: penser qu'il puisse y avoir une négociation sur un pied d'égalité entre Israël et l'Autorité palestinienne est illusoire. Déjà, à l'époque de Jean-Paul II, le cardinal secrétaire d'État, Angelo Sodano, craignait qu'à force d'installation de colonies israéliennes illégales, la future Palestine prenne la forme d'un « État-gruyère ». D'autre part, au palais apostolique, on a bien conscience que juste après les élections israéliennes de 2015, Netanyahou avait lancé un ultimatum: « Je ne permettrai pas que soit créé un État palestinien. »

François s'est toujours énergiquement engagé pour la paix en Terre sainte. Le lendemain de l'élection de Trump, *L'Osservatore romano* publiait un article consacré à l'expansion incessante des colonies israéliennes intitulé: « Les maisons qui entravent le dialogue ». Quelques semaines plus tard, le Vatican applaudissait la résolution adoptée le 23 décembre 2016 par le Conseil de sécurité des Nations unies, qui jugeait négativement les « activités continues de colonisation israélienne » et condamnait « toutes les mesures visant à altérer la composition démographique, le caractère et l'état du territoire palestinien occupé depuis 1967, y compris Jérusalem-Est ». Une résolution votée à l'unanimité grâce à l'abstention cruciale des États-Unis, souhaitée par Obama comme dernier acte de sa présidence afin de sauver la perspective des « deux États ».

Le 14 janvier 2017, le pape François reçoit en audience le leader palestinien Mahmoud Abbas, juste avant que celui-ci n'inaugure l'ambassade de Palestine auprès du Saint-Siège. « Espérons que d'autres États suivront l'exemple du Saint-Siège en reconnaissant l'État de Palestine », soupire Mahmoud Abbas. Recevoir le leader palestinien six jours avant la prise de fonction de Trump marque la volonté du pape de renforcer la position de Mahmoud Abbas en vue de l'alignement total du nouveau dirigeant américain sur les positions israéliennes. Le Vatican a reconnu l'État palestinien en 2015. L'accord qualifie de « moralement et juridiquement inacceptables » les actions unilatérales tendant à modifier le statut de Jérusalem. Réaction irritée du gouvernement israélien. « Cela entrave les négociations de paix et affaiblit l'effort international pour ramener l'Autorité palestinienne à négocier directement avec l'interlocuteur israélien », affirmait une note du ministère des Affaires étrangères d'Israël[88].

En réalité, le vent est contraire aux souhaits du pape Bergoglio. Le 6 décembre 2017, le président Trump annonce officiellement le transfert de l'ambassade américaine de Tel-Aviv à Jérusalem. La décision, communiquée par téléphone au Premier ministre israélien Benjamin Netanyahou et au président de l'Autorité palestinienne Mahmoud Abbas, provoque de vives protestations de l'OLP, des réactions furieuses du Hamas et une forte préoccupation des pays arabes. Cela revient à reconnaître la conquête de la Jérusalem-Est arabe par les Israéliens, qui avaient proclamé en 1980 « Jérusalem unie et indivisible capitale d'Israël ». Le geste du président américain suscite l'opposition de l'Union européenne et brise le front de la communauté internationale, qui garde depuis un demi-siècle son ambassade à Tel-Aviv, en attendant que naisse, aux côtés de l'État israélien, un État palestinien souverain dans les frontières de 1967, et que soit résolu le statut de Jérusalem. C'est également

88. Moked, 26/06/2015.

un coup pour la position de la diplomatie vaticane, alignée sur les résolutions de l'Onu depuis plusieurs décennies.

Dans le monde évangélique américain, chez les « chrétiens sionistes », l'heure est à la fête. Le septuagénaire John Hagee, fondateur du mégasanctuaire Cornerstone Church (« Église de la pierre angulaire ») à San Antonio, au Texas, et administrateur délégué de la Global Evangelism Television, exulte : « Le président Trump est entré dans l'immortalité politique. Ce qu'il a fait aujourd'hui sera éternellement célébré. Il existe un espoir pour un avenir meilleur au sein du Christ. » Dans son livre *Jerusalem Countdown*, Hagee anticipe une invasion russe et musulmane d'Israël, qui se conclut par la destruction des ennemis par la main de Dieu. Pour les chrétiens sionistes, la naissance de l'État d'Israël et la conquête de Jérusalem ont une signification particulière dans la lutte entre le Bien et le Mal. Le Pew Research Center certifie que leur vision fondamentaliste et apocalyptique d'Israël n'est par ailleurs pas partagée par une majorité des Juifs américains. À la question de savoir s'il fallait identifier l'Israël contemporain à la terre donnée par Dieu au peuple juif, les fidèles blancs des congrégations évangéliques répondent « oui » à 82 %. Les Juifs américains se montrent plus laïcs : 52 % des Juifs des États-Unis répondent « oui », mais seulement les pratiquants[89].

À Noël 2017, le pape François répète son souhait que soit atteinte une solution de « coexistence pacifique de deux États à l'intérieur de frontières définies entre eux et reconnues internationalement[90] ». Dans la lointaine Bethléem, lors de la messe de minuit, l'archevêque Pierbattista Pizzaballa, administrateur apostolique du patriarcat de Jérusalem, dénonce la « guerre [que] le Hérode de service mène pour devenir plus grand, pour occuper plus d'espace, pour défendre ses positions et ses frontières[91] ». Les

89. G. Bernardelli, *La Stampa*, 07/12/2017.
90. François, message *urbi et orbi*, 25/12/2017.
91. G. Bernardelli, *La Stampa*, 25/12/2017.

fidèles comprennent. Quelques jours plus tard, s'adressant au corps diplomatique, le pape insiste à nouveau sur la nécessité de respecter les résolutions des Nations unies sur le *statu quo* de Jérusalem, ville sainte pour les chrétiens, les juifs et les musulmans, et de trouver une solution politique qui garantisse « deux États indépendants [...] [et] une cohabitation pacifique des deux peuples[92] ».

Mais la voix du Vatican devient toujours plus faible en raison de l'axe formé par les États-Unis et Israël, et de la convergence stratégique entre Israéliens et Saoudiens contre l'Iran. En juillet 2018, le bloc nationaliste-fondamentaliste qui soutient le gouvernement Netanyahou fait passer à la Knesset, le Parlement israélien, une loi à valeur constitutionnelle définissant Israël « patrie nationale du peuple juif » et abolissant le statut de langue officielle de l'arabe. C'est la fin du rêve du sionisme initial qui considérait Juifs et Arabes comme des peuples frères. Le calendrier officiel devient le calendrier juif. L'arabe est simplement considéré comme une langue au statut spécial. La loi est le fruit d'un Parlement divisé : 62 pour, 55 contre, deux abstentions. Le texte encourage ouvertement l'expansion territoriale aux dépens du territoire palestinien : « L'État considère le développement de l'implantation juive comme une valeur nationale et agira pour encourager et promouvoir sa réalisation et sa consolidation. »

Face à l'énormité de ce virage, *L'Osservatore romano* réagit avec embarras. Il publie l'information dans une colonne de troisième page, chaque ligne de l'article est soupesée pour mettre en lumière l'effet négatif de cette décision. « Ces derniers jours, le président israélien Reuven Rivlin avait adressé une lettre à la commission conjointe de la Knesset et du comité pour la constitution, la loi et la justice où il écrivait que ce texte de loi pouvait nuire au peuple juif et à Israël. Les partis de centre gauche et la minorité arabe craignent une dérive ethnique qui mènerait à discriminer les habitants non juifs d'Israël. Le quotidien *Haaretz* accuse la loi de nier les principes

92. François, vœux au corps diplomatique, 08/01/2018.

d'égalité inscrits dans la déclaration d'indépendance de 1948, de mettre fin à la démocratie. Pour le Premier ministre palestinien Rami Hamdallah, il s'agit du "dernier clou" dans le cercueil de la solution à deux États », peut-on lire. En ligne, le site officiel « Vatican news » estime que cette loi pénalise un cinquième de la population d'Israël, constituée d'Arabes et de plusieurs autres minorités. Des jugements tranchants proviennent du sein de la curie romaine. Un cardinal actif pendant de nombreuses années dans une importante congrégation commente : « La politique du gouvernement israélien est raciste, il n'est pas acceptable de placer au fondement d'un État la "loi révélée". Depuis longtemps, l'État d'Israël n'a pas fait le moindre pas pour se faire accepter par les Arabes. » Avec le choix de Trump, ajoute le cardinal, « les États-Unis ne sont plus des médiateurs crédibles dans le conflit israélo-palestinien ».

François ne veut pas d'incident diplomatique avec Netanyahou. C'est pour cette raison qu'il laisse les Églises locales s'exprimer en première ligne. Le patriarcat latin de Jérusalem accuse : cette nouvelle réglementation est discriminatoire, car « elle ne fournit aucune garantie constitutionnelle des droits des natifs et des autres minorités vivant dans le pays. Les citoyens palestiniens d'Israël, qui constituent 20 % de la population, sont exclus de manière évidente[93] ». Le cardinal libanais Béchara Raï, patriarche des maronites, a une réaction plus dure et plus directe en qualifiant la loi d'« ignoble, antidémocratique et antipluraliste[94] ». Trois mois plus tard, tous les évêques catholiques de Terre sainte réclament officiellement le retrait de la loi sur l'État-nation, car discriminatoire et en contradiction avec les principes démocratiques inscrits dans la législation israélienne et avec les conventions internationales signées par Israël. Cette nouvelle loi, affirment les évêques, fournit des principes constitutionnels « sur la base desquels les citoyens

93. R. Binelli, *Il Giornale*, 30/07/2018.
94. F. Giansoldati, *Il Messaggero*, 31/07/2018.

juifs doivent être privilégiés par rapport aux autres[95] ». Cette position a été réaffirmée par la coordination pour la Terre sainte des conférences épiscopales d'Europe, d'Amérique du Nord et d'Afrique du Sud (Holy Land Coordination), selon laquelle il existe aujourd'hui en Israël une « base légale pour la discrimination[96] » des minorités.

L'époque où le pape pouvait inviter dans les jardins du Vatican le président israélien Shimon Peres et le président palestinien Mahmoud Abbas pour prier ensemble est loin : « Pour faire la paix, il faut du courage, bien plus que pour faire la guerre », avait déclaré le pape lors de cette rencontre extraordinaire, en juin 2014, où il avait également convié le patriarche œcuménique Bartholomée Ier. « Il faut du courage pour dire oui à la rencontre et non à l'affrontement ; [...] oui à la négociation et non aux hostilités ; oui au respect des accords et non aux provocations ; oui à la sincérité et non à la duplicité[97]. »

Même en Israël, constate le pape, la vague d'intégrisme identitaire et d'ethnicisme a pris de l'ampleur. C'est ce que perçoivent et expriment certains des intellectuels et des artistes israéliens les plus sensibles : malgré l'involution due à un bloc de gouvernement nationaliste et fondamentaliste, Israël reste une grande démocratie avec une société civile florissante. Daniel Barenboim, le célèbre chef d'orchestre, avoue : « Aujourd'hui, j'ai honte d'être israélien », car l'effet de la loi est évident, les « Arabes d'Israël deviennent des citoyens de deuxième classe [...]. C'est une forme très claire d'apartheid[98] ». L'écrivain David Grossman ébauche une analyse politique. Le potentiel de division contenu dans cette loi qui proclame Israël l'État-nation du peuple juif saute tellement aux yeux que l'intention cachée de laisser ouverte

95. Fides, 03/11/2018.
96. *Ibid.*
97. François, invocation pour la paix, 08/06/2014.
98. Ansa, 23/07/2018.

la plaie des rapports entre l'État et la minorité arabe transparaît clairement. Le Premier ministre Netanyahou, insiste Grossman, « a décidé de ne pas mettre fin à l'occupation et à l'état d'apartheid dans les territoires palestiniens [...], mais au contraire de les faire entrer dans les frontières d'Israël ». En d'autres termes, cette loi enterre la résolution du conflit avec les Palestiniens.

Depuis l'époque où il était archevêque de Buenos Aires, François a toujours soigné les rapports avec le judaïsme. Le rabbin Abraham Skorka, recteur du séminaire rabbinique latino-américain dans la capitale argentine, est un vieil ami qui a accompagné le pape lors de sa visite à Jérusalem en mai 2014 (ainsi qu'Omar Abboud, alors secrétaire du Centre musulman en Argentine). « J'ai senti que Dieu a fait croiser nos routes pour qu'ensemble nous puissions forger un message de concorde et de compréhension entre juifs et catholiques et à partager avec tous[99] », a commenté le rabbin après l'élection de Bergoglio au trône papal.

Durant son voyage en Terre sainte, le pape a clairement exprimé sa position. Israël a le droit de vivre en paix et en sécurité, a-t-il déclaré dès son arrivée à Tel-Aviv. Mais « qu'il soit également reconnu que le peuple palestinien a le droit à une patrie souveraine[100] », a souligné le pape devant les plus hautes autorités d'Israël, car la solution à deux États ne peut rester un rêve, mais doit devenir une réalité.

Au cours de l'année 2018, le pape doit se résoudre à constater que la *realpolitik* israélienne ne manifeste aucune intention de faire naître l'État palestinien, et qu'au contraire elle instrumentalise la haine du Hamas et les actes de terrorisme contre Israël non pour hâter la fin du conflit, mais pour le faire durer à l'infini. Ainsi, tactiquement, les positions du Vatican et du gouvernement israélien divergent toujours plus. À la Noël 2018, l'appel de François pour qu'Israéliens et Palestiniens entreprennent un chemin de paix qui

99. A. Carriero, *Il vocabolario di papa Francesco*, Elledici, 2015.
100. François, cérémonie de bienvenue à Tel-Aviv, 25/05/2014.

mette un terme au conflit qui « déchire depuis plus de soixante-dix ans la terre choisie par le Seigneur » prend un ton désolé. Par ailleurs, au niveau bilatéral, depuis vingt-cinq ans, Israël n'a toujours pas finalisé les négociations pour régulariser le statut fiscal des entités ecclésiastiques catholiques présentes sur son territoire, un accord auquel le pays s'était engagé en 1993, au moment de sa reconnaissance diplomatique de la part du Saint-Siège.

Sur le plan théologique et interreligieux aussi, on perçoit des tensions, ténues mais réelles, avec certains secteurs du judaïsme. Pour le cinquantième anniversaire de la déclaration conciliaire *Nostra Ætate*, qui en 1965 tournait solennellement la page de l'antisémitisme de l'Église catholique et ouvrait la voie à un dialogue intense entre catholicisme et judaïsme, la Conférence des rabbins européens et le Conseil rabbinique d'Amérique éditent un document portant sur le pape. Il s'intitule *Entre Jérusalem et Rome*, et prend acte que l'Église catholique a purgé sa doctrine de l'hostilité envers les juifs, soulignant l'œuvre des papes, de Jean XXIII à François, pour favoriser les rapports entre les deux confessions. Les acquisitions théologiques de *Nostra Ætate* sont particulièrement mises en avant : la reconnaissance de l'irrévocabilité de l'élection d'Israël par Dieu et une répudiation théologique ferme de la malédiction des Juifs. Le document des rabbins d'Europe et d'Amérique juge positivement la décision de Jean-Paul II de nouer des relations diplomatiques entre le Vatican et l'État d'Israël en 1993, et la position du pape François selon laquelle « attaquer les Juifs est antisémite, mais une attaque délibérée de l'État d'Israël est également antisémite. Il peut exister des divergences politiques entre gouvernements et sur des questions politiques, mais l'État d'Israël a parfaitement le droit d'exister en sécurité et dans la prospérité » (c'est ce qu'a rapporté le président du World Jewish Congress, Ronald Lauder, au terme d'une rencontre privée avec le pape en octobre 2015).

Le texte met en avant avec satisfaction la reconnaissance diplomatique d'Israël par Jean-Paul II et apprécie la clarification du Vatican, selon lequel « l'Église catholique ne mène ni n'appuie aucune initiative spécifique de mission institutionnelle adressée aux Juifs ». En d'autres termes, il n'y aura aucun prosélytisme organisé, à la lumière des dramatiques conversions forcées imposées aux Juifs au fil des siècles. « Nous, Juifs, considérons les catholiques comme nos partenaires, des alliés proches, des amis et des frères dans notre recherche commune d'un monde meilleur jouissant de la paix, de la justice sociale et de la sécurité[101] », dit la conclusion.

Cependant, bien qu'il mette en lumière les croyances communes (l'origine divine de la Torah et la rédemption finale), le document appuie de manière répétée les différences théologiques entre les deux confessions. Il est évident, comme dit le texte, que l'incarnation d'un Jésus messie et le dogme de la Trinité ne peuvent être acceptés par le judaïsme, mais le terme « différences » est répété huit fois, accompagné d'adjectifs tels que « profondes » ou « irréconciliables ». François adopte un langage différent quand il reçoit, le 31 août 2017, la délégation juive qui lui présente le document. Invoquant la bénédiction divine sur le « chemin commun d'amitié et de confiance qui nous attend », le pape argentin rappelle, au-delà des différences, l'important « patrimoine spirituel que nous avons en commun[102] », qu'il convient de promouvoir en particulier à travers les études bibliques.

Cette divergence entre le christianisme et la partie la plus conservatrice du judaïsme (laquelle a lourdement influencé le document *Entre Jérusalem et Rome*) ne doit pas être sous-estimée. Beaucoup de chemin a été parcouru entre les deux communautés, mais de subtiles tensions affleurent des deux côtés. Le hasard veut qu'à la même période (mais dans les rythmes de l'histoire de l'Église, certaines coïncidences sont loin d'être accidentelles), le pape émérite Joseph Ratzinger travaille lui aussi sur le sujet. Un texte signé de sa main, intitulé *Grâce et vocation sans regret*,

101. « Entre Jérusalem et Rome », AJCF, 2017.

102. François, discours aux représentants de la Conférence des rabbins européens, 31/08/2017.

touche deux nerfs à vif du rapport entre catholicisme et judaïsme : l'irrévocabilité du pacte divin avec Israël et le sens de la « Terre promise ». Des points théologiquement et politiquement tellement brûlants que l'écrit de Ratzinger suscite inévitablement des polémiques du côté juif comme du côté catholique.

Dans les années postconciliaires, la question de l'irrévocabilité s'entendait comme l'archivage de la vieille manière de penser dans le monde chrétien, selon laquelle le Nouveau Testament dépassait définitivement l'Ancien Testament, c'est-à-dire le pacte entre Dieu et Moïse (rendant en pratique nécessaire que les juifs reconnaissent le Christ et se fassent baptiser pour accéder à la rédemption). Ratzinger rappelle que la formule selon laquelle le « pacte conclu entre Dieu et le peuple d'Israël est durable et ne sera jamais invalidé » a été exprimée par Jean-Paul II dans un discours adressé aux représentants du judaïsme allemand à Mayence en 1980. Elle sera ensuite intégrée au catéchisme de l'Église catholique. Si l'élection divine du peuple d'Israël est donc indestructible, ajoute Ratzinger, persiste le drame des événements historiques et des faiblesses humaines, dont font partie la destruction du temple de Jérusalem et la diaspora (entendue non comme une punition mais comme une mission, dit le pape émérite). Alors, conclut l'ancien pape Benoît XVI, la « refondation de l'alliance du Sinaï et de la nouvelle alliance du sang de Jésus donne à cette alliance une forme nouvelle et définitive[103] ».

Deuxième point : le caractère de l'État d'Israël. L'idée que l'État juif puisse être considéré comme la réalisation théologique et politique des promesses divines n'est pas pensable selon la conception chrétienne de l'histoire, affirme Ratzinger : le Vatican a reconnu l'État d'Israël comme État de droit moderne et le considère comme la patrie légitime des Juifs selon le droit naturel. Mais « sa justification ne peut être immédiatement dérivée des saintes Écritures, bien qu'elle puisse exprimer au sens large la fidélité de

---

103. J. Ratzinger, Benoît XVI, *Communio*, 04/2018.

Dieu à son peuple[104] ». Usant du langage sobre de la théologie, le docte Ratzinger lance une attaque déterminée contre toute manipulation messianique de l'État d'Israël et de sa politique.

Sa réflexion était envisagée comme un écrit privé, mais le cardinal suisse Kurt Koch, président du Conseil pontifical pour la promotion de l'unité des chrétiens et de la Commission pour les relations religieuses avec le judaïsme, a insisté pour qu'elle soit publiée dans la revue théologique *Communio*. La position du pape émérite et du pape régnant convergent sur un fait politique : Israël est la patrie légitime des Juifs, mettre en discussion son existence est un acte d'antisémitisme – comme l'a déclaré François –, mais l'État moderne israélien est une question de droit international, non la réalisation d'un projet divin. C'est un État qui a des frontières, celles de 1967, et la partie arabe de Jérusalem ne lui appartient pas par conquête, comme le répètent les Nations unies depuis un demi-siècle avec l'entière approbation du Saint-Siège. Son statut doit être défini d'un commun accord entre Palestiniens et Israéliens. Au Vatican, cette conviction fait consensus entre conservateurs et réformateurs.

---

104. *Ibid.*

4
L'Europe se fissure

Rosaire en main, cape rouge frappée de l'aigle blanc, agitant le drapeau national, la femme agenouillée défend en priant les frontières de la Pologne. Elle n'est pas seule. De la mer Baltique à la frontière biélorusse, de la ligne de démarcation avec l'Allemagne jusqu'aux forêts du Sud, ce jour-là, un million de catholiques nationalistes polonais forment un mur contre les « ennemis » : l'islam et les immigrés envahisseurs. Une gigantesque chaîne humaine, bénie par les évêques, longue de trois mille cent kilomètres, hommes, femmes, jeunes, prêtres et enfants de chœur, personnes âgées, avec drapeaux et insignes de la nation. Des patriotes catholiques, ivres de l'encens des messes matinales célébrées dans tout le pays, encouragés par les litanies transmises par Radio Maria.

Nous sommes le 7 octobre 2017, vingt-deux diocèses sur quarante-deux sont mobilisés, des cérémonies sont célébrées dans trois cent dix-neuf églises. Sur quatre mille points de rassemblement, on prie pour « implorer l'intercession de la mère de Dieu afin de sauver la Pologne et le monde[105] ». La journée est baptisée « Rosaire à la frontière ». La Conférence épiscopale

105. A. Galli, *Avvenire*, 09/10/2017.

polonaise, menée par l'archevêque Stanisław Gądecki, qualifie pudiquement cette initiative de prière pour la paix. Gądecki fait fièrement remarquer qu'il s'agit de la plus grande initiative de prière en Europe. Les organisateurs rappellent la dévotion à la madone de Fatima, mais la date choisie est celle de l'anniversaire de la bataille de Lépante, qui commémore la victoire des nations chrétiennes contre les Turcs musulmans. Pour les participants, l'enjeu est de défendre la Pologne contre les terroristes islamistes, les athées, la menace des immigrés.

À Cracovie, l'archevêque Marek Jędraszewski exhorte les fidèles à prier pour que « l'Europe reste l'Europe ». La Première ministre Beata Szydło, du parti majoritaire Droit et Justice, mère d'un fils récemment ordonné prêtre, poste sur Twitter l'image d'un rosaire. Dans la galaxie fondamentaliste internationale, qui tient en horreur le prêche et la prédication sociale de François, on célèbre la marche du rosaire. En Italie, *La Nuova Bussola Quotidiana*, journal catholique conservateur, annonce triomphalement que cette marche est contre « l'islamisme et l'athéisme, en réparation des offenses contre Dieu et Marie et pour la conversion des pécheurs ». L'association des accompagnateurs dans les pèlerinages aux sanctuaires de Marie propose d'imiter en Italie les « frères polonais » pour sauver l'Europe du nihilisme islamiste et de la perte de la foi chrétienne.

Au Vatican, silence glacial, François ne veut pas en entendre parler. *L'Osservatore romano* ignore l'événement. Dans une interview au quotidien des évêques *Avvenire*, le porte-parole de la Conférence épiscopale polonaise, Paweł Rytel-Andrianik, soutient que l'initiative ne s'opposait à personne et parle d'instrumentalisation de la part des médias étrangers. L'ancien secrétaire de l'épiscopat polonais, monseigneur Tadeusz Pieronek, n'est pas de cet avis : « Les évêques polonais se sont engagés dans une voie dangereuse », affirme-t-il. Ils n'ont pas compris que le gouvernement utilise le rosaire comme une arme idéologique. Le gouvernement est celui du parti national-conservateur et clairement xénophobe Droit et Justice (fondé en 2001 par les frères jumeaux Lech et Jarosław

Kaczyńki). Dans le pays, explique le prélat, une bataille fait rage pour persuader les gens que « chaque réfugié est un bandit qui porte atteinte à l'identité polonaise ». Aucun doute que la masse des participants à la marche « sont contre la pensée et l'enseignement du pape François[106] ». De fait, l'épiscopat soutient la politique du gouvernement, qu'il considère comme un défenseur de la foi chrétienne.

Dieu-Patrie-Famille, la devise de l'idéologie catholique et conservatrice – prédominante en Europe et en Amérique latine au XIXe siècle – a trouvé sa résurrection dans les pays d'Europe de l'Est passés du communisme soviétique au néolibéralisme sans avoir assimilé la culture démocratique du pluralisme, de la séparation des pouvoirs, du multiculturalisme. Dieu-Patrie-Famille, quoi de plus éloigné de la vision du pape François ? Deux ans avant le « Rosaire à la frontière », une autre manifestation nationale cléricale avait eu lieu à Cracovie : le couronnement de Jésus-Christ roi de Pologne, en présence du chef du gouvernement Andrzej Duda. La même année, le 11 novembre 2015, anniversaire de l'indépendance, a eu lieu à Varsovie une manifestation mouvementée avec des slogans pour une « grande Pologne catholique » et contre Bruxelles et la menace des migrants. Des drapeaux de l'Union européenne avaient été brûlés.

Telle n'est pas la « lumière de l'Est » que Jean-Paul II admirait à la fin de la longue lutte pour la liberté de sa patrie. Après la chute du mur de Berlin, Karol Wojtyła rêvait d'une Europe qui puisse finalement respirer avec deux poumons : celui de l'Est et celui de l'Ouest. Dès sa troisième année de pontificat, il avait déclaré patrons du continent européen saint Cyrille et saint Méthode pour affirmer le « patrimoine spirituel et culturel commun » qui lie les peuples européens. Jean-Paul II avait consacré deux synodes spéciaux des évêques à l'Europe enfin guérie de la plaie du rideau de fer : en 1991 et en 1999. « Dire "Europe" doit vouloir dire

106. *La Stampa*, 12/10/2017.

“ouverture” », affirmait-il dans son exhortation postsynodale *Ecclesia in Europa* publiée en 2003. Car « l’Europe n’est pas vraiment un territoire clos ou isolé ; elle s’est construite en allant, au-delà des mers, à la rencontre d’autres peuples, d’autres cultures, d’autres civilisations ». Elle ne peut se replier sur elle-même, affirmait le pape polonais, elle ne peut ni ne doit se désintéresser du reste du monde. Au contraire, elle doit avoir pleinement conscience du fait que d’autres pays, d’autres continents, attendent de l’Europe des initiatives concrètes pour offrir aux peuples les plus pauvres les moyens de se développer et de contribuer à une mondialisation solidaire, juste et fraternelle[107].

Le pape Wojtyła agissait dans l’optique de l’intégration européenne, qu’il souhaitait sur une base chrétienne, mais libre de tout nationalisme. Benoît XVI, son successeur, suivait la même ligne, attentif à dialoguer avec les non-croyants « à la recherche de la vérité » et tout aussi éloigné d’un cléricalisme politique. En effet, sous le pontificat de Ratzinger, l’épiscopat polonais – encore sous l’influence du message universaliste de Jean-Paul II – avait refusé à deux reprises la demande d’un groupe de parlementaires d’instaurer en Pologne le Christ Roi. Le changement est intervenu avec le glissement de l’électorat polonais vers des positions national-conservatrices et souverainistes.

En sa septième année de pontificat, François se trouve isolé face à de nombreux gouvernements de l’Est européen et une grande partie de leur électorat sur des thèmes cruciaux à ses yeux, car liés à l’idée de bien commun. Il ne s’agit pas seulement de la Pologne. Un autre pays, lié pendant des années à la papauté romaine, a pris la même direction du repli nationaliste, catholique identitaire et xénophobe : la Hongrie. À l’Est, les racines chrétiennes auxquelles Wojtyła voulait donner un nouveau souffle au XXIe siècle, croissent aujourd’hui déformées par une dimension cléricale, agressive et intégriste.

107. Jean-Paul II, « Ecclesia in Europa », *Vatican*, 28/06/2003.

Dans un discours à la mémoire du défunt chancelier allemand Helmut Kohl, le Premier ministre Viktor Orbán résume ainsi son credo politique : « L'avenir de l'Union européenne dépend de sa capacité à défendre ses frontières extérieures [des migrants]. » Il faut se libérer de la camisole de force de l'idéologie de Bruxelles selon laquelle l'institution de la Communauté européenne dépasse une histoire de fragmentation nationale lourde de guerres et de conflits religieux, explique Orbán. « L'ordre libéral est en train de s'effondrer », ajoute-t-il, car il ne prend pas en compte les idées qui soudent l'Europe : foi, nation, communauté, famille. Selon lui, le christianisme doit être un principe directeur. « Tous les Européens n'ont pas besoin de croire en la vérité de la foi chrétienne, lance-t-il, mais tout ce qu'ils disent, font ou feront tirera sa signification de l'héritage chrétien. » Ce discours s'assortit d'une mise en garde contre les communautés musulmanes, car « nous, Hongrois, savons ce qu'est l'islam » : une référence à la domination ottomane[108].

Ces interventions sont reprises avec enthousiasme par les sites catholiques les plus conservateurs. Le refus des quotas d'accueil de réfugiés débarqués en Europe (avec la Grèce et l'Italie en première ligne), l'obsession xénophobe, l'insistance continue sur la nécessité de préserver l'identité nationale et l'usage idéologique de la foi caractérisent l'onde populiste et souverainiste en Europe de l'Est. Le pape François est préoccupé par l'extension de tels mouvements politiques dans de nombreux pays d'Europe, à l'ouest, au nord comme au sud. Il note avec inquiétude les mots d'ordre provenant de Pologne et de Hongrie, mais il n'oublie pas les éructations du vice-Premier ministre Salvini en Italie ou de la candidate du Front national Marine Le Pen aux élections présidentielles françaises de 2017. Dans une interview au journal *La Croix* où elle se professe croyante, Marine Le Pen se dit irritée que l'Église se mêle de choses qui ne la regardent pas. Le pape veut prêcher l'accueil ? Qu'il le fasse

108. V. Orbán, « Speech at a conference held in memory of Helmut Kohl », Abouthungary.com, 18/06/2018.

à titre individuel. Mais vouloir que les États aillent à l'encontre des peuples en ne mettant pas de conditions à l'entrée d'une masse de migrants devient « de l'ingérence, car lui aussi est chef d'État[109] ». Une attaque diplomatique, mais nette.

François redoute le virus des idéologies souverainistes. « Je pense à Hitler au siècle dernier, qui avait promis le développement de l'Allemagne, déclare-t-il à un public de jeunes à Rome. Nous savons comment commencent les populistes : en semant la haine, [...] un chemin de destruction, un suicide, [...] c'est préparer la Troisième Guerre mondiale. » La haine, poursuit-il, peut s'exprimer de nombreuses manières. Hier en invoquant la pureté de la race, aujourd'hui en diabolisant les migrants[110].

En Pologne et en Hongrie, à la différence de la France ou de l'Italie, l'épiscopat soutient les gouvernements populistes, responsables de ce que les politologues qualifient désormais de « démocraties illibérales ». Le 12 septembre 2018, le Parlement européen votait à Strasbourg une résolution condamnant la Hongrie pour violation des principes constitutionnels fondamentaux que sont la liberté d'information et la liberté académique. Depuis des années, le gouvernement Orbán mène une campagne acharnée contre la fondation Open Society et l'Université d'Europe centrale (UEC) à Budapest, financées par le magnat George Soros, d'origine juive hongroise. Une campagne virulente contre l'« idéologie libérale » de l'entrepreneur naturalisé américain, qui attise les pulsions antisémites présentes dans la société hongroise. Au sein du Parti populaire européen, treize partis originaires de neuf pays membres ont demandé en mars 2019 la suspension ou l'exclusion de Fidesz, le parti d'Orbán, s'il ne changeait pas de ligne.

Entre 2017 et 2018, la Commission européenne a activé de manière répétée la procédure d'infraction contre la Pologne en raison de plusieurs lois adoptées par le pays. Certaines placent la

109. B. Gorce, C. Rouden, *La Croix*, 13/04/2017.
110. S. Falasca, *Avvenire*, 24/10/2018.

magistrature sous le pouvoir direct du gouvernement et affaiblissent l'indépendance du tribunal constitutionnel. D'autres suppriment les organismes de contrôle électoral. La grande manifestation paneuropéenne d'ultranationalistes et de néofascistes qui a lieu à Varsovie le 11 novembre 2017, où sont proférés des slogans xénophobes et antisémites appelant à la suprématie blanche, fait partie du climat politique instauré par le gouvernement de Droit et Justice. Roberto Fiore, le leader du parti italien d'extrême droite Forza Nuova, y a également participé.

La Pologne et la Hongrie ne sont pas les seuls pays à connaître un regain de nationalisme. Avec la République tchèque et la Slovaquie, elles font partie du groupe de Visegrád, hostile à une évolution fédéraliste de l'Union européenne et inébranlable dans son opposition à un plan d'accueil partagé des migrants. Lors de la réunion des Premiers ministres qui a eu lieu à Budapest le 21 juin 2018, ce groupe a demandé à l'Union de fermer ses frontières, car les entrées contrôlées peuvent constituer un danger, « comme le prouve le nombre d'attaques terroristes perpétrées [ces] dernières années dans des pays de l'Union[111] ». L'attitude d'un nombre croissant d'États et de mouvements politiques européens pousse la prédication du pape vers la marge.

Quand, au début de son pontificat, François s'était rendu au Parlement européen de Strasbourg, il avait exhorté les eurodéputés à affronter conjointement la vague migratoire : « On ne peut tolérer que la Méditerranée devienne un grand cimetière ! » À bord des bateaux se trouvent des hommes et des femmes qui ont besoin d'aide. Le pape avait appelé à un engagement commun pour éviter le travail dans des conditions d'esclavage et prévenir les tensions sociales. L'Europe devait protéger à la fois son identité culturelle et les droits des citoyens européens tout en garantissant l'accueil des migrants. Sans oublier la nécessité de promouvoir

111. V4 – *Joint statement*, Budapest, 21/06/2018.

le développement des pays d'origine. « Vous êtes appelés à une grande mission [...] : prendre soin de la fragilité [...] des peuples et des personnes[112] », avait-il déclaré.

Mais, au Vatican, on observe qu'à partir de 2017 les affaires européennes prennent décidément une tout autre direction. Des acteurs à la vision radicalement opposée à celle du pape occupent la scène, tandis que diminuait la popularité des familles politiques avec lesquelles le Saint-Siège traitait depuis l'après-guerre : démocrates-chrétiens, socialistes, libéraux. C'est toute la scène politique qui a changé. En octobre 2017, les partis de centre droit et d'extrême droite remportent les élections en Autriche et forment le gouvernement (ÖVP et FPÖ). Parmi les principaux objectifs à garantir pour « notre Europe », le nouveau chancelier Sebastian Kurz cite : sécurité, ordre et protection des frontières. Sa recette concernant les migrations est précise : « Nous devons empêcher en premier lieu que des bateaux de migrants soient mis à la mer depuis les côtes d'Afrique du Nord et nous devons changer le fait qu'après un sauvetage, ils soient automatiquement emmenés en Europe[113]. » En Autriche, où les musulmans représentent 8 % de la population, le poste de vice-chancelier revient au chef du Parti de la liberté (FPÖ) Heinz-Christian Strache, porte-drapeau d'une campagne électorale fondée sur des slogans tels que « Empêcher l'islamisation de l'Autriche » et « Mettre en avant les intérêts des vrais Autrichiens ». (En 2019, après avoir été impliqué dans divers scandales financiers et avoir subi une défaite électorale, Strache a démissionné de la direction du FPÖ.)

En 2018, l'Italie connaît à son tour un revirement politique. Dans le même temps, des partis xénophobes et nationalistes avancent dans divers pays d'Europe. En Allemagne, aux élections fédérales de septembre 2017, Alternative pour l'Allemagne (AfD) devient le troisième parti, devant les libéraux. Il obtient 94 sièges

112. François, discours au Parlement européen, 25/11/2014.
113. P. Müller, W. Mayr, *Der Spiegel*, 07/09/2018.

au Parlement fédéral et se présente comme un parti antisystème tout en agitant le spectre d'une corrosion de l'identité allemande par l'islam, d'un abus du système social allemand de la part des immigrés et de leurs familles, et d'une invasion de l'Europe par les 350 millions d'Africains prêts à migrer. « Nous voulons transmettre à nos héritiers un pays que l'on puisse encore reconnaître comme l'Allemagne », est-il écrit dans leur programme électoral[114]. L'AfD est fermement opposée à tout projet des États unis d'Europe, une caractéristique commune aux mouvements souverainistes européens.

L'année suivante, lors des élections en Slovénie, le premier parti (qui ne parvient cependant pas à accéder au pouvoir) est le SDS de Janez Janša, idéologiquement proche du leader hongrois Orbán. Il totalise 25 % des voix. Son slogan : « Priorité à la sécurité et au bien-être des Slovènes ». La même année, en Suède, pays exemplaire pour ses prestations sociales et son accueil, le SD de Jimmie Åkesson frôle les 18 %, alors qu'il qualifie les musulmans de « plus grande menace étrangère depuis la Seconde Guerre mondiale ». En Suède aussi, des ghettos musulmans se sont formés. Dans son programme, Åkesson réclame que la Suède quitte l'Union européenne. Au sud du continent, en Espagne, lors des élections régionales andalouses de 2018, le parti ultraconservateur et anti-immigration Vox crée la surprise en obtenant 11 % des voix. Cette formation est menée par Santiago Abascal, qui, pistolet à la ceinture, prêche la *reconquista* de la terre espagnole, la chasse aux migrants et la fermeture des mosquées. Aux élections nationales de novembre 2019, Vox progresse encore pour devenir le troisième parti espagnol avec 15 % des voix.

2018 est également l'année où un bloc de pays nordiques s'oppose aux propositions du président français Emmanuel Macron et de la chancelière allemande Angela Merkel pour parvenir à une meilleure intégration au sein de l'Union européenne. Pays-Bas,

114. Wahlprogramm 2017, AfD.

Irlande, Danemark, Suède, Finlande, Lituanie, Lettonie et Estonie disent « non » à l'hypothèse de nouveaux transferts de souveraineté à Bruxelles et rejettent les projets d'un ministre européen des Finances et d'un budget commun de l'eurozone. C'est un coup d'arrêt net. En peu de temps, le paysage politique européen a changé. Le référendum sur le Brexit, remporté en 2016 avec 52 % des voix par les indépendantistes (UKIP) de Nigel Farage, a marqué le début de l'effondrement. Le projet d'une intégration européenne progressive, imaginée par l'Union comme graduelle mais continue, semble s'être arrêté, voire se fissurer.

L'enthousiasme avec lequel, en mai 2016, le pape François évoquait une reprise des processus unitaires se heurte au mur des souverainistes, des eurosceptiques, de ceux qui veulent garder jalousement le pouvoir des États nationaux. Le 6 mai, face aux dirigeants des institutions de Bruxelles et aux chefs d'État et de gouvernement de l'Union européenne, du roi d'Espagne Felipe à la chancelière allemande Merkel, le pape Bergoglio – qui recevait le prix Charlemagne dans la salle royale du palais apostolique – avait appelé à un élan courageux de la part des institutions européennes. « Je rêve d'une Europe jeune [...] qui secourt comme un frère [...] celui qui arrive en recherche d'accueil parce qu'il n'a plus rien et demande un refuge. » L'Europe imaginée par François vit d'une identité dynamique, synthèse de contributions diverses (comme l'envisageait déjà le pape Wojtyła). Il suffit de regarder Rome ou tant de villes européennes pour saisir la richesse des styles, des visions et des apports culturels qui en composent la beauté, affirmait François. Le pape proposait une Europe à l'économie sociale, qui permettrait à chacun, particulièrement aux jeunes, de bâtir sa propre existence à travers un travail « digne, libre, créatif, participatif[115] ».

115. François, discours pour le prix Charlemagne, 06/05/2016.

Déjà, les signes d'effilochement de l'opinion publique n'échappaient pas à François. C'est pour cela qu'il dénonçait « une Europe qui est en train de "se retrancher" » et relançait la vision des pères fondateurs : une patrie européenne commune. Une maison inclusive, où ceux qui appartiennent à une autre culture sont perçus comme « un sujet à écouter, considéré et apprécié[116] ». Il ne s'agit pas seulement d'un discours éthique. Bergoglio est réaliste. Il dénonce la psychose créée par les populistes, faisant remarquer que l'Europe se dirige vers un hiver démographique et a donc besoin de l'apport des immigrés. Sans eux, l'Europe « se vide », a-t-il déclaré dans une interview à l'agence Reuters en juin 2018.

Dans le climat actuel, la voix de Bergoglio semble crier dans le désert. Dans sa septième année de pontificat, le pape argentin se heurte à l'incompréhension de nouvelles classes dirigeantes qui n'ont pas le souvenir de l'enthousiasme et de l'idéalisme de ces pionniers, avant tout catholiques – Robert Schuman, Alcide De Gasperi, Konrad Adenauer –, qui décidèrent d'accomplir après la guerre les premiers pas vers une Europe unie. Il lui est encore plus dur de se rendre compte qu'une part consistante de l'électorat de nombreux pays européens est de nouveau fascinée, comme dans les années précédant la Seconde Guerre mondiale, par les slogans nationalistes : « les Italiens d'abord », « les Hongrois d'abord », « les Autrichiens d'abord », etc. François n'ignore pas la désorientation des classes populaires face à la crise économique, à la mondialisation, à l'inexorable contraction du marché du travail. Autant de facteurs qui provoquent les sursauts identitaires et l'émergence de leaders populistes. Au contraire, c'est précisément cette crise qui pousse le pape à insister sur son évangile social. Ce qui, paradoxalement, alimente les attaques contre lui de la part des divers courants de droite, tant néolibéraux qu'identitaires.

Le christianisme, estime le pape, a beaucoup à offrir dans l'époque historique actuelle. D'abord l'attention à la personne

116. *Ibid.*

et à la communauté, en évitant que les individus soient réduits à des chiffres selon la tendance d'un libéralisme économique sauvage qui provoque des dégâts. « Il n'y a pas les citoyens, il y a les suffrages. Il n'y a pas les migrants, il y a les quotas. Il n'y a pas les travailleurs, il y a les indicateurs économiques », s'obstine-t-il à dénoncer. Favoriser le dialogue entre groupes sociaux, partis politiques et religions est essentiel pour François, surtout quand les « hurlements des revendications » prennent le dessus et que le bien commun n'apparaît plus comme l'objectif de la politique. C'est là le « terrain fertile [pour] les formations extrémistes et populistes, qui font de la protestation le cœur de leur message politique » sans offrir de projet constructif, fait remarquer le pape. Là où le dialogue est remplacé par l'affrontement permanent, les chrétiens ont le devoir de redonner sa dignité à la politique en favorisant une communauté inclusive. Cela vaut encore une fois pour les réfugiés : des personnes qui ne peuvent être « choisies ou rejetées selon le bon vouloir, suivant les logiques politiques, économiques, voire religieuses[117] ».

C'est sur ce thème que se gagnent et se perdent les batailles dans l'Europe d'aujourd'hui, et le pape est en difficulté. Sur la question identitaire, l'Église de François a perdu une bataille importante au cœur de l'Europe, dans la très catholique Bavière. L'histoire commence le 24 avril 2018. Le gouvernement régional de Bavière émet un décret rendant obligatoire l'affichage du crucifix dans les bâtiments publics. Terrorisés par l'avancée au niveau national de la droite souverainiste et identitaire d'Alternative pour l'Allemagne, les chrétiens-sociaux bavarois (CSU), parti majoritaire depuis toujours, décident d'utiliser le symbole religieux comme bouclier politique pour capter les voix de l'extrême droite. Le ministre-président de la Bavière Markus Söder, par ailleurs protestant, déclare qu'à partir du 1er juin la croix sera visible dans toutes les institutions publiques : « Une affirmation claire de notre identité

117. François, discours à la conférence « Rethinking Europe », 28/10/2017.

bavaroise et de nos valeurs chrétiennes. » Lui-même, après la séance de l'assemblée régionale, suspend dans le hall du gouvernorat un crucifix artistique offert par le cardinal Friedrich Wetter, quatre-vingt-dix ans, archevêque émérite de Munich.

Le débat fait rage au sein de la hiérarchie ecclésiastique. L'archevêque de Bamberg, Ludwig Schick, approuve. Selon lui, le crucifix est un symbole d'unité, de paix, de justice et de solidarité pour tous. L'évêque auxiliaire de Munich Wolfgang Bischof proteste qu'au contraire la croix ne peut être utilisée comme « logo électoral ». Monseigneur Franz Jung, nouvel évêque de Würzburg, se montre également critique : « Le crucifix est un signe authentiquement religieux et ne peut se réduire à un folklore bavarois[118]. » Dans cette vive discussion qui implique prêtres, théologiens et politiciens, catholiques ou non, intervient le nonce du Vatican en Autriche Peter Stephan Zurbriggen : « Il est honteux [de voir] des prêtres et des évêques protester quand on dresse des croix […]. La croix est symbole de rédemption. Mais c'est également le symbole de ma terre natale, de mes ancêtres, de tous ceux qui ont transmis le patrimoine de la foi[119]. » L'évêque de Mayence, Peter Kohlgraf, n'est pas de cet avis. Jésus n'est pas mort sur la croix pour affirmer une position culturelle ou morale, explique-t-il, il est donc déplacé d'utiliser ce symbole pour soutenir une ligne politique, encore plus pour tracer une frontière qui exclut ceux qui pensent différemment[120]. Les protestants bavarois y sont favorables. Pour l'évêque luthérien régional Heinrich Bedford-Strohm, « la religion ne peut se cantonner à la sphère privée[121] ».

Du côté catholique, l'affaire reflète les divisions internes du pontificat de Bergoglio. On reconnaît dans le refus d'utiliser le crucifix à des fins identitaires l'esprit de l'Église de François.

118. BR, 30/04/2018.
119. P. Zimmermann, BR, 30/04/2018.
120. Kath, 27/04/2018.
121. *Ibid.*

Sur le front opposé, les auteurs du décret laissent transparaître la nostalgie d'un État chrétien, garant de la « culture occidentale ». Finalement, l'archevêque de Munich, le cardinal Reinhard Marx, prend la parole. Président de la Conférence épiscopale allemande, un mois plus tôt il était encore président de la Commission des épiscopats catholiques de l'Union européenne. C'est une voix importante de l'Église universelle. Ce décret, affirme-t-il, a provoqué divisions, inquiétudes et oppositions. « Il n'appartient pas à l'État de déclarer ce que signifie le crucifix », affirme-t-il, et en outre, la croix n'implique pas un programme politique particulier[122]. Mais le débat ne se calme pas pour autant. Intervient ensuite le secrétaire du pape émérite Ratzinger, monseigneur Georg Gänswein, qui juge positivement la décision du gouverneur bavarois et critique le cardinal Marx pour son « commentaire peu éclairant[123] ».

Selon un sondage, en Bavière, 56 % des personnes interrogées se prononcent en faveur du décret, 38 % contre. Le cardinal Marx est contraint de faire machine arrière : il explique être favorable à la présence du crucifix dans les bâtiments publics, mais avoir critiqué les raisons invoquées. Le 1er juin 2018, le décret entre en vigueur. Le même jour, le gouverneur Söder rencontre le pape François en audience. Le 14 octobre, les Bavarois se rendent aux urnes. L'idée du crucifix n'a pas suffi. Les démocrates-chrétiens s'effondrent de 47 à 37 %. Les sociaux-démocrates de 20 à 9 %. La droite fait une percée : Alternative pour l'Allemagne totalise 10 %, les conservateurs de la liste Libres électeurs 11 %. Les seuls vainqueurs sont les Verts, avec 17 % des voix. Deux semaines plus tard, nouvel effondrement des démocrates-chrétiens et des sociaux-démocrates en Hesse. L'extrême droite de l'AfD entre au parlement régional avec 13 % des voix. Elle est désormais présente dans tous les corps législatifs d'Allemage, au niveau régional et

122. M. Drobinski, J. Wetzel, *Süddeutsche Zeitung*, 01/05/2018.
123. U. Posche, *Stern*, 16/05/2018.

fédéral. Après sa défaite en Hesse, Angela Merkel annonce qu'elle ne se représentera pas au congrès des démocrates-chrétiens (CDU) et que ce sera son dernier mandat de chancelière.

Les partis qui ont modelé le paysage politique européen depuis l'après-guerre vacillent face à l'avancée national-populiste. François a conscience du changement de climat : la vague identitaire souverainiste balaye son message. Lorsqu'il s'est adressé à tous les dirigeants européens pour le soixantième anniversaire du traité de Rome, il dénonçait l'oubli des efforts qu'avait demandés la construction de l'Union. On sous-estime la longue période de paix dont on a profité, met-il en garde : les populismes étouffent, le triomphe des particularismes annonce la tempête, la peur semble être la seule proposition. Attention à ne pas se laisser dominer par la crainte que « l'autre nous arrache à nos habitudes consolidées ». L'Europe doit revivre dans des « sociétés authentiquement laïques, exemptes d'oppositions idéologiques, où trouvent également place le natif et l'autochtone, le croyant et le non-croyant ». François continue de proposer une Union solidaire, où les plus rapides tendent la main aux plus lents[124].

L'Europe n'est plus celle qu'ont connue Jean-Paul II, Benoît XVI et Bergoglio au début de son pontificat. Un autre pilier de la politique internationale du Saint-Siège cède. Le pape redoute le climat politique actuel, qui lui rappelle la situation entre les deux guerres mondiales, au cours de laquelle les « propensions populistes et nationalistes ont prévalu ». Le souvenir de cette époque lui fait dire que des politiques émotives et hâtives, qui ne se soucient pas de la justice et du droit, peuvent récolter un consensus immédiat, mais ne peuvent résoudre « les problèmes les plus radicaux, et ne feront au contraire que les aggraver[125] ». Voilà comment il s'est exprimé face au corps diplomatique au début de

---

124. François, discours aux chefs d'État et de gouvernement de l'Union européenne, 24/03/2017.

125. François, discours au corps diplomatique, 07/01/2019.

sa septième année de pontificat. Le projet d'une Europe intégrée, sur laquelle comptaient les papes, s'est fissuré. Angela Merkel le redoutait. Lors du centenaire de la Première Guerre mondiale, elle avait déclaré que, comme en 1914, les États européens se dirigent « tels des somnambules » vers le chaos.

5
Le 11-Septembre du pontificat

La papamobile avance lentement sur l'avenue. François se tourne à droite et à gauche, bénissant la foule massée sur les trottoirs de Santiago du Chili. Soudain, un objet frappe le pape. Il ne s'agit ni d'une pierre ni d'une bombe, seulement d'un journal roulé en boule. Il heurte Bergoglio en plein sur la joue gauche et retombe au fond de la voiture. Le pape tressaille l'espace d'un instant, puis il poursuit sa bénédiction. Mais ce geste de moquerie et de colère est capturé par la télévision. C'est la première fois que quelqu'un lève la main sur François, accroc à la sacralité.

Son voyage au Chili en janvier 2018 se déroule dans un climat électrique. Attentats contre les églises commis par des militants indigènes mapuches, exaspérés par les expropriations de leurs terres. Manifestations de groupes catholiques et laïcs contre l'évêque Juan Barros, accusé d'avoir systématiquement passé sous silence les cas d'abus sexuels. À la veille de la visite papale, quatre églises de la capitale ont été prises pour cible. Sur le seuil brûlé de Santa Isabel de Hungría, près de la gare centrale, les auteurs de l'attentat ont laissé un tract: « Terre mapuche libre… Pape François, les prochaines bombes sous ta soutane. » Des manifestants ont occupé la nonciature aux cris de « François prend l'argent du fisc ». Le

16 janvier, alors que le pape se trouvait déjà à Santiago, trois autres attentats sont commis contre des églises chiliennes.

Le fantôme qui plane sur le voyage est un prêtre de quatre-vingts ans. Il s'appelle Fernando Karadima, prédateur en série. Pendant un quart de siècle, il a été curé de la paroisse El Bosque à Santiago du Chili, où il a créé un centre de formation pour jeunes. Karadima jouit d'un fort charisme, il est apprécié de la bonne société catholique de la capitale, benjamin des évêques à l'aise avec la dictature de Pinochet, qui a duré de 1973 à 1990. De nombreux prêtres et quatre évêques ont été ses disciples. Jusqu'à ce qu'en 2003 le jésuite Juan Díaz, vicaire épiscopal, signale à l'archevêque de l'époque, Santiago Francisco Errázuriz (appelé sous le pontificat de Bergoglio à faire partie du Conseil des neuf cardinaux qui prépare la réforme de la curie et l'assiste dans les missions de gouvernement, le C9), le témoignage de l'ancien enfant de chœur José Andrés Murillo, abusé par Karadima. Le scénario classique se met en œuvre. Errázuriz ne fait rien malgré les témoignages qui se multiplient contre le prêtre. Une paroissienne de Karadima, Verónica Miranda, racontera par la suite avoir vu un jour dans son appartement le curé idolâtré le col ouvert, le visage transpirant, la ceinture défaite et un prêtre agenouillé devant lui[126]. En 2005, Errázuriz reçoit un rapport diocésain circonstancié. Le cardinal bloque l'enquête et tente de muter administrativement Karadima dans une autre paroisse. Ce n'est qu'en 2009 qu'Errázuriz déclenche une enquête canonique. La documentation est envoyée au Vatican en 2010 et l'année suivante (sous le pontificat de Ratzinger), Karadima est condamné à une vie « de prière et de pénitence » dans un couvent. Un traitement de faveur au lieu d'une expulsion du clergé.

Cependant, l'affaire n'est pas close. Elle explose de nouveau en janvier 2015 quand le pape Bergoglio nomme évêque du diocèse d'Osorno l'un des protégés de Karadima, monseigneur Barros, déjà

126. *Clarín*, 18/05/2018.

ordinaire militaire au Chili (et, dans les années 1980 secrétaire de l'évêque de Santiago de l'époque, le cardinal Juan Francisco Fresno, quand un groupe de paroissiens de Karadima avait signalé pour la première fois sa conduite irrégulière : dénonciation archivée). Des protestations de masse accompagnent la prise de fonction de Barros dans la cathédrale d'Osorno et, au cours des années suivantes, la contestation se poursuivra sans répit. Dès le début, un prêtre d'Osorno, Peter Kliegel, écrit au nonce du Vatican au Chili pour dénoncer la nomination d'un évêque à la moralité douteuse[127].

Le nouvel archevêque de Santiago du Chili, le cardinal Ricardo Ezzati, fera savoir par la suite qu'il avait tenté de faire changer d'avis le pape Bergoglio[128], mais James Hamilton, l'une des victimes de Karadima, affirme qu'il devrait « aller en prison » avec Errázuriz pour ses activités de dissimulation[129].

Le cardinal Errázuriz, devenu entre-temps proche collaborateur du pape, garde le silence. Bergoglio se retranche derrière l'affirmation qu'il s'agit d'un coup monté. Au mois de mai suivant, le pape rencontre place Saint-Pierre l'ancien porte-parole de la Conférence épiscopale chilienne, Jaime Coiro, qui s'écrie : « Osorno souffre. » François répond d'une manière singulièrement tranchante : les fidèles ne doivent pas se laisser manipuler par les « gauchistes ». La seule accusation contre l'évêque a été discréditée par le tribunal, insiste le pape. Croire à ces calomnies est « stupide » : « Je suis le premier à juger et à punir ceux que l'on accuse de tels crimes [...], mais dans ce cas, il manque des preuves [...] bien au contraire[130]. » François le répète pendant son voyage au Chili. « Le jour où l'on m'apportera des preuves contre l'évêque Barros, je parlerai. Il n'y a pas la moindre preuve contre lui [...], ce ne sont que des

127. *Soy Chile*, 22/01/2015.
128. A. Ivereigh, *National Catholic Reporter*, 07/06/2015.
129. Tele 13, 02/05/2018.
130. *Il Fatto Quotidiano*, 16/01/2018.

calomnies, c'est clair ? » répond-il durement aux journalistes dans la ville d'Iquique.

Un cardinal prend conscience de l'impasse dans laquelle le pape risque de se retrouver coincé. Le cardinal américain Sean O'Malley, lui aussi membre du C9 et président de la Commission créée par François pour la protection des mineurs, prend ses distances. S'exprimer ainsi, déclare-t-il, devient source de « grande douleur pour les victimes d'abus sexuels ». O'Malley ajoute sans ambages : « Les mots du pape transmettent le message que, si vous ne pouvez prouver la moindre de vos affirmations, personne ne vous croira. » Ces mots laissent les victimes seules, « reléguant les survivants dans le discrédit ».

L'intervention d'O'Malley, qui rencontre le pape au Pérou après son étape chilienne, pousse François à faire partiellement marche arrière. Pendant son vol de retour vers Rome, le pape explique aux journalistes : « Je dois demander pardon, car le mot "preuve" a blessé de nombreuses victimes d'abus. » François admet qu'« entendre le pape leur dire en face : "Apportez-moi une lettre avec la preuve" est une gifle. Je reconnais à présent que mon expression n'était pas heureuse. » Il entendait parler d'« éléments à charge » au sens strictement légal, car sans élément à charge on ne peut condamner personne. François rappelle qu'il a demandé une enquête approfondie sur l'affaire Barros : « J'ai fait beaucoup travailler et, véritablement, il n'y a pas d'élément à charge [...] et il semble qu'on ne va pas en trouver, parce qu'il y a une cohérence en sens inverse[131]. »

Ce vol de nuit du 21 janvier 2018 de Lima à Rome marque une fracture irrémédiable dans la parabole du pontificat. Car il révèle que le Vatican a reçu une documentation édulcorée ou superficielle. Car on devine dans l'ombre l'attitude ambiguë de l'épiscopat chilien. Car la certitude inébranlable avec laquelle le pape affirme que l'on ne trouvera aucune preuve de culpabilité est

131. François, conférence de presse, 21/01/2018.

destinée à s'effondrer rapidement. Cette affaire confirme la règle immuable de ce dernier quart de siècle en matière d'abus de masse de la part de prêtres et de dissimulation systématique : on trouve seulement quand on veut vraiment chercher.

Autour du voyage papal au Chili se déclenche une averse de documents tenus secrets. Le 11 janvier 2018, l'Associated Press publie une lettre du pape adressée aux dirigeants de la Conférence épiscopale chilienne, où il apparaît que dès 2014 il était question que Barros et deux autres prélats élèves de Karadima, Horacio Valenzuela Abarca, évêque de Talca, et Tomislav Koljatic, évêque de Linares, se retirent de leurs fonctions pour prendre une année sabbatique (un quatrième évêque protégé de Karadima est atteint de la maladie de Parkinson). Le nonce du Vatican à Santiago du Chili en avait parlé à Barros et l'avait convaincu d'écrire une lettre dans ce sens. Barros l'avait fait, mais dans son courrier officiel de démission, il évoquait également noir sur blanc la démission des deux autres évêques du cercle de Karadima. Cette gaffe calculée de Barros avait tout arrêté[132]. Ainsi, l'année suivante, il fut nommé évêque d'Osorno par le pape Bergoglio.

De retour à Rome après son voyage au Chili et au Pérou, François est obligé de se défendre. Lors de la conférence de presse dans l'avion, il raconte que des membres de l'épiscopat chilien avaient suggéré l'échappatoire (partie en fumée) de l'année sabbatique des trois évêques. François révèle que Barros avait proposé de démissionner, mais que lui avait refusé : « Non, ce serait un aveu de culpabilité. » Après les polémiques sur sa nomination à Osorno, Barros avait de nouveau proposé de démissionner. Et pour la deuxième fois, François avait refusé. Il n'y a pas de preuve, insiste le pape face aux journalistes, « mais moi aussi je suis convaincu qu'il est innocent[133] ».

132. E. Vergara, N. Winfield, AP News, 11/01/2018.
133. François, conférence de presse, 21/01/2018.

Pris dans le filet de la loi du silence instaurée par la haute hiérarchie ecclésiastique du Chili, le pape Bergoglio apprend après son retour à Rome que l'Associated Press a publié un autre scoop intitulé « Une lettre de 2015 dément l'affirmation du pape selon laquelle il n'était au courant de rien ». La lettre provient d'une victime de Karadima, Juan Carlos Cruz, qui avait choisi de s'adresser directement au pape. Cruz fréquentait la paroisse de Karadima. Dans sa lettre, il raconte sans voile comment le prêtre charismatique et prédateur embrassait sur la bouche et touchait les parties génitales des jeunes garçons de sa communauté « et Juan Barros, s'il n'embrassait pas Karadima, regardait tandis qu'il nous touchait et nous poussait à l'embrasser en disant "sortez la langue", et il sortait la sienne et nous embrassait ». Barros a gardé le silence sur tout cela, écrit Cruz à Bergoglio. « Saint-Père, la douleur et l'angoisse que nous avons dû souffrir à cause de l'abus sexuel et psychologique sont déjà assez graves, mais la terrible maltraitance que nous avons subie de la part de nos pasteurs est presque pire. » Il fait référence à l'acharnement de la hiérarchie à ne pas mener l'enquête. Pendant huit pages, il décrit avec précision le cercle homoérotique créé par Karadima où il attirait prêtres, séminaristes et mineurs de la paroisse[134].

Cruz veut être sûr que sa lettre parvienne à François. Il ne se fie pas au nonce du Vatican au Chili, monseigneur Ivo Scapolo, qui a déjà refusé à plusieurs reprises de le rencontrer, seul ou avec deux autres victimes, José Andrés Murillo et James Hamilton. Cruz fait donc remettre son document à Marie Collins, elle aussi victime d'abus cléricaux et membre de la Commission papale pour la protection des mineurs. Collins se rend à Rome avec trois autres membres de la commission pour rencontrer le cardinal O'Malley, président de l'organisme. Devant ces témoins, elle lui transmet la lettre. Catherine Bonnet, psychiatre française membre de la commission, photographie la remise de la lettre. Nous sommes en

134. E. Vergara, N. Winfield, AP News, 05/02/2018.

2015. « Nous avons remis la lettre [à O'Malley] et il nous a assuré qu'il la transmettrait au pape [...]. Par la suite, il nous a garanti que cela avait été fait[135] », témoigne Marie Collins.

À partir de la publication de la lettre de Cruz, les choses vont vite. François comprend qu'il doit prendre en main la situation personnellement. Le 30 janvier 2018, on annonce le départ pour le Chili de l'évêque de Malte Charles Scicluna (membre du Saint-Office), qui révéla à l'époque les crimes du fondateur des Légionnaires du Christ, Marcial Maciel. Il est accompagné du prêtre Jordi Bertomeu, lui aussi de la Congrégation pour la doctrine de la foi. La vérité est rapidement mise au jour. Le 20 mars, Scicluna et Bertomeu présentent au pape un dossier de 2 300 pages. Dans une lettre adressée aux évêques chiliens, le pape résume : « Tous les témoignages recueillis parlent de manière crue, sans additifs ni édulcorants, de nombreuses vies crucifiées, et je vous confesse que cela me cause douleur et honte. » François est contraint à l'autocritique. « Je reconnais, et je veux que vous le transmettiez fidèlement, que j'ai commis de graves erreurs d'évaluation et de perception de la situation, en particulier par manque d'informations véridiques et équilibrées. Je demande aujourd'hui pardon à tous ceux que j'ai offensés[136]. » Au Chili, note un partisan inquiet de François au Vatican, le charisme du pape est compromis pour la première fois.

Quelques semaines plus tard, le pape invite dans sa résidence du Vatican trois victimes de Karadima : Juan Carlos Cruz, James Hamilton et José Andrés Murillo. François les garde auprès de lui plusieurs jours pour discuter calmement des abus, des jeux de pouvoir, de la pratique de dissimulation et de la masse de crimes connus et inconnus : une « épidémie ». Tous trois sortent soulagés de cette rencontre. Ils ne se sentent plus traités comme des ennemis, disent-ils. Ils jugent que François a été mal informé.

135. *Ibid.*

136. François, lettre aux évêques du Chili, 08/04/2018.

Ils racontent que « le pape nous a formellement demandé pardon, en son nom et en celui de l'Église universelle ». Puis ils avertissent : « Nous espérons que le pape transformera ses paroles d'amour et de pardon en actes exemplaires, autrement tout cela resterait lettre morte. »

Le 15 mai, les évêques chiliens rejoignent François au Vatican. Le premier jour, le pape fait distribuer des textes pour une méditation silencieuse. Le 16 et le 17 a lieu la discussion. À la fin, le pape remet à chacun des trente-quatre prélats une lettre de sa part et un document de dix feuillets basé sur l'enquête de Scicluna et Bertomeu. On y dénonce la négligence des évêques et des supérieurs des ordres religieux en matière de protection des jeunes et d'écoute des victimes. Les enquêtes nécessaires n'ont pas été menées, de graves indices d'abus ont été écartés comme invraisemblables, des religieux expulsés de leurs ordres pour abus ont été replacés dans des diocèses au contact avec des enfants. Des documents compromettants ont été détruits et des pressions ont été exercées sur les personnes responsables des procès. La conclusion de François est dure : l'Église chilienne est marquée par « le messianisme, l'élitisme et le cléricalisme ». Autant de phénomènes que le pape qualifie de perversions ecclésiastiques. Il ne s'agit pas seulement d'écarter certaines personnes, c'est le système dans son ensemble qui ne va pas, souligne le pape. Il lance alors un deuxième avertissement aux évêques : « Gardez-vous de la tentation de vouloir sauver votre peau[137]. »

Le 18 mai, les évêques chiliens présentent leur démission en bloc, reconnaissant de graves erreurs et omissions. Au cours des semaines qui suivent, l'épuration commence. Le 11 juin, François accepte la « renonciation » de Juan Barros, Cristián Caro Cordero et Gonzalo Duarte de Cortázar. Le 28 juin, c'est le tour de Horacio Valenzuela Abarca et Alejandro Goić Karmelić. Le 21 septembre, Carlos Pellegrín Barrera et Cristián Contreras

137. Tele 13, 17/05/2018.

Molina se démettent de leurs fonctions. Sept prélats perdent leur diocèse au Chili. Le 27 septembre, le pape signe le décret pour la rétrogradation au statut laïc du prêtre prédateur à l'origine de tout, Fernando Karadima. Le 9 novembre, le cardinal Errázuriz se rend au Vatican pour « prendre congé » du Conseil des neuf cardinaux. Le parquet de son pays le convoque pour témoigner dans une autre affaire de dissimulation de pédophilie : l'affaire du prêtre Jorge Laplagne. Entre-temps, François a expulsé de l'ordre clérical deux évêques chiliens accusés d'abus sur mineurs : Francisco José Cox, archevêque émérite de La Serena, et Marco Antonio Órdenes Fernández, évêque émérite d'Iquique[138].

Les scandales ne semblent pas laisser de répit à l'Église catholique. Le 14 août 2018, aux États-Unis, le grand jury du parquet de l'État de Pennsylvanie publie un rapport accablant. Plus de mille enfants et mineurs violés par près de trois cents prêtres depuis les années 1940. Le nombre des victimes est approximatif, de nombreux survivants ne se sont pas manifestés, nombre de plaintes ont été perdues. Presque tous les crimes tombent sous le coup de la prescription. Le procureur général Josh Shapiro a enquêté pendant deux ans dans six diocèses de l'État. Le rapport de 1 400 pages contient des témoignages terribles. C'est documenté : non seulement la hiérarchie ecclésiastique n'est pas intervenue, mais elle a protégé les prêtres prédateurs.

Ce rapport, qui s'appuie sur 500 000 pages de documentation, identifie clairement les techniques d'une véritable stratégie de couverture et de dissimulation. User d'euphémismes, parler de « contacts inappropriés » au lieu de « viol ». Ne pas confier les enquêtes à des personnes spécialisées, poser des questions inadéquates à d'autres représentants du clergé. Envoyer les responsables en cure psychiatrique. Transférer le pédophile dans une autre paroisse. Ne jamais informer sur les motifs réels de sa mutation. Continuer à lui fournir un logement et un salaire.

---

138. *Avvenire*, 13/10/2018.

Ne jamais dénoncer les faits à la police, sachant que l'abus sur mineur est considéré comme un crime dans la législation de l'État. Parmi les responsables de ces pratiques de dissimulation figure également l'archevêque de Washington, le cardinal Donald Wuerl, responsable du diocèse de Pittsburgh de 1988 à 2006[139].

D'autres États américains s'apprêtent à ouvrir des enquêtes similaires. L'organisation étasunienne des victimes d'abus de la part du clergé (SNAP) réclame une enquête nationale. Au Vatican, l'ancien porte-parole Greg Burke affirme que le Saint-Siège prend très au sérieux le rapport du grand jury. L'Église, ajoute-t-il, doit tirer les leçons du passé et « il devrait y avoir une prise de responsabilité tant de la part de ceux qui ont commis des abus que de ceux qui ont permis que cela arrive[140] ». Burke fait cependant remarquer qu'à partir de l'an 2000, on assiste à une baisse du nombre de cas en raison de l'adoption de règles de conduite par les évêques américains.

Un mois plus tard, en septembre 2018, c'est au tour de l'Allemagne. L'épiscopat allemand rend publique une enquête nationale sur les abus commis par le clergé depuis l'après-guerre. Plus de 1 600 prêtres, diacres et membres des ordres religieux ont abusé de 3 677 mineurs (à 60 % de sexe masculin) entre 1946 et 2014. 4,4 % du clergé allemand en activité est impliqué. Bien que parfois partielle en raison d'un manque de collaboration ou de la destruction de documents, cette enquête représente un acte courageux. Pour la toute première fois, une conférence épiscopale décide de confier une enquête sur les crimes du clergé à une équipe indépendante de chercheurs des universités de Mannheim, Heidelberg et Giessen[141].

Chili, Pennsylvanie, Allemagne : une avalanche de discrédit se déverse sur l'Église catholique. Si le pape Ratzinger avait connu une

139. Grand Jury Report, Attorney General, 14/08/2018.
140. G. Burke, déclaration, 16/08/2018.
141. « MHG Forschungsprojekt », DBK, 24/09/2018.

année noire en 2010, pour Bergoglio l'année 2018 est désastreuse. Son voyage en Irlande pour la Rencontre mondiale des familles se déroule entièrement sous l'ombre oppressante des scandales de pédophilie et des réseaux de protection tendus par les hiérarchies ecclésiastiques pour protéger les prêtres criminels. François arrive en Irlande le 25 août 2018 accueilli par des manifestations où des pancartes affirment : « Nous n'oublierons jamais » et « Dehors ceux qui soutiennent les pédophiles ». Sur la façade du bâtiment historique des postes, le General Post Office de Dublin, sont affichées les photos des victimes d'abus. Des chaussures d'enfants aux lacets noirs sont répandues sur le trottoir devant le château, où le pape rencontre le Premier ministre, les autorités et le corps diplomatique. Le dossier du National Board for Safeguarding Children, l'organisme de protection des mineurs de l'épiscopat, fait état de 1 259 plaintes pour abus contre 489 prêtres ou religieux depuis 1975 en Irlande ; 36 responsables ont été jugés. Le point essentiel (ici comme dans d'autres pays) est que, dès que des structures d'écoute des plaintes sont mises en place et que des punitions effectives sont prononcées, on constate un effondrement du nombre de ces crimes. En 2017, il y a eu 35 plaintes contre des prêtres en Irlande, mais toutes – sauf une – sont relatives à des faits advenus avant l'an 2000. Cela prouve que créer des mécanismes transparents pour dénoncer des crimes encourage les victimes à se déclarer et produit des résultats concrets.

Par le passé, l'Irlande a déjà connu quatre rapports sur les abus : trois de l'État, et un du Saint-Siège. Outre les abus cléricaux, le pays a vécu le scandale des « madeleines », des filles-mères tombées enceintes souvent à la suite de violences sexuelles et emmenées par leur famille dans des instituts religieux – les Magdalene Laundries –, où elles passaient une vie recluse à effectuer des travaux de blanchisserie. Privées de leurs enfants, confiés illégalement à d'autres familles. Une histoire d'esclavage infligée au nom du « péché ». On compte 100 000 victimes au fil des ans. Si en 1979 Karol Wojtyła, arrivé en Irlande sur son trajet vers les États-Unis, avait été acclamé lors de sa messe devant un million de fidèles, à présent une société devenue plus laïque (qui a légalisé divorce, avortement et mariage gay) présente l'addition à Bergoglio. En accueillant le pape au château de Dublin, le Premier ministre Leo Varadkar évoque avec une dure franchise les « crimes violents perpétrés par les gens de l'Église catholique, puis dissimulés pour protéger les institutions. [...] Les plaies sont encore ouvertes, et il reste beaucoup à faire pour obtenir justice et vérité. [...] Saint-Père, il ne peut exister que la tolérance zéro ».

Pour François, ce voyage de deux jours se transforme en un rosaire de *mea culpa*. « L'échec des autorités ecclésiastiques – évêques, supérieurs religieux, prêtres et autres – à affronter de manière adéquate ces crimes ignobles a justement suscité l'indignation et reste une cause de souffrance et de honte pour la communauté catholique », reconnaît le pape face aux autorités et au corps diplomatique. « Moi-même, je partage ces sentiments. » Un effort supplémentaire sera fait pour éradiquer ce fléau de l'Église, assure-t-il[142]. Dans la cathédrale, il apporte des fleurs à la chapelle Saint-Joseph, où depuis 2011 brûlent des cierges en souvenir des victimes. Dans le sanctuaire marial de Knock, il laisse un rosaire d'or à la Madone, puis s'exclame : « J'implore le pardon du Seigneur pour ces péchés, pour le scandale et la trahison ressentis par tant de personnes dans la famille de Dieu. » Il faut se montrer ferme et décidé dans la recherche de la justice, promet-il à nouveau[143].

François rencontre également huit victimes de pédophilie et se confie en espagnol : « Corruption et loi du silence, c'est du caca[144]. » Puis il évoque la question avec les évêques irlandais. Pendant sa messe finale à Phoenix Park, à Dublin, le pape répète solennellement, sous la pluie et le vent, sa demande de pardon pour toutes les fois où l'Église n'a pas rendu justice aux victimes

142. François, discours aux autorités, 25/08/2018.
143. François, Angélus, 26/08/2018.
144. F. Giansoldati, *Il Messaggero*, 25/08/2018.

d'abus et promet de nouveau un changement radical. Mais seules 130 000 personnes sont venues assister à la messe, bien moins que les 500 000 fidèles attendus. Détail symptomatique, des centaines de milliers d'entrées réservées pour la cérémonie n'ont pas été retirées.

2018 est une année choc pour le pontificat de Bergoglio. L'affaire chilienne ébranle son image. « Aujourd'hui, l'Église catholique contemple désemparée son 11-Septembre, bien que cette catastrophe ne soit malheureusement pas associée à une seule date, mais à de nombreuses années et d'innombrables victimes », se lamente à l'automne 2018 monseigneur Georg Gänswein, collaborateur de Benoît XVI et du pape actuel[145]. Pourtant, François a entamé son règne avec une détermination extrême. La ligne de la « tolérance zéro » est adoptée dès son élection. Quelques semaines après sa prise de fonction, François est informé que le nonce à Saint-Domingue, l'archevêque polonais Józef Wesołowski, est accusé d'une série d'abus sur mineurs. En août 2013, le pape rappelle le nonce, et son procès canonique débute devant la Congrégation pour la doctrine de la foi.

En juin 2014, Wesołowski est expulsé de l'ordre clérical et, en septembre, la gendarmerie vaticane l'assigne à résidence : le pape Bergoglio souhaite qu'il passe également en procès pénal pour abus sexuels et possession de matériel pédopornographique, selon les lois de l'État du Vatican. Le procès débute le 11 juillet 2015, avant d'être interrompu en raison de l'état de santé de l'ancien nonce, qui meurt d'un infarctus la nuit du 27 août. L'affaire montre clairement la voie qu'a empruntée François.

Dès 2013, le pape argentin fait preuve d'initiative. Le 11 juillet, il apporte des modifications au Code pénal du Vatican : sont désormais punis le détournement de mineurs et la prostitution, le harcèlement et les violences sexuelles ainsi que les actes sexuels avec des mineurs. De même que la pédopornographie et la détention

145. G. Gänswein, *La Stampa*, 11/09/2018.

de matériel pédopornographique. Ces lois s'appliquent à tous les employés de bureau liés au Saint-Siège, indépendamment du fait qu'ils se trouvent sur le territoire de la Cité du Vatican. Cela comprend les nonces apostoliques, le personnel diplomatique et celui de la curie romaine. En septembre 2013, le pape réduit à l'état laïc et destitue de toutes ses fonctions l'évêque auxiliaire d'Ayacucho au Pérou, Gabino Miranda Melgarejo, pédophile.

Le 22 mars 2014, François crée la Commission pontificale pour la protection des mineurs avec pour mission de « me proposer les initiatives les plus opportunes pour la protection des mineurs et des adultes vulnérables, afin de réaliser tout ce qui est possible pour s'assurer que des crimes comme ceux-ci ne se répètent plus au sein de l'Église ». Avec la Congrégation pour la doctrine de la foi, la commission sera chargée de responsabiliser les Églises locales du monde entier. Des victimes d'abus font également partie de la commission : l'Irlandaise Marie Collins et l'Anglais Peter Saunders, fondateur d'une association de victimes d'abus pendant l'enfance (NAPAC). Le 10 juin 2015 est annoncée la création d'un tribunal spécial pour juger les évêques ayant négligé de poursuivre les abus dans leur diocèse. Une section judiciaire dédiée sera créée au sein de la Congrégation pour la doctrine de la foi, avec un archevêque comme secrétaire[146].

L'année suivante, le pape signe le motu proprio *Comme une mère aimante* qui fixe les procédures de destitution des évêques négligents en matière d'abus sexuels. Si dans les autres cas de destitution prévus par le Code de droit canonique la non-diligence doit être « très grave », en cas d'abus sexuels, il suffit d'une négligence « grave ». Cela permet de punir les dissimulations sans entrer dans des débats juridiques interminables. Selon les cas, l'instruction sera à la charge des Congrégations des évêques, de l'évangélisation des peuples, des Églises orientales, des religieux (instituts de vie consacrée et sociétés de vie apostolique). La

146. F. Lombardi, *Briefing*, 10/06/2018.

décision définitive reviendra au pape, assisté par un collège spécial de juristes nommés par lui.

Lorsqu'il reçoit en audience la Commission pour la protection des mineurs en juin 2017, François annonce qu'à l'avenir un jugement en référé suffira pour la condamnation canonique des abus sexuels. « S'il y a des preuves, elle sera définitive. » Le pape met en garde contre la tendance à pardonner sur la base d'une évaluation subjective : « Aujourd'hui il se repent, nous lui pardonnons, et il rechute deux ans plus tard. Nous devons nous mettre en tête qu'il s'agit d'une maladie. » Une rigueur sans exception, donc. Dans ce cadre, le pape informe qu'il n'a jamais signé de grâce « et n'en signera jamais ». Il fait également son autocritique face aux membres de la commission en racontant le cas d'un prêtre coupable d'abus sexuels, don Mauro Inzoli de Communion et Libération, auquel – suivant l'avis de l'évêque local – il avait infligé la peine la plus faible d'une vie retirée sans charge (au lieu de la réduction à l'état laïc décidée par Benoît XVI) : « Mais, après deux ans, il a rechuté. C'est la seule fois où je l'ai fait, je ne le ferai plus jamais[147]. » La vigilance doit être permanente. En juin 2018, le tribunal pénal du Vatican condamne à cinq ans de prison l'ancien conseiller de la nonciature à Washington, monseigneur Carlo Alberto Capella, pour détention et échange de matériel pédopornographique.

Même le prestige d'un cardinal ne sert plus de protection. Le 28 juillet 2018, le pape prive de sa pourpre le cardinal Theodore McCarrick, archevêque de New York, pour abus sexuels (techniquement, il « accepte sa renonciation »). C'est la deuxième fois que le pape chasse du Collège des cardinaux un membre indigne : il l'a déjà fait en 2015 avec l'ancien primat d'Écosse, le cardinal Keith O'Brien, coupable d'attouchements sur des séminaristes et des prêtres, à qui le pape Benoît XVI avait interdit de participer au conclave de 2013. Le 12 octobre suivant, on apprend la démission de l'archevêque de Washington, le cardinal Donald

147. AgenSIR, 21/09/2017.

Wuer : après le rapport du grand jury de Pennsylvanie, qui jugeait son intervention tardive ou inexistante face aux prêtres prédateurs, sa position était devenue intenable. En novembre 2018, c'est au tour d'un évêque auxiliaire de New York d'être écarté, John Jenik. L'archevêque de la métropole américaine, le cardinal Timothy Dolan, annonce qu'un conseil spécial de laïcs a jugé « crédibles » les témoignages d'abus sexuels commis des dizaines d'années plus tôt.

Autant d'étapes sur la voie de la tolérance zéro, sur laquelle aucun retour ne sera possible. Cependant, les résistances, les freins et les sabotages sont tangibles au Vatican comme dans les épiscopats du monde entier. Ils se manifestent à travers des symboles, des inerties évidentes, des pressions sur le pape. Le jour de ses funérailles, le corps de l'ancien nonce-évêque coupable d'abus sexuels Wesołowski est revêtu de la soutane et de l'anneau épiscopal. Une rébellion tacite contre la punition voulue par Bergoglio et infligée après un procès canonique régulier devant la Congrégation pour la doctrine de la foi.

Pendant ce temps, la Commission pour la protection des mineurs se délite. Peter Saunders, victime anglaise, ardent défenseur des victimes d'abus sexuels, est écarté en février 2016 quand il clame à voix haute un secret de Polichinelle : comment le cardinal australien George Pell, accusé dans son pays d'avoir couvert des abus et soupçonné d'en avoir lui-même commis, peut-il participer de manière crédible au C9, le « Conseil de la couronne » de François ? Le communiqué du Vatican qui l'évince semble avoir été écrit en d'autres temps : « Il est décidé que monsieur Peter Saunders prendra une période de retrait de sa participation en tant que membre pour réfléchir à la meilleure manière dont il pourra contribuer aux travaux de la commission. » Un an plus tard, l'autre victime, l'Irlandaise Marie Collins, démissionne.

Peu de temps après, la psychiatre Catherine Bonnet, spécialiste des violences sur mineurs, annonce à son tour son retrait. Elle soutenait la nécessité d'obliger spécifiquement les évêques locaux à dénoncer aux autorités policières ou judiciaires un prêtre coupable ou sérieusement soupçonné d'abus sexuels. Une obligation juridique dont ni la curie ni la majorité des épiscopats du monde entier (y compris en Italie) ne veulent entendre parler. Il arrive que, même après la condamnation ecclésiastique d'un prêtre prédateur, la loi du silence soit favorisée. Dans les Pouilles, un prêtre de Foggia, Gianni Trotta, a été déchu de sa soutane en 2012 pour des abus répétés, mais dans le même temps, la Congrégation pour la doctrine de la foi recommandait à l'évêque local de « ne pas divulguer la raison de son éloignement pour éviter le scandale ». Avec pour conséquence que Trotta, favorisé par cette *omertà*, a pu commettre d'autres abus sur une dizaine d'enfants. Parmi les signataires de la note du Saint-Office figurent le préfet de l'époque, le cardinal William Levada, et le secrétaire Luis Francisco Ladaria[148].

Au même moment, les communiqués du service de presse du Vatican pratiquent une étrange nouveauté : lors de l'annonce du retrait d'un évêque de son diocèse, il n'est plus spécifié si cela est lié à l'âge ou à de « graves raisons[149] ». En mars 2018, un communiqué annonce que l'évêque de Guam, Anthony Sablan Apuron, accusé d'abus sexuels, a été condamné par la Congrégation pour la doctrine de la foi à se retirer de son diocèse et à vivre loin de Guam. Mais le texte du communiqué est incompréhensible. Il affirme que l'accusé a été déclaré « coupable de certaines des accusations », sans plus de précisions[150]. Il n'est pas réduit au statut laïc malgré la lourde peine de retrait de son diocèse, qui présuppose une faute grave. Apuron est néocatéchuménal, don Inzoli appartenait à Communion et Libération, Karadima était lié à la haute société de Santiago du Chili. Marcial Maciel pouvait compter sur les Légionnaires du Christ, qu'il avait fondés et qu'il dirigeait. Ce n'est pas un hasard si des criminels sexuels bien protégés par de

---

148. E. Fittipaldi, *Lussuria*, Feltrinelli, 2017.
149. S. Izzo, AGI, 15/03/2017.
150. F. Giansoldati, *Il Messaggero*, 16/03/2018.

puissantes organisations ou par des amitiés haut placées jouissent d'un traitement de faveur au sein de l'institution ecclésiastique, du moins en première instance.

Finalement, début 2018, la composition de la Commission pour la protection des mineurs est renouvelée : si des victimes d'abus sexuels en font partie, leur identité n'a pas été rendue publique. Pour protéger leur vie privée, voilà l'explication – elle aussi au goût suranné. Surtout, entre 2015 et 2017, le projet annoncé et attendu d'un tribunal pour juger les évêques négligents, auquel chaque simple fidèle aurait pu s'adresser pour demander justice en cas de dissimulation, est poussé sur une voie de garage. Cette histoire peut être décodée au sein du système de la curie.

Marie Collins, aujourd'hui âgée de soixante-douze ans, a été abusée à treize ans par l'aumônier de l'hôpital où elle se trouvait en tant que patiente. Le violeur avait vingt-sept ans, il avait été ordonné prêtre à peine un an plus tôt. « Je ne comprenais pas ce qui se passait. Il me disait qu'il ne pouvait pas commettre de péché, car il était prêtre. Pour moi, un prêtre était au-dessus des hommes, presque un dieu[151]. » C'est un mécanisme que les victimes connaissent bien. « Je me sentais humiliée et dégoûtée, je me sentais mauvaise, j'avais l'impression que Dieu était en colère contre moi. L'aumônier aimait aussi prendre des photos. Je me suis confessée à lui, le lendemain il m'a donné la communion. Je n'avais plus confiance en moi. L'aumônier m'a dit que j'étais stupide. C'est un autre aspect de ce type d'affaires : l'abus psychologique est presque pire que l'abus physique. » Des années plus tard, Marie Collins se souvient : « C'est extraordinaire, le pouvoir qu'ont les abuseurs sur leurs victimes. »

Marie grandit, elle a sans cesse des crises de panique, elle fait de fréquents passages à l'hôpital. Elle travaille comme comptable et, à vingt-neuf ans, elle épouse un scientifique : son mariage

---

151. Entretien avec l'auteur.

dure encore à ce jour, ils ont eu un enfant. Mais Marie ne se sent toujours pas bien : en 1985, elle quitte son travail et va voir un psychiatre. « Chez le psychiatre, mon histoire d'abus sexuel est ressortie. Vingt-cinq ans plus tard ! » Marie contacte un prêtre. « Il m'a dit de ne pas donner de noms, que c'était ma faute, que j'avais tenté l'aumônier. Mais j'étais pardonnée. » Marie s'interrompt. « Je me suis tue pendant encore dix ans. En 1995, je suis allée voir le cardinal Desmond Connell, archevêque de Dublin. Le prêtre était encore dans une paroisse. Connell ne l'a pas éloigné et n'est pas non plus allé à la police. Le cardinal m'a dit qu'on ne pouvait pas ruiner la réputation d'un prêtre. J'ai répondu : "Il n'a pas de réputation, c'est un violeur." Je suis ressortie dévastée de l'entretien avec l'archevêque. J'étais une catholique normale, une catholique pratiquante et je n'ai jamais perdu la foi. J'attendais du soutien, je prenais l'archevêque au sérieux… et pendant ce temps, le prêtre violeur avait toujours la responsabilité d'enfants de douze ans. »

En réalité, raconte Collins, le cardinal Connell savait tout. Le prêtre pédophile, qui aimait photographier ses victimes, avait envoyé l'année même ses négatifs au laboratoire Kodak de Londres, qui avait averti la police de Dublin et, en 1960, le cardinal Connell avait été prévenu.

« L'archevêque était donc déjà au courant. Le prêtre violeur a été rappelé de l'hôpital, il a eu un mois de congé puis a été assigné à une autre paroisse. Aucune recherche n'a été menée sur d'éventuelles victimes. Déjà à l'époque, les faits avaient une qualification pénale. Ce prêtre violeur était particulièrement attiré par les jeunes d'âge prépubère. Il a pu continuer pendant des dizaines d'années. Le chancelier de la curie archiépiscopale m'a affirmé qu'il n'y avait jamais eu de recours contre lui. Pourtant, il y en avait eu beaucoup. Lui aussi m'a dit qu'il ne fallait pas ruiner la réputation du prêtre. En 1997, il a été condamné pour des abus commis dans les années 1970 et 1980. D'ailleurs, en 1996, les directives de la Commission épiscopale irlandaise prévoyaient déjà de dénoncer les abus à la police, mais le cardinal Connell affirmait que celles-ci n'avaient pas le caractère obligatoire du droit canon. »

C'est cette femme que François appelle en 2014 à faire partie de la Commission pour la protection des mineurs. « Nous nous sommes réunis pour la première fois le 8 mai 2014, se rappelle Collins, et le cardinal O'Malley nous a dit que nous serions une commission d'un genre différent, totalement indépendante de l'appareil Vatican. Nous ne dépendrions pas de la Secrétairerie d'État, nous ne répondrions qu'au pape, nous rédigerions nos propres statuts, nous choisirions les autres membres de la commission, car nous étions seulement huit, et nous élirions son président. Lors de la deuxième réunion, en août, le Vatican a annoncé que le président était le cardinal O'Malley, nous l'avons appris dans le journal. En septembre, on annonça la nomination comme secrétaire de monseigneur Robert Oliver (de la Congrégation pour la doctrine de la foi). Nous avons senti que tout nous échappait. Au début, nous pensions nous réunir quatre fois par an. On nous a dit : “Il n'y a pas d'argent.” Nous avons décidé de nous réunir trois fois par an. Nous avons conclu de travailler par thème : 1) aide aux victimes ; 2) prise de responsabilité (*accountability*) ; 3) politiques de protection ; 4) politiques de formation ; 5) changements structurels. Les décisions sont prises à la majorité des deux tiers. Nous voulions une équipe salariée qualifiée. On nous a répondu qu'il était seulement possible de recourir au personnel surnuméraire du Vatican. À la fin, nous avons obtenu un administrateur pour le site web, un manager logistique et un employé. En revanche, aucune équipe de recherche. Pourtant, cette nouvelle commission aurait dû être dotée de toutes les ressources possibles. »

Le travail commence, et des choses étranges surviennent. « Les premiers temps, nous ne pouvions pas transmettre de recommandations écrites au pape. Nous pouvions seulement parler au cardinal O'Malley, qui référait ensuite au pape. Cela ne signifie pas que le cardinal ne transmettait pas au pape nos documents de travail. Mais la méthode était ridicule, j'ai eu l'expérience d'autres commissions. Par ailleurs, on ne rédigeait pas de procès-verbal ; monseigneur Oliver prenait des “notes”. La première fois que j'ai demandé qui rédigeait les procès-verbaux, on m'a répondu : “Il n'y a personne de libre [à employer] au Vatican pour les rédiger." Nous nous sommes sentis traités comme des idiots. On nous avait dit que nous serions indépendants pour rédiger nos communiqués. Nous avons écrit notre premier communiqué, nous l'avons remis à Oliver pour qu'il le transmette au père Federico Lombardi [à l'époque directeur du service de presse du Vatican]. Il sortit longuement puis s'excusa et nous expliqua : "J'étais à la Secrétairerie d'État pour la traduction, et ils ont suggéré quelques petites modifications." J'ai eu la sensation qu'on se moquait de nous et que certains au Vatican ne voulaient pas que nous travaillions de manière indépendante. »

Ce n'étaient pas les bases sur lesquelles Collins avait accepté de participer à la commission. « Depuis le départ, je ne voulais pas que notre travail ne soit qu'une opération de communication. Quand il m'a appelée au téléphone, O'Malley m'a donné la garantie que nous travaillerions de manière transparente et indépendante. Ce n'est que plus tard que nous avons pu rédiger de véritables procès-verbaux pour nos réunions. »

Quoi qu'il en soit, la commission se met à l'œuvre et en 2015 arrive l'annonce concernant le tribunal pour les évêques négligents. Le cadre est particulièrement solennel : lors de la réunion du Conseil des neuf cardinaux, en présence du pape François, O'Malley présente les recommandations (décidées à la majorité des deux tiers) de la Commission pour la protection des mineurs. « Il est proposé que le Saint-Père [...] autorise la création d'une nouvelle section judiciaire au sein de la Congrégation pour la doctrine de la foi », chargée de juger l'abus de fonction des évêques et de traiter les procès pénaux pour abus sexuel de mineurs et d'adultes vulnérables de la part du clergé. La décision est transmise au service de presse. Le briefing du porte-parole du Vatican Lombardi a le goût d'une annonce historique.

« Au cours des mois suivants, j'ai attendu de voir qui serait appelé à faire partie de ce tribunal et comment il serait structuré, se souvient Collins. Il ne se passa rien. Parmi nous, dans la commission, siégeait un fonctionnaire de la Congrégation pour la doctrine de la foi, le professeur Claudio Papale, juriste. "Vous pouvez nous dire où en est la situation du tribunal?" lui ai-je demandé. Certains ont essayé de m'empêcher de poser la question sous prétexte que je le mettais dans l'embarras, mais le cardinal O'Malley a estimé qu'il était légitime de la poser. Papale a répondu : "Il est bloqué, il ne se fera pas." Nous ne l'avons jamais revu. Lors de la réunion suivante, en février, il ne s'est pas présenté, on nous a dit qu'il était très occupé. "Vous vous attendez à ce que nous acceptions une réponse aussi invraisemblable?" ai-je lancé. Papale a envoyé un e-mail pour annoncer son retrait de la commission. Pendant un temps, on nous a affirmé que la question du tribunal était à l'étude… J'ai commencé à songer à démissionner, mais mon sens des responsabilités me faisait croire qu'il était important de travailler pour changer les choses de l'intérieur, sans créer de scandale. »

Le tribunal spécial sera saboté. Le cardinal Dominique Mamberti, préfet du Tribunal suprême de la signature apostolique (la cour de dernière instance du Saint-Siège), et le cardinal Gerhard Ludwig Müller, à l'époque préfet de la Congrégation pour la doctrine de la foi, s'y opposent. D'autres responsables de la curie manifestent également leur contrariété ou leur perplexité. « Le risque est de déclencher une chasse aux sorcières », affirme aujourd'hui encore un cardinal expert en questions juridiques. En réalité, la curie est terrorisée d'ouvrir une boîte de Pandore si un simple fidèle peut transmettre sa plainte aux instances du Vatican.

Marie Collins rencontre d'autres modalités de sabotage. « On nous a mis au travail sur les lignes de conduite. À l'époque comme aujourd'hui, chaque conférence épiscopale a les siennes. À la commission, nous n'avions pas la majorité des deux tiers nécessaires pour approuver la recommandation en faveur de la dénonciation obligatoire d'un prêtre coupable aux autorités civiles. Les raisons invoquées pour ce refus concernaient des "différences culturelles" entre divers pays et l'existence de régimes non démocratiques où l'on ne faisait pas confiance aux autorités. Cependant, nous souhaitions indiquer quelques règles fondamentales, des *golden standards*, que les conférences épiscopales devraient suivre. Nous avons adressé ces lignes de conduite au pape et à la Congrégation pour la doctrine de la foi. Nous avions précisément l'intention d'en discuter avec cette congrégation. Mais personne n'est venu parler avec nous. Ils nous ont répondu que la responsabilité reposait sur les conférences épiscopales de chaque pays. Ce fut la fin de nos lignes de conduite. Aujourd'hui, on les trouve en ligne sur le site de la commission, mais elles n'ont jamais été mises en application. »

La chape de plomb est épaisse. « Nous avons découvert que la Congrégation pour la doctrine de la foi ne répondait pas aux lettres des victimes. Des lettres pour dénoncer des affaires ou pour se plaindre d'un évêque. Aucune réponse, et donc une frustration des victimes, qui ne se sentaient pas écoutées. Elles ne demandaient évidemment pas une résolution à leur affaire, mais au moins qu'on les informe que la lettre était arrivée. Par simple respect. On nous a dit qu'il arrivait énormément de lettres, puis nous avons découvert qu'il en arrivait une centaine à l'année. La Congrégation pour la doctrine de la foi nous a alors dit qu'il fallait respecter le principe de subsidiarité : la congrégation répondait seulement à l'évêque intéressé. À un moment, on nous a dit que le pape écrirait à tous les dicastères en demandant qu'ils accusent réception de chaque lettre. Ce n'est pas arrivé. »

Il existe de nombreuses manières de faire embourber une entreprise pour la plier à un rythme plus lent. Le Vatican est une machine qui peut se montrer efficace ou retardante, subtile ou sourde. Quand en 2016 la commission souhaite rencontrer les dicastères directement intéressés par le thème de la pédophilie, la réponse est négative. « Nous voulions seulement explorer des idées, écouter des avis, avoir un échange d'opinions, se rappelle Collins. On nous a dit qu'il fallait communiquer par écrit. J'étais complètement frustrée. Avec l'aide du nonce en Irlande, j'ai écrit une lettre personnelle au pape pour lui signifier le manque de collaboration des dicastères. Depuis, nous avons pu faire des recommandations écrites et, sur intervention du pape, il a été décidé que les dicastères désigneraient des représentants pour échanger avec la commission. Mais je me demandais comment nous pourrions travailler s'il fallait s'adresser directement au pape pour avancer. »

Collins donne sa démission début mars 2017. Les lignes de conduite remisées au placard et le manque de collaboration de la curie ont été les facteurs déterminants. Le secrétaire d'État, le cardinal Parolin, commente avec une élégance d'oracle que « madame Collins a eu le sentiment que [face à certains événements] la seule manière de réagir, ne serait-ce que pour "secouer l'arbre", était de donner sa démission[152] ».

Collins tire le bilan de son expérience au Vatican : « Trois années épuisantes et frustrantes. Le pape n'est pas venu une seule fois participer à nos travaux. Le cardinal O'Malley est très engagé sur la question des abus sexuels, mais il n'a pas l'expérience du Vatican… » Les évêques locaux, ajoute-t-elle, ont besoin d'une dissuasion pour ne pas se montrer négligents. Il faut tirer les leçons de la situation chilienne. « Il faut empêcher un autre Chili. Le pape a vu des dirigeants de l'Église mentir, dissimuler, abuser de leur pouvoir. Il est indispensable d'agir pour tout changer dans toutes les Églises locales. » Que pense Marie Collins du pape François, avec qui elle est restée en bons termes ? « Par de nombreux aspects, il est dans le vrai, par d'autres, il se trompe. Il n'est pas assez énergique pour rendre les choses concrètes. »

Il est essentiel d'appliquer la tolérance zéro et de faire en sorte que soient appelés à « rendre compte […] tous ceux qui commettent ou dissimulent ces délits », écrit le pape dans la *Lettre au peuple de Dieu*, publiée immédiatement après le rapport dramatique de la Pennsylvanie. « Nous avons tardé dans l'application de ces mesures et sanctions si nécessaires[153] », ajoute-t-il. La *Lettre*, l'un des documents les plus éclairants du pontificat, contient une

---

152. S. Cernuzio, *La Stampa*, 02/03/2017.
153. François, *Lettre au peuple de Dieu*, 20/08/2018.

analyse lucide des causes qui ont produit pendant des siècles ce mélange délétère de crimes et d'*omertà*. Le pape parle de trois types de prévarication criminelle : abus sexuel, de pouvoir et de conscience.

La clarté de cette analyse n'a jusqu'à présent pas débouché sur un mécanisme transparent et efficace pour pousser évêques et cardinaux, les principaux détenteurs de l'autorité ecclésiastique à l'échelon local, à rendre compte de leurs actes ou de leurs omissions. Lors du vol retour depuis l'Irlande, le pape François déclare aux journalistes sur un ton débonnaire que « Marie Collins [pour qui] j'ai beaucoup d'estime [...] est restée fixée sur l'idée [...] que, pour juger les évêques, il serait bon de créer un tribunal spécial. » Un projet impraticable, explique-t-il, étant donné les cultures différentes où opèrent les évêques à juger. Mieux vaut s'adresser au cas par cas aux juridictions *ad hoc*[154]. Cependant, la question n'est pas tant celle des juridictions que celle d'un canal de communication transparent à travers lequel la victime peut dénoncer le silence d'un évêque, obtenir confirmation que sa plainte a été reçue et obtenir des informations concrètes sur la procédure en cours et les documents examinés par le Vatican.

En septembre 2018, un groupe de religieuses du Kerala, en Inde, organise des manifestations dans la rue, accusant l'évêque local, monseigneur Franco Mulakkal, d'avoir violé une sœur à plusieurs reprises. Elles demandent justice : soixante-seize jours après avoir adressé une plainte au nonce du Vatican, monseigneur Giambattista Diquattro, et au cardinal Oswald Gracias, président de la Conférence des évêques d'Inde et membre du Conseil des neuf au Vatican, elles n'ont reçu aucune information concernant l'ouverture d'une enquête. Des écoutes téléphoniques ont révélé qu'un autre cardinal, George Alencherry, président du synode local syro-malabare, était déjà au courant de l'affaire de la bonne sœur violée.

154. François, conférence de presse, 26/08/2018.

À long terme, les silences se révèlent fatals pour l'Église. En France, le cardinal Philippe Barbarin, archevêque de Lyon, a omis de dénoncer pendant des années aux autorités (comme la loi l'y oblige) les crimes commis par un prêtre dans son diocèse, Bernard Preynat, qui avait abusé de soixante-sept adolescents. Des abus précédant la prise de fonction de Barbarin dans son diocèse, mais son silence a été jugé en France comme un exemple criant de déni de justice pour les victimes. Ni la Conférence épiscopale française ni le Saint-Siège n'avaient envisagé de sanctionner le silence du cardinal. Le tribunal de Lyon l'a condamné le 7 mars 2019 à six mois de réclusion pour non-dénonciation. Immédiatement après, Barbarin a présenté sa démission au pape. Mais en attente du jugement en appel, François la rejette, laissant le cardinal libre de décider de manière autonome. Barbarin se met à la retraite temporaire, confiant la gestion de son diocèse à son vicaire général Yves Baumgarten. Les choix du pape et du cardinal ont été reçus négativement par l'opinion publique française, mais également au sein du diocèse de Lyon. Au cours d'une réunion extraordinaire du conseil presbytéral diocésain ainsi que des conseils des diacres et des laïcs, les trois organismes ont rejeté en bloc la solution d'un « retrait temporaire » prolongé de Barbarin, demandant une « solution rapide à la crise de gouvernement » du diocèse: une demande pas même dissimulée de démettre le cardinal de ses fonctions. Au cours des mois précédents, une pétition demandant la démission de Barbarin avait recueilli plus de cent mille signatures. Son promoteur, le père Pierre Vignon, juge ecclésiastique de la province de Lyon et Clermont-Ferrand, avait été révoqué par l'épiscopat régional.

Depuis le début, cette affaire reflète de manière exemplaire l'habitude de la dissimulation pratiquée par les hautes hiérarchies ecclésiastiques. On trouve un prêtre violeur en série entre 1979 et 1991 et un cardinal dissimulateur: une figure de premier plan de l'Église postconciliaire en France, Albert Decourtray, président de la Conférence épiscopale française, décoré de la Légion d'honneur, membre de l'Académie française. Alerté par plusieurs parents, Decourtray découvre les premiers abus de Preynat et promet d'éloigner le prêtre de sa paroisse, garantissant qu'il n'aura plus affaire à des adolescents. Il n'en sera rien. Simplement muté, le prêtre continuera à violer. Les lois ecclésiastiques réprimant ce phénomène existent, mais elles ne sont pas appliquées.

Devenu archevêque de Lyon en 2002 et informé par Preynat de ses antécédents (avec l'assurance qu'il s'agit d'une page noire de son passé désormais refermée), monseigneur Barbarin ne dénonce pas le prêtre aux autorités judiciaires et ne déclenche pas de procès ecclésiastique. Ce qui échappe au Vatican au moment où éclate le scandale, c'est que le cardinal a traité l'affaire comme s'il s'agissait d'une affaire privée entre lui et le coupable. Une affaire où il ne s'agissait que de protéger le prestige de l'Église. Sans aucune considération pour le besoin de justice des soixante-sept victimes, ignorant par ailleurs la législation ecclésiastique, en principe dure envers un prêtre commettant des abus sexuels. « Jusqu'en 2014, Preynat était en contact avec des enfants, témoigne Alexandre Hezez-Dussot, cofondateur de l'association La Parole libérée, qui réunit de nombreuses victimes. Il était actif en tant qu'aumônier de l'école Saint-Marc à Cours-la-Ville et travaillait au patronage Sainte-Claire d'une colonie de vacances au Coteau. » Sous la gestion de Barbarin, le curé prédateur est également chef d'un décanat et membre du centre de formation des laïcs du diocèse de Lyon (SEDIF).

Ce n'est qu'en 2015, après une intervention du Vatican à qui s'était adressée l'une des victimes, que Preynat est relevé de toutes ses fonctions. C'est dans ce contexte que se manifeste la colère croissante des victimes. Si en 2016 La Parole libérée avait écrit au pape en souhaitant qu'il soit un « phare dans notre nuit », en mars 2019, son président François Devaux affirme que le rejet de la démission de Barbarin par le pape « va réussir à tuer l'Église[155] ». En juin 2019, François nomme enfin dans le diocèse

155. AFP, 19/03/2019.

un administrateur apostolique : Michel Dubost, évêque à la retraite de soixante-dix-sept ans.

Ce n'est pas la seule affaire à avoir perturbé l'opinion publique française. En janvier 2019, une procédure a été ouverte contre le nonce du Vatican, monseigneur Luigi Ventura, accusé d'agression sexuelle par un fonctionnaire de la Mairie de Paris. Mathieu de la Souchère, vingt-sept ans, raconte la nonchalance insultante avec laquelle l'ambassadeur du Saint-Siège, en clergyman – c'est ce qui est écrit dans la plainte –, l'a palpé lors d'une cérémonie officielle, sans se soucier de la publicité de l'événement. Ventura nie farouchement, mais il oppose son immunité diplomatique aux enquêteurs. D'autres plaintes d'hommes majeurs ont suivi, dont d'anciens fonctionnaires du ministère des Affaires étrangères et de la Mairie de Paris, ainsi qu'un séminariste qui a par la suite été chassé du séminaire. Des signalements du même genre sont aussi venus de l'étranger. Selon Mathieu de la Souchère, « souvent, quand Ventura assiste aux messes dans les séminaires, son secrétaire personnel note les jeunes séminaristes qui plaisent au nonce, puis les contacte et organise des dîners au siège diplomatique[156] ».

Une rencontre sollicitée par le nonce avec plusieurs de ses accusateurs, qui a eu lieu au mois de mai suivant, s'est soldée par une série de monologues sans contradiction, car en raison de l'immunité diplomatique, les avocats des plaignants ne pouvaient pas mener de contre-interrogatoire sur les faits et les circonstances. De la Souchère et son avocate se sont alors directement rendus à Rome pour tenter d'obtenir justice. Face à la montée du scandale, le 8 juillet 2019, le Saint-Siège annonce qu'il lèvera l'immunité de Ventura. « Nous étions en train de rédiger une plainte au promoteur de justice du Vatican », déclare l'avocate Antoinette Frety. Par ailleurs, en octobre, le nonce démissionne et rentre à Rome.

156. S. Citati, C. Tecce, *Il Fatto Quotidiano*, 07/07/2019.

Selon le cardinal O'Malley, président de la Commission pour la protection des mineurs, il n'y a pas encore eu de véritable changement dans l'Église catholique. Quand les États-Unis ont découvert les abus sur mineurs et la vie sexuelle déréglée de l'ancien archevêque de Washington, le cardinal McCarrick, O'Malley a été clair : « Des cas comme celui-ci appellent plus que des excuses. En matière d'accusations portées contre un évêque ou un cardinal, il existe encore de grandes lacunes dans la politique de l'Église sur la conduite et les abus sexuels. » Pour O'Malley, il faut mettre en place des protocoles clairs et transparents. Le cardinal annonce les innovations à adopter : 1) une évaluation rapide et équitable des accusations ; 2) un examen de l'efficacité des procédures au niveau local ; 3) surtout la nécessité de communiquer plus clairement aux fidèles catholiques et à toutes les victimes la procédure pour porter plainte contre un évêque ou un cardinal. O'Malley lance un signal d'alarme. L'autorité morale de l'Église est affaiblie, l'idée que l'Église n'affronte pas efficacement la catastrophe des abus sexuels fait son chemin dans l'opinion publique, la confiance dans l'institution ecclésiastique est en danger[157].

À Buenos Aires, un célèbre avocat engagé dans des affaires d'abus sexuels, Juan Pablo Gallego, attaque le pape François pour la période où il était président de la Conférence épiscopale argentine. Il s'agit de l'affaire du prêtre Julio César Grassi, fondateur d'une association pour faire sortir de la rue des jeunes pauvres et toxicomanes. Personnage charismatique, Grassi est un prédateur en série qui a enfin été condamné à quinze ans de prison pour abus sexuels répétés. Quand le scandale a éclaté, le monde ecclésiastique n'a pas voulu croire aux dénonciations. Gallego accuse la Conférence épiscopale argentine d'avoir ordonné, sous la présidence du cardinal Bergoglio, une « contre-enquête visant à détruire la crédibilité des victimes. [...] Grassi était défendu par vingt-cinq avocats parmi les plus renommés, dont certains

157. *Zenit*, 25/07/2018.

ont déclaré avoir été payés par l'Église ». Après sa condamnation, affirme l'avocat, Grassi a continué à porter la soutane en prison tandis que la victime « Gabriel » n'a pas réussi à rencontrer le pape[158].

« La maison brûle », avertit le jésuite américain Tom Reese. Chaque mois apporte une nouvelle funeste. L'année 2019 vient tout juste de commencer que déjà se répand la nouvelle que le Vatican a ouvert une instruction pour abus sexuels et mauvaise administration contre un évêque argentin, connaissance personnelle du pape : Gustavo Óscar Zanchetta, qu'il avait lui-même appelé au Vatican en décembre 2017 pour occuper la charge d'« assesseur » à l'APSA (Administration du patrimoine du siège apostolique), une fonction apicale créée sur le moment.

La loi du silence et la pratique de minimisation sont profondément ancrées à la curie. Le poste de chef de service de la Congrégation pour la doctrine de la foi a continué à être occupé pendant des années par un prêtre qui a tenté à plusieurs reprises de convaincre en confession une sœur d'avoir une relation avec lui, avant d'essayer de l'embrasser. La sœur, Doris Wagner – qui a maintenant quitté l'institut Famiglia spirituale l'Opera auquel elle était affiliée – raconte que le prêtre harceleur avait été le confesseur du prêtre qui l'avait violée quelques mois après qu'elle avait prononcé ses vœux solennels. Doris Wagner a rendu publique son affaire dans une conférence devant la presse étrangère à Rome. En 2012, elle a dénoncé son harceleur, Hermann Geissler[159]. Selon la loi ecclésiastique, il s'agit du très grave délit de *crimen sollicitationis*, le délit de racolage. Le Code de droit canonique est sévère : « Le prêtre qui, dans l'acte ou à l'occasion ou sous le prétexte de la confession, sollicite le pénitent au péché contre le sixième commandement du Décalogue sera puni, selon la gravité

158. D. Álvarez, M. Oliva, *Il Fatto Quotidiano*, 26/02/2019.
159. G. G. Vecchi, *Corriere della Sera*, 30/01/2019.

du délit, de suspense, d'interdictions, de privations, et dans les cas les plus graves, sera renvoyé de l'état clérical » (canon 1387).

Au terme d'un examen interne, mené alors que le cardinal Müller était préfet de la Congrégation pour la doctrine de la foi, il a été annoncé que le prêtre avait demandé pardon et avait été « averti et [...] instruit de se montrer vigilant et prudent à l'avenir[160] ». Ce n'est qu'en 2019 que le harceleur a quitté son rôle directeur dans la congrégation la plus importante du Saint-Siège, qui a la mission de « promouvoir et de protéger la doctrine sur la foi et les coutumes dans tout le monde catholique ». Le prêtre accusé de viol avait quant à lui été éloigné de la Famiglia spirituale l'Opera et envoyé travailler à la Secrétairerie d'État : une mutation typique à la place d'une plainte immédiate en vertu du droit canon (don Burkhard F. n'a été écarté de la curie qu'en 2012).

Il ne s'agit pas d'abus sur mineur, mais de crimes tout aussi graves pour l'Église catholique et la société. Valentina Alazraki, journaliste spécialisée de longue date dans les informations concernant le Vatican, a déclaré devant le pape et les cardinaux que « nous sommes à la veille d'un nouveau scandale, celui des sœurs et des religieuses victimes d'abus sexuels de la part de prêtres ou d'évêques[161] ». Ce problème ne sort pas de nulle part. Depuis la moitié des années 1990, le Vatican possédait des rapports circonstanciés. À la demande du préfet de la Congrégation des religieux de l'époque, le cardinal Eduardo Martínez Somalo, un groupe de travail coordonné par sœur Maura O'Donohue avait décrit la réalité de sœurs exploitées sexuellement, séduites et souvent violées par des prêtres et des missionnaires. Des abus fréquents. Des candidates à la vie religieuse violées par leur guide spirituel, des médecins catholiques témoins de l'activité de prêtres qui « emmenaient avorter des sœurs et d'autres jeunes femmes ». Les plaintes provenaient de vingt-trois pays du monde, du Burundi

160. Lettre de l'avocat canoniste M. Wijlens à D. Wagner, 17/02/2014.
161. V. Alazkari, *Redazione*, 23/02/2019.

au Brésil, de la Colombie à l'Inde, de l'Irlande à l'Italie, de la Nouvelle-Guinée aux Philippines en passant par les États-Unis[162].

Un cri dans le désert pendant des dizaines d'années. En novembre 2018, l'Union internationale des supérieures des ordres religieux féminins (UISG) exhorte les sœurs abusées à signaler les faits sans hésitation tant aux autorités ecclésiastiques que civiles. « Femmes, Église, Monde », le supplément de *L'Osservatore romano* consacré à la question féminine dans le domaine ecclésiastique, a consacré un numéro spécial aux sœurs religieuses abusées sexuellement. De retour des Émirats arabes unis en février 2019, le pape a reconnu l'existence de ce fléau. « Nous y travaillons », a-t-il reconnu. Les abus de toutes sortes sont une bombe à retardement, surtout dans les pays où a régné la loi du silence.

Que l'Église italienne ne se fasse pas d'illusions, avertit le jésuite Hans Zollner, membre de la Commission pour la protection des mineurs. Ce qui s'est produit dans d'autres pays peut sortir au grand jour en Italie aussi. « Mieux vaut risquer la honte maintenant que dans quelques années et être submergés par les scandales. » La CEI, sous la direction du cardinal Bassetti, a accompli un timide premier pas lors de son assemblée de novembre 2018 en créant un service national pour la protection des mineurs qui prévoit des équipes régionales et des responsables diocésains.

Pourtant, après six ans de pontificat de Bergoglio, la conscience de l'urgence d'un changement radical des pratiques de lutte contre la pédophilie ne s'est pas réellement diffusée dans les structures vaticanes et dans la majorité des épiscopats nationaux. On ne veut même pas enquêter sur les crimes passés. Un cardinal de la curie, sincère défenseur de la ligne réformiste de François, affirme aujourd'hui encore : « On exagère. L'Église est attaquée. Il est clair qu'il faut punir le moindre abus. Mais il y a d'autres choses dont il faut s'occuper ! » De nombreux évêques sont terrorisés par la diffusion d'une vague #MeToo au sein de l'Église. Dans le même

162. M. Politi, *La Repubblica*, 20/03/2001.

temps, à la curie, l'idée revient qu'au fond les abus sexuels, bien que condamnables, ne concerneraient que 2, voire 4 ou 5 % du clergé. Plus inquiétant encore, lors du synode des jeunes qui a eu lieu au Vatican en octobre 2018, le document final ne contient pas un mot sur la « tolérance zéro ». Le terme a même été supprimé lors de la phase de rédaction du texte, remplacé par le concept plus rassurant de « prévention ».

Cette sous-évaluation ne tient pas compte des mutations de l'opinion publique, où a émergé le sentiment que les *mea culpa* et les rencontres avec les victimes ont épuisé leur charge symbolique et appartiennent désormais au passé. Pressé par les événements, François décide après son voyage en Irlande de convoquer au Vatican en février 2019 une réunion extraordinaire des présidents des conférences épiscopales du monde entier pour décider des règles d'action communes. Cette initiative aussi soulève des problèmes. La Conférence épiscopale américaine avait déjà programmé pour novembre 2018 une discussion portant sur plusieurs mesures concrètes : une charte d'engagement pour chaque évêque, un « guichet » pour recevoir les plaintes pour abus de la part du clergé et des évêques, qui seront gérées par des personnalités extérieures à l'Église, un premier organe d'examen composé pour moitié de laïcs et pour moitié d'ecclésiastiques. Le Vatican a mis son veto pour ne pas fausser la réunion internationale des dirigeants ecclésiastiques décidée par Bergoglio. Ce coup de frein a provoqué un mécontentement parmi les évêques américains, que même une lettre du pape n'a pas réussi à apaiser. Ils se sont sentis entravés dans leur autonomie alors que François parlait depuis des années d'une saine décentralisation.

6

« François, démission ! »

Nous sommes en août 2018. Le pape François souhaite se concentrer sur l'homélie qu'il donnera à la messe de clôture de la rencontre mondiale des familles à Dublin. Mais d'autres personnes dictent le déroulement de la journée. De bon matin, les portables des journalistes sont engorgés et sur la toile court la nouvelle, lancée par les sites traditionalistes italiens et étasuniens, que depuis le Vatican un évêque a réclamé la démission du pape. Dans un long acte d'accusation, l'ancien nonce aux États-Unis, Carlo Maria Viganò, écrit que le Vatican était informé depuis l'an 2000 de la vie sexuelle déréglée de l'évêque (puis cardinal) Theodore McCarrick, habitué à ramener des groupes de séminaristes et de prêtres dans sa maison à la mer et dans son lit. Deux nonces, monseigneur Gabriel Montalvo et monseigneur Pietro Sambi, avaient envoyé à Rome des dossiers explicites que lui-même avait traités sous forme de notes précises préparées pour la Secrétairerie d'État. Les secrétaires d'État Angelo Sodano (à l'époque de Jean-Paul II) et Tarcisio Bertone, bras droit de Benoît XVI, sont mis en cause. Le pape Ratzinger, affirme Viganò, avait imposé au cardinal arrivé à l'âge de la retraite de mener une vie recluse de prière et de ne pas résider au séminaire, de ne pas voyager, de ne pas apparaître en public. Des sanctions qui auraient disparu avec l'arrivée de François – selon l'acte d'accusation de Viganò –, car McCarrick avait été l'un des grands électeurs du pape argentin.

Le mémorandum de l'ancien nonce culmine sur un coup de théâtre. Aussitôt après l'élection de François, le 23 juin 2013, il eut un entretien privé avec le pape. À la question de François : « Comment est le cardinal McCarrick ? », Viganò répondit : « Si vous demandez à la Congrégation pour les évêques, il y a un dossier gros comme ça sur lui. Il a corrompu des générations de séminaristes et de prêtres, et le pape Benoît lui a imposé de se retirer pour une vie de prière et de pénitence[163]. » Le pape n'a rien dit, affirme Viganò et, à partir de ce moment, McCarrick a été vu librement en public et lors de voyages internationaux, notamment en Chine. Parmi un flot de noms d'évêques et de cardinaux complices de McCarrick, adeptes de pratiques homosexuelles ou tolérants envers l'homosexualité, le mémorandum s'achève par une injonction. Au nom du principe de « tolérance zéro » qu'il brandit lui-même, « le pape François doit être le premier à donner le bon exemple aux cardinaux et aux évêques qui ont couvert les abus de McCarrick, et démissionner avec eux tous[164] ».

La note de Viganò est une boulette empoisonnée, mélange de faits avérés et d'affirmations fausses, mais son effet est explosif. Viganò est connu pour son passé de diplomate et de fonctionnaire zélé de la Secrétairerie d'État. Il s'est opposé au cardinal Bertone, car il ne supportait pas les malversations au Vatican – ce qui à l'époque lui a été reconnu par les médias comme un titre d'honneur –, et Benoît XVI a voulu le faire nonce aux États-Unis, destination la plus prestigieuse dans la diplomatie. Au cours des semaines suivantes, de patientes recherches démonteront les manipulations contenues dans son texte[165], mais ce 26 août, son geste n'a qu'un

163. C. M. Viganò, témoignage, *Riscossa cristiana*, 26/08/2018.
164. *Ibid.*
165. A. Tornielli, G. Valente, *Il giorno del giudizio*, Piemme, 2018.

seul but : atteindre avec la plus grande violence l'image du pape, écorner sa crédibilité.

Viganò appartient à un camp qui au Vatican et dans l'épiscopat mondial se reconnaît dans l'« option Benoît », dans la nostalgie pour la ligne doctrinale dure du pontificat de Ratzinger en opposition à ce que les faucons conservateurs considèrent chez le pape Bergoglio comme d'authentiques déviations de l'orthodoxie et des principes non négociables, proclamés sous les pontificats de Jean-Paul II et Benoît XVI. Le geste de Viganò est un acte politique dans la guerre civile souterraine qui s'est déclenchée au sein du monde catholique en 2014. À la périphérie de l'empire catholique, en Afrique de l'Ouest, un évêque s'exprime en privé avec une rude franchise : « Ce pape vit dans le péché et est porteur d'une fausse annonce. Il y a une résistance contre lui : les vrais évêques et cardinaux le renverseront. » François est pleinement conscient que de telles opinions sont enracinées au sein de l'Église. « Il existe un groupe de prêtres qui prie pour ma mort », a-t-il confié à un journaliste catholique.

L'attaque lancée par l'ancien nonce en août 2018 est subtile et calculée. Le moment est bien choisi. Son mémorandum tombe au lendemain de l'affaire chilienne qui a affaibli le pape argentin, et de la publication du rapport sur les abus en Pennsylvanie. Elle arrive alors que les polémiques sur les abus et la loi du silence en Irlande font rage. C'est un texte habilement rédigé, avec l'aide d'un journaliste spécialiste du Vatican acquis à la cause traditionaliste[166], dans lequel il n'est cependant jamais dit que McCarrick aurait commis des abus sur mineurs dont le pape aurait eu connaissance en 2013. (Les dossiers envoyés au Vatican par les anciens nonces Montalvo et Sambi n'en parlent pas, ils font exclusivement référence à des week-ends sexuels entre adultes. L'abus sur mineur de McCarrick ne sera connu qu'en 2017 et, dès que l'actuel cardinal

166. M. Tosatti, ancien correspondant au Vatican de *La Stampa*, auteur du blog « Stilum Curiæ ».

de Washington le jugera crédible, François privera McCarrick de sa pourpre et de son statut clérical.) Malgré cela, les titres de la presse mondiale relaient une question insidieuse : François a-t-il couvert les abus d'un cardinal ?

Le soir du 26 août, dans le vol retour de Dublin à Rome, Bergoglio se retrouve face aux journalistes. Ses mots sont singuliers. « J'ai lu ce communiqué ce matin [...] et sincèrement je dois vous dire cela [...] : lisez attentivement le communiqué et faites-vous votre propre jugement. Je ne dirai pas un mot à ce propos. [...] Vous avez la capacité de journalistes suffisante pour tirer les conclusions. C'est un acte de confiance [...], je voudrais que votre maturité professionnelle fasse ce travail[167]. » Quand un peu de temps sera passé, « peut-être je parlerai », conclut le pape. Un escamotage pour gagner du temps et affronter la tempête. L'opinion publique n'est pas convaincue. Aux États-Unis, de nombreux évêques, pressés par les fidèles, demandent des éclaircissements. En septembre, un sondage du Pew Research Center révèle une chute de popularité notable de François : seuls 31 % des fidèles catholiques sont convaincus que le pape gère bien les scandales des abus sexuels. Trois ans plus tôt, ce jugement positif était partagé par 55 % des catholiques. Quelques jours plus tard, alors qu'il célèbre la messe à Sainte-Marthe, François évoque le silence de Jésus face aux « chiens sauvages » qui le poursuivent. « Que le Seigneur nous accorde la grâce de discerner quand nous devons parler et quand nous devons nous taire », ajoute-t-il.

Face à l'avalanche d'insultes que certains partisans de Bergoglio réservent à Viganò, qu'ils traitent de traître frustré dans ses ambitions de carrière, le jésuite américain Tom Reese fait sèchement remarquer qu'il arrive souvent que dans les grandes entreprises des taupes révèlent des vérités cachées. Ancien directeur de la prestigieuse revue des jésuites américains *America*, Reese explique avec pragmatisme : « De même que chaque diocèse des États-Unis

---

167. François, conférence de presse, 26/08/2018.

doit rendre compte de manière exhaustive et transparente des abus sexuels cléricaux, le Vatican doit révéler ce qu'il savait, quand il l'a su et ce qu'il a fait ou n'a pas fait. » Viganò et François s'étant vus en privé, seul le pape peut dire ce qu'a dit ou non l'ancien nonce, et si les choses se sont passées différemment.

Quarante jours s'écouleront avant qu'une réponse partielle émane du Vatican. Derrière les murs léonins règnent tension et embarras. Pendant ces semaines, une partie de la hiérarchie ecclésiastique manifeste son soutien au pape avec une lenteur frappante. Deux semaines s'écoulent avant que les cardinaux du C9 expriment leur entière solidarité avec le pape. Pas de vague de masse pour le soutenir, bien que des failles apparaissent déjà dans le mémorandum accusateur de l'ancien nonce.

Huit mois plus tard, interviewé par Valentina Alazraki de la télévision mexicaine Televisa, le pape affirme ne pas se souvenir si l'ancien nonce Viganò avait évoqué McCarrick : « Je ne me rappelle pas s'il m'a parlé de cela, si c'est vrai ou non. Je n'en ai aucune idée[168] ! » Cette phrase est d'abord passée sous silence par *L'Osservatore romano*, qui est ensuite contraint de la réintégrer dans la traduction de l'interview.

Les synodes sur la famille de 2014-2015, l'affaire du Chili et l'affaire Viganò sont trois passages cruciaux qui révèlent les faiblesses du pontificat de François. Aucun doute sur la détermination avec laquelle le pape argentin poursuit ses objectifs de réforme pour libérer l'Église du cléricalisme, du dogmatisme, de la corruption et du carriérisme, pour renouveler le visage d'une Église communautaire, miséricordieuse avec les plus fragiles et prête à accueillir les marginalisés, les éloignés et les différents. Les grands ménestrels ont l'art d'illuminer une situation en riant. Roberto Benigni est l'un d'eux. Il décrit un pape en mouvement perpétuel, essoufflé, en train de tirer : « François tire l'Église vers un lieu oublié… il la traîne vers l'Évangile. »

168. V. Alazraki, *Vatican news*, 28/05/2019.

Il émerge cependant de ces passages fatals du pontificat une fracture au sein de l'Église, surtout parmi ses cadres. Le règne de François se caractérise par la coagulation d'un front conservateur dur, doté d'une importante force organisationnelle et médiatique, qui développe une opposition croissante mois après mois, année après année. Face à ce noyau agressif, on note une faible mobilisation des soutiens de la ligne réformatrice de François. Évêques et cardinaux s'exposent peu pour défendre le pape ou soutenir ses objectifs de changement. La grande machine de l'organisation ecclésiastique reste essentiellement inerte. Entre réformateurs et conservateurs s'étend le marais des dirigeants habitués à la routine et rétifs à se frotter aux nouveautés de l'Histoire, celle que Vatican II appelait les « signes des temps ».

Les prêtres et les évêques qui disent « moi, j'ai déjà fait ma part » puis restent immobiles sont fatals pour François. Un cardinal, qui a dirigé un secteur important de la curie, explique ainsi la résistance passive répandue au Vatican (et qui revient à terme à de la résistance active) : « Pour ceux qui ont vécu l'atmosphère d'un certain quiétisme, les nouveautés sont une secousse, alors ils s'y opposent et tentent d'éliminer ce qu'ils perçoivent comme un obstacle. Ceux qui sont habitués à l'air tiède et vicié se précipitent pour fermer la fenêtre quand entre un courant d'air frais et pur. » Face à l'activisme de François, raconte une autre personnalité de la curie, « le gros de la machine vaticane répond en disant "le pape passe, la curie reste" et se met en travers par inertie ». Mais il ne s'agit pas seulement de la curie. Don Damiano Modena, dernier assistant du cardinal Carlo Maria Martini, raconte que déjà peu de temps après l'élection de Bergoglio, il rencontrait de nombreux prêtres qui avaient hâte qu'il s'en aille.

Les deux synodes sur la famille de 2014 et 2015 ont clairement fait apparaître que François ne disposait pas d'une forte majorité parmi les évêques du monde pour imposer sa ligne réformatrice. Lors du premier synode sur la famille, en octobre 2014, l'offensive des conservateurs empêche l'approbation des thèses proposées par le cardinal Walter Kasper sur la possibilité que les conjoints divorcés puis remariés puissent accéder à la communion après un chemin de pénitence, selon la tradition miséricordieuse de l'Église orthodoxe, d'origine apostolique comme l'Église catholique. Ses arguments ne convainquent pas la majorité nécessaire des deux tiers du synode.

Le second synode de 2015 ne change pas la donne. Le document final ne va pas plus loin qu'une exhortation à intégrer toujours plus les divorcés remariés à la vie de la paroisse et à évaluer tous les aspects relatifs aux divers degrés de responsabilité dans la rupture du lien matrimonial. La plus grande ouverture se trouve dans le paragraphe qui souhaite une discussion étroite entre le confesseur et le couple de divorcés remariés afin que le premier se forme un « jugement correct sur ce qui fait obstacle à la possibilité d'une plus entière participation à la vie de l'Église et sur les étapes qui peuvent la favoriser et la faire grandir ». Cette prose alambiquée témoigne de la difficulté de trouver un compromis qui atteigne le quorum des deux tiers indispensable pour la validation des recommandations finales. De même, sur le thème de l'homosexualité, on ne va pas plus loin que le respect et la non-discrimination, déjà défendus par Ratzinger (à l'époque préfet du Saint-Office) à l'égard des individus homosexuels, sans aucune attention positive à leur vie de couple. Les synodes sont comme un parlement : une personne, une voix, et le résultat du scrutin montre la force du consensus ou de l'opposition.

François ne s'attendait pas à rencontrer une résistance si tenace, signe des peurs profondes qui animent les hiérarchies ecclésiastiques, qui craignent une « protestantisation » de l'Église catholique. Des résistances souvent exprimées de manière nuancée et irrémédiable. L'archevêque émérite d'Ancône, Edoardo Menichelli, fait cardinal par François, qui avait été rapporteur d'un groupe de travail au premier synode (les *circuli minores*) et modérateur au second, raconte de manière élégante son expérience du difficile passage du premier au deuxième synode : « Dans mon intervention initiale, j'ai annoncé d'emblée que nous ne sommes pas les maîtres de la Parole, qu'on ne doit pas mettre en cage, pas plus que nous ne sommes maîtres de l'eucharistie ni de la miséricorde et encore moins des consciences. Nous en sommes les serviteurs ! » C'est la vision des réformateurs pour qui l'Église, comme l'a fait comprendre François, n'est pas un barrage douanier qui ordonne : « Tu rentres, tu sors. » Une vision qui dépasse certainement les thèses de Jean-Paul II et de Benoît XVI. Menichelli se souvient : « Au premier synode, un évêque m'a dit : "Excellence, changez un mot pour que je sois tranquille." En sortant, il a dit : "Je pars un peu perturbé." Au second synode, le même évêque, en descendant l'escalier, s'est exclamé : "Je pars content, car l'Esprit nous a davantage aidés." » En effet, lors de la rédaction du texte final, les réformateurs avaient cédé. En octobre 2015, à la clôture du second synode, le cardinal Walter Kasper reconnaissait à contrecœur : « Le pape est déçu. La résistance des conservateurs a été très dure. »

Les années 2014-2015 mettent en lumière la capacité du front conservateur à s'organiser et à attaquer de manière préventive le changement souhaité par le pape François. Deux mois avant le début du premier synode sur la famille, le préfet de la Congrégation pour la doctrine de la foi, le cardinal Müller, publie un livre dans lequel il nie toute possibilité de communier aux divorcés remariés. Peu après paraît un autre volume intitulé *Permanere nella verità di Cristo*[169], auquel contribuent quatre cardinaux de la curie – Müller, Brandmüller, Burke et De Paolis –, un cardinal en résidence, Caffarra de Bologne, et un évêque de la curie, Vasil', secrétaire de la Congrégation pour les Églises orientales.

À la veille du synode de 2015 sort un nouveau tome intitulé *Matrimonio e famiglia*. Cette fois-ci, il est signé par onze cardinaux. Robert Sarah, Guinéen, préfet de la Congrégation pour le culte, et Paul Josef Cordes, Allemand, ancien président du Conseil pontifical Cor Unum, membres de la curie, ainsi que neuf cardinaux en résidence : à nouveau Carlo Caffarra de Bologne, Baselios Thottunkal de Trivandrum en Inde, Dominik

169. *Demeurer dans la vérité du Christ*, Artège, 2014.

Duka de Prague, Jacobus Eijk d'Utrecht, Joachim Meisner, ancien archevêque de Cologne, le Nigérian John Onaiyekan d'Abuja, Antonio Rouco Varela, ancien archevêque de Madrid, Camillo Ruini, ancien président de la Conférence épiscopale italienne, et Jorge Urosa Savino de Caracas. Onze autres cardinaux et évêques africains publient un livre, toujours centré sur une défense acharnée de la doctrine traditionnelle, au titre significatif : *Africa. La nuova patria di Cristo* (« Afrique. La nouvelle patrie du Christ »). En effet, lors du synode, la composante africaine – avec les évêques d'Amérique du Nord et des représentants d'Europe de l'Est tels que Stanisław Gądecki, président de la Conférence épiscopale polonaise – constituera la colonne vertébrale du bloc d'opposition à l'ouverture de Bergoglio. La liste de ces noms trace la carte internationale de l'opposition au pape.

Bien qu'au Vatican certains s'efforcent de parler d'une minorité négligeable, au fil des ans la force de ralentissement et d'obstruction du bloc anti-Bergoglio s'affirme. Lors des deux années du synode, des congrès doctrinaux ouvertement opposés à la ligne du pape sont organisés. Des réseaux de prière défendant la tradition apparaissent. Selon les communiqués des sites conservateurs, une « Supplique au pape François » pour défendre la tradition sur la famille recueille près de huit cent mille signatures, dont celles de deux cents évêques de 178 pays[170]. Au fil des ans, les appels en faveur du pape, dont une pétition spéciale en 2017 pour l'encourager à « ne pas se détourner du chemin entrepris », ne dépasseront jamais le seuil des cent mille adhésions.

Après avoir mesuré sa force lors des deux synodes, le bloc anti-Bergoglio repart à l'attaque suite à la publication de l'exhortation postsynodale de François *Amoris lætitia*, où le pape ouvre prudemment la voie à la communion pour les divorcés remariés en la glissant dans une note de bas de page. Le texte tortueux du paragraphe en question montre les difficultés du pape à se

170. *La Fede Quotidiana*, 02/10/2015.

libérer de la cage du résultat négatif du synode. Le pape écrit que, « à cause des conditionnements ou des facteurs atténuants, il est possible que, dans une situation objective de péché – qui n'est pas subjectivement imputable ou qui ne l'est pas pleinement –, l'on puisse vivre dans la grâce de Dieu, qu'on puisse aimer, et qu'on puisse également grandir dans la vie de la grâce et dans la charité, en recevant à cet effet l'aide de l'Église ». C'est alors qu'arrive la minuscule note 351 : « Dans certains cas, il peut s'agir aussi de l'aide des sacrements[171]. » Pour les confesseurs et les curés du monde entier qui refusaient depuis longtemps la rigueur de la doctrine officielle du Vatican, cette petite note suffit. C'est le signe que la porte est ouverte. En privé, François évoque une rencontre avec un vieux prêtre romain qui lui a déclaré : « Sainteté, vous nous avez lancé la balle [...], mais je le faisais depuis des années. » À Buenos Aires, l'archevêque Bergoglio défendait aussi cette pratique.

Pour les opposants, au contraire, cette note est une déclaration de guerre. François publie l'exhortation apostolique *Amoris lætitia* en mars 2016 ; en juillet arrive déjà une lettre de protestation adressée au cardinal Sodano, doyen du Collège des cardinaux, et signée par quarante-cinq prêtres et théologiens protégés par l'anonymat. Ils ont un porte-parole : Joseph Shaw, professeur à Oxford, qui lance un avertissement : « De nombreux points de l'*Amoris lætitia* peuvent être interprétés comme hérétiques. » Deux mois plus tard, les cardinaux Caffarra, Meisner, Brandmüller et Burke passent à l'action en s'adressant directement au pape argentin dans une lettre – connue sous le nom de *Dubia* – où ils exposent des doutes théologiques et opposent la position de François à l'exhortation apostolique *Familiaris consortio* et l'encyclique *Veritatis splendor* de Jean-Paul II. Il s'agit d'un document fort et d'un geste inédit. Le cardinal de curie Cordes commence par adhérer, avant de retirer sa signature. La lettre dessine des hypothèses provocantes : le pape François convient-il du fait que jamais – même en présence

171. François, *Amoris lætitia*, 19/03/2016.

de circonstances atténuant la responsabilité individuelle – un comportement qui transgresse les commandements divins tels que l'adultère, le vol ou la parjure ne pourra devenir « excusable ou même bon ». Le manque de clarté de certains passages d'*Amor lætitia*, affirment avec perfidie théologique les quatre cardinaux, rend « des cas d'adultère vertueux, d'homicide légaux et de parjure obligatoires pour le moins envisageables[172] ». Rendue publique en novembre, cette lettre provoque la colère silencieuse de François, qui annule la traditionnelle réception de tout le Collège des cardinaux après le consistoire de novembre 2016.

Sept mois plus tard, le 25 avril 2017, le cardinal Caffarra écrit de nouveau au pape pour se plaindre de l'état de confusion et de division au sein de la communauté ecclésiastique et pour lui demander de rencontrer les signataires des *Dubia*. François ne lui répond pas. Trois jours plus tôt, à l'hôtel Columbus de Rome, un congrès d'opposants évoque la perspective de soumettre le pape argentin à une « correction fraternelle ». Encore quelques mois plus tard arrive une pétition signée par 62 personnalités (qui deviendront par la suite 254, dont l'ancien banquier de la banque vaticane, Ettore Gotti Tedeschi) demandant que soit infligée une « correction filiale » au pape François pour hérésie. Le pape est accusé d'avoir, « par voie de paroles, d'actes et d'omissions et par voie de passages du document *Amoris lætitia*, soutenu, de manière directe ou indirecte (avec quel degré de conscience, nous ne le savons ni ne voulons en juger) [...] des propositions fausses et hérétiques, propagées au sein de l'Église tant par l'office public que par les actes privés ». Lors d'un congrès à Rome l'année précédente, Gotti Tedeschi avait fait l'éloge, sous les ovations des présents, de Benoît XVI « le Grand », affirmant que la « plus haute autorité de l'Église catholique [le pape François] devrait se préoccuper de la survie du catholicisme ».

172. « Chiesa espresso », 16/11/2016.

Un martèlement systématique. En janvier 2018 encore, un groupe d'évêques, dont Andreas Laun, évêque auxiliaire émérite de Salzbourg, l'ancien nonce Viganò et le cardinal letton de quatre-vingts ans Jānis Pujats signent un document pour rappeler que le Christ a interdit le divorce de manière non équivoque et sans exception.

Un an plus tard, une vingtaine de théologiens et d'ecclésiastiques répètent dans une lettre ouverte aux évêques catholiques les accusations d'hérésie contre François, affirmant qu'il a « généré l'une des pires crises de l'histoire de l'Église catholique ».

Quand en juin 2019 est publié, sous la responsabilité directe d'un cardinal de curie, Lorenzo Baldisseri, secrétaire général du Synode des évêques, le texte de projet (*Instrumentum laboris*) pour le synode sur l'Amazonie (qui traite de la possibilité du mariage des prêtres, de nouveaux rôles ecclésiastiques pour les femmes et de la vision cosmique des indigènes), le cardinal allemand Brandmüller déclare de manière lapidaire que ce texte « contredit l'enseignement contraignant de l'Église sur des points décisifs et doit donc être qualifié d'hérétique. Même la révélation divine est mise en discussion ou mal comprise : pour cette raison, il faut également parler d'apostasie ».

Pendant la deuxième mi-temps du pontificat de François, il semble être devenu parfaitement normal que cardinaux et théologiens accusent publiquement le pape d'hérésie sans qu'une feuille ne bouge.

« Je regrette de voir des cardinaux en désaccord ouvert avec le pape et entendre des gens aller jusqu'à accuser le pape d'hérésie », dit le cardinal Francesco Monterisi, secrétaire du Collège des cardinaux dans le conclave qui a élu Benoît XVI. « La curie que je connaissais était une armée compacte qui suivait à la lettre ce que disait le pape. » La question des *Dubia* divise le milieu de la curie. Certains plaident la bonne foi des quatre cardinaux, d'autres leur reconnaissent le droit à la critique, mais exigent que celle-ci s'exprime de manière réservée, et d'autres les jugent fossilisés au temps de Pie XII. D'autres encore partagent leur position. Un responsable de la curie, proche de Ratzinger par sa culture et sa mentalité, explique qu'il est juste de soutenir les quatre cardinaux, car il y a « une incertitude non seulement parmi les évêques, mais également parmi les fidèles. Il arrive même que les fidèles disent à leur confesseur "tu n'es pas allé jusque-là où est allé le pape". François devrait répondre aux quatre cardinaux, il répond toujours à tout le monde, même à Scalfari, et à eux non ? ». Mais pire que ceux qui prennent position, il y a ceux qui se retirent en murmurant. La curie du temps de François est une curie divisée et silencieuse. Des prêtres et des monseigneurs qui arrivent de l'étranger perçoivent un silence inquiet au sein du palais apostolique. « Quand j'arrive au Vatican, je m'aperçois que presque personne n'a envie de parler, ce n'est pas bon signe », confie un prêtre français.

Au cours des années passées, Bergoglio a dû supporter l'affront d'affiches placardées dans le centre de Rome qui se moquaient de lui. Des affiches où il apparaissait la mine boudeuse, avec un slogan en dialecte romain: « *A' France'*, t'as changé les chefs des congrégations, viré des prêtres, décapité l'ordre de Malte et les Franciscains de l'Immaculée, ignoré les cardinaux... elle est où, ta miséricorde? » La police n'est pas parvenue à trouver les responsables. Ni les auteurs d'un faux *Osservatore romano* fabriqué sur Internet, qui ridiculise le pape et les prélats qui le soutiennent. Le pastiche reproduit la une du journal avec pour titre « Il a répondu! », en référence aux doutes des quatre cardinaux. On y lit un (faux) texte du pape où Bergoglio dit point par point une chose et son contraire. « Les affiches ont fait rire le pape, se rappelle Giovanni Maria Vian, alors directeur de *L'Osservatore romano*, mais le faux journal l'a vraiment mis en colère, car on s'en prenait à ses collaborateurs directs. »

Voilà le bilan de l'année 2017. Une canonnade impitoyable contre le pape. Une escalade inexorable pour délégitimer le pape argentin. Une reportrice étrangère qui observe depuis des dizaines d'années la vie au Vatican relève avec effarement: « Tu franchis la porte de Sainte-Anne et tu entends critiquer Bergoglio sans scrupule. » Au sein de ces tensions, François fait preuve d'un calme total. « Je dors bien, six heures comme une bûche [...] Le jour du tremblement de terre [à Rome], je n'ai rien entendu », déclare-t-il à la télévision des évêques, TV2000. C'est à la fois son tempérament et un choix politique. « Toutes les critiques m'aident, d'où qu'elles viennent », affirme le pape en privé. Celles qui sont parfaitement malhonnêtes lui paraissent cependant « inspirées par le prince de ce monde [Satan] ».

Il y a presque une pointe de fatalisme dans son attitude. Bergoglio se montre confiant sur le long terme. Un cardinal de curie commente : « François est très serein, il a confiance dans le fait que Dieu redresse les lignes tordues. » Mais les polémiques incessantes sont usantes. L'existence d'un noyau de cardinaux qui pense pouvoir s'opposer ouvertement au réformisme du pape – et qu'un réseau relie à des évêques du monde entier – freine l'élan de changement et atténue l'enthousiasme qui devrait caractériser une action collective. L'opposition a une incidence sur le calendrier du pontificat. La théologienne Marinella Perroni[173] rappelle que, quand elle a demandé au cardinal Parolin pourquoi un synode sur les « ministères » (qui aurait pu traiter également des prêtres mariés et de l'ordination des femmes) n'avait pas été organisé en 2018, le secrétaire d'État lui a répondu : « Avec ce qui s'est passé avec la famille, on ne peut pas diviser davantage l'Église. »

Pour le pontificat de François, la présence au niveau international de cardinaux qui lui font systématiquement obstruction est une épine dans le pied. Depuis des années, le cardinal américain Burke l'accuse de mener l'Église sur une voie erronée et répète souvent : « Si le pape refuse de corriger sa manière d'enseigner ou d'agir gravement manquante, la critique doit être rendue publique pour le bien commun de l'Église et du monde[174]. » Le cardinal guinéen Sarah, préfet de la Congrégation pour le culte, est l'idole d'une contre-réforme rêvée qui annulerait le « bergoglisme ». Son livre

173. Entretien avec l'auteur.

174. E. Barbieri, *Corrispondenza romana*, 05/04/2018.

Dieu o nente (« Dieu ou rien ») est devenu la bible des tenants de la tradition et de la doctrine en raison de son opposition à une civilisation moderne « qui s'est éloignée de Dieu ». Le cardinal Müller a passé des années à la tête de la Congrégation pour la doctrine de la foi à expliquer que Bergoglio n'est pas un surhomme, qu'il a de faibles connaissances théologiques et qu'il a créé un clan autour de lui. Depuis sa position-clé, le cardinal allemand n'a pas hésité à contredire publiquement certains choix cruciaux du pape. Quand François décide de se rendre en Suisse en 2016 pour participer aux célébrations pour les cinq cents ans de la réforme luthérienne, Müller fait remarquer que les catholiques n'ont rien à célébrer, car Luther a provoqué la fracture du christianisme occidental.

Finalement, le 1er juillet 2017, François le licencie brutalement lors d'une audience qui aurait dû être de routine. « Le pape m'a confié : "Certains m'ont dit anonymement que vous êtes mon ennemi" sans expliquer sur quel point, raconte ensuite Müller dans une interview. Après quarante ans de services à l'Église, j'ai eu envie de dire ceci : absurde[175]. » Le cardinal continue à démonter publiquement la ligne du pape. François désigne-t-il le cléricalisme comme la racine des abus sexuels de pouvoir et de conscience ? Depuis sa chaire de l'église de Sant'Agnese piazza Navona, Müller réplique frontalement : « Ce n'est pas le cléricalisme, quoi que l'on veuille entendre par là, mais l'éloignement de la vérité et la licence morale qui sont les racines du mal. La corruption de la doctrine entraîne toujours la corruption morale[176]. » L'ancien préfet de la Congrégation pour la doctrine de la foi est devenu le guide de l'« équipe allemande » à la curie, dont les membres répètent en coulisse le mantra : « Le pape devrait être garant de l'unité, mais François divise l'Église. »

175. M. Franco, *Corriere della Sera*, 26/11/2017.
176. L. Scrosati, *La Nuova Bussola Quotidiana*, 21/09/2018.

On rencontre cependant d'autres protagonistes de la vie ecclésiastique : discrets, loyaux, sans ambition d'opposition, qui sont en désaccord sur les points essentiels de la ligne pastorale de Bergoglio – comme la communion aux divorcés remariés. Ceux-ci comptent un certain nombre d'adeptes au sein de la hiérarchie ecclésiastique et du clergé. Le cardinal Angelo Scola, ancien archevêque de Milan et patriarche de Venise, fait partie de ceux-là. « Je ne sais pas comment en sortir », s'exclame-t-il dans un cercle restreint de l'archevêché de Milan, quand éclate la polémique autour des doutes soulevés par les quatre cardinaux. Sur le sujet, il est probablement en accord avec le pape émérite Ratzinger, qui après avoir lu le texte des *Dubia* s'est écrié : « Ça, on dirait que c'est de Caffarra. » Au bout de quelques jours, il se prononce prudemment : « J'espère et j'attends un éclaircissement. » Dans son autobiographie, Scola affirme : « La non-admissibilité des divorcés remariés à l'eucharistie n'est pas une punition, qui peut être levée ou réduite, mais elle est inhérente à la nature même du mariage chrétien. » Les nouveaux partenaires peuvent donc communier seulement s'ils vivent dans la chasteté comme le recommandait Jean-Paul II. Pas la moindre trace de cela dans l'*Amoris lætitia* de François. « Il n'est pas dit que cette recommandation [de la chasteté parfaite] n'est plus valide, mais il n'est pas non plus dit qu'elle l'est encore. Elle est tout simplement ignorée. » Un instantané cru des slaloms auxquels est contraint le pape argentin[177].

Les dissensions théologiques et la forte disparité des approches pastorales marquent la fracture qui existe au sein du catholicisme et rendent laborieuse la marche réformatrice de François. On ne gouverne pas l'Église catholique avec 50 %, ni même un petit 60 %. Il faudra attendre une autre génération pour que la scène soit totalement occupée par des évêques qui n'aient pas été sélectionnés et formés par la longue période Wojtyła-Ratzinger, qui a duré trente-cinq ans. En attendant, le règne de François reste exposé

177. A. Scola, L. Geninazzi, *Ho scommesso sulla libertà*, Solferino, 2018.

à la moindre secousse. En 2017, deux de ses grands adversaires meurent : les cardinaux Caffarra et Meisner. À l'enterrement du cardinal allemand, qui a lieu à Cologne le 16 juillet, monseigneur Georg Gänswein, secrétaire du pape émérite et chef du protocole du pape régnant, lit un message de Benoît XVI. Il s'agit d'un éloge du cardinal qui avait été ami et grand électeur de Ratzinger. À la moitié du message, cependant, le pape émérite fait brutalement irruption dans le présent. Il parle du besoin qu'a l'Église de disposer de « pasteurs convaincants, capables de résister à la dictature de l'esprit des temps » et de la certitude de Meisner que « le Seigneur n'abandonne pas son Église même si la barque est parfois chargée au point de chavirer »[178].

Les mots du pape émérite tombent comme la foudre sur le pontificat de Bergoglio. Au palais apostolique, les soutiens de François sont furieux. En réalité, la veille de sa mort, le cardinal Meisner avait téléphoné à Ratzinger pour se défouler : il n'était pas d'accord avec le limogeage du cardinal Müller et était contrarié parce que le pape François n'avait pas répondu aux « doutes » théologiques que lui-même et trois autres cardinaux avaient émis. Le pape émérite l'avait écouté, mais ni alors ni par la suite il n'a voulu prendre publiquement position sur des questions relatives au gouvernement du pape François. « Je ne suis pas une instance de contrôle ni une sorte de cour de cassation », répétait Benoît XVI à son entourage lorsqu'un évêque ou un cardinal venait se plaindre à lui. « Le pape doit savoir ce qu'il fait, et il sait ce qu'il fait ! » Et par « pape », il entend seulement François. Dans les faits, le message de Benoît pour l'enterrement de Meisner était en partie influencé par les préoccupations du cardinal allemand, mais surtout inspiré par le pessimisme de fond qui avait poussé le cardinal Ratzinger – lors de la messe à Saint-Pierre avant le conclave de 2005 – à énumérer les tempêtes qui menaçaient la « barque » du christianisme.

178. Benoît XVI, *Gedenkwort*, Kath, 16/07/2017.

C'est sur fond de ces années chargées de tension, aggravée par les affaires chiliennes et le « massacre des innocents » abusés en Pennsylvanie, en Irlande et en Allemagne, que s'abat en août 2018 l'intimation de l'ancien nonce Viganò : « Que François démissionne ! » Ce cri renvoie à des siècles reculés, où la lutte des factions au sein de l'Église provoquait la destitution des papes. Le geste de Viganò est un acte politique. Son mémorandum vise à atteindre la crédibilité de François et à semer la confusion dans le public, même non croyant, qui depuis des années suit avec empathie l'aventure du pape argentin et s'inspire de son message.

Si le thème de la communion aux divorcés remariés était entièrement interne au monde ecclésiastique, le scandale de la pédophilie intéresse l'opinion publique internationale dans son entier, au-delà des croyances de chacun. Il touche particulièrement l'Église catholique, même s'il est avéré que plus de deux tiers des abus sont commis au sein des familles. Mais l'Église catholique est la seule confession à posséder une structure similaire à un État présent sur les cinq continents et à posséder un chef absolu, qui répond symboliquement de tout ; elle se dresse en chaire morale de l'humanité, prêche la pureté et son clergé s'astreint solennellement à une vie célibataire sans rapports sexuels. C'est pour cela que les abus ont un effet dévastateur sur la crédibilité de la hiérarchie catholique.

L'attaque de Viganò, soutenue par la galaxie conservatrice qui exulte à la seule idée d'un improbable *impeachment* du pape, atteint un niveau de perfidie inédit, car pour la première fois, la colère théologique de ceux qui s'opposent aux ouvertures pastorales du pape argentin rejoint l'indignation de l'opinion publique pour l'amplitude des scandales de pédophilie des prêtres. Une tempête parfaite. Les soutiens de François remarquent qu'outre le front ecclésiastique émerge également un front politico-économique qui souhaite mettre le pape argentin le dos au mur. Les uns veulent saboter son réformisme ecclésiastique, les autres entendent écorner le prestige international de François, qu'ils qualifient de « communiste », car ils trouvent insupportable et néfaste son engagement contre les inégalités, l'économie financière prédatrice, la dégradation de l'environnement et son insistance sur la question des migrants. « Les positions de l'encyclique *Laudato si'* gênent. Certaines grandes entreprises du charbon et du pétrole ne veulent pas entendre ce genre de discours », affirme un cardinal membre du Conseil des neuf. Même le cardinal Kasper en est convaincu. « Il y a de l'argent derrière les attaques contre le pape. Car mener une action médiatique internationale, avec des textes traduits, ça a un coût. Ce pape est contre le capitalisme agressif, le néolibéralisme, les manœuvres des entreprises financières, alors il y a des groupes qui n'attaquent pas directement le pape, mais soutiennent les gens qui au sein de l'Église s'opposent à François[179]. » Pour les adversaires de Bergoglio, la *character assassination* esquissée dans le mémorandum de Viganò est plus que bienvenue.

Ce n'est pas un hasard si Steve Bannon s'est habilement inséré dans ces polémiques. François, affirme l'idéologue souverainiste dans diverses apparitions télévisées, ne doit pas démissionner, car « il est le vicaire du Christ sur terre », mais il ne devrait pas attendre plusieurs mois avant de réunir les présidents des conférences épiscopales : il est urgent d'instituer un tribunal indépendant de l'Église pour juger le clergé et les évêques. Bannon dresse la liste de ceux qui devront en faire partie : victimes d'abus, leurs représentants, des religieux, des experts de la hiérarchie ecclésiastique, « des laïcs provenant des milieux plus traditionnels et conservateurs du catholicisme », mais aussi des non-catholiques. L'objectif est limpide : s'emparer du sujet pour en faire un argument de bataille du front conservateur-populiste au sein de l'Église catholique.

Importer dans l'Église catholique l'esprit des campagnes électorales étasuniennes avec des techniques d'investigation visant à découvrir les points faibles de l'adversaire est l'objectif d'un groupe qui en septembre 2018 s'est présenté aux États-Unis avec un projet explosif : préparer un rapport sur les cardinaux

179. Entretien avec l'auteur.

papabiles, « papables », à faire circuler en vue du prochain conclave. Le groupe s'appelle *Better Church Governance Group* (Groupe pour une meilleure gouvernance de l'Église) et entend réunir un dossier sur chaque cardinal électeur et d'autres membres influents de la hiérarchie en indiquant nominativement – comme l'a déclaré son représentant Philip Nielsen – combien d'entre eux sont « crédiblement accusés en matière de scandale, d'abus et de dissimulation ». Tout en montrant qui au sein de la hiérarchie a combattu contre la corruption[180]. Ceux qui connaissent la fabrication des messages extrêmement violents (et pas nécessairement véridiques, ou confectionnés en mêlant sciemment des faits avérés et de fausses informations) qui circulent pendant les campagnes électorales étasuniennes savent ce que pourrait devenir un préconclave teinté par les « dossiers sur les calottes rouges » (*Red Hat Report*). Les enquêteurs, fait-on savoir aux États-Unis, sont déjà au travail.

En tout cas, la réponse officielle du Vatican au mémorandum de Viganò reste faible. La lettre que le cardinal Marc Ouellet – préfet de la Congrégation pour les évêques – a envoyée à l'ancien nonce quarante jours après l'explosion de l'affaire met en évidence l'embarras où se trouve le Vatican. Dès qu'il prend connaissance des preuves des abus sur mineurs de McCarrick, le pape l'expulse du Collège des cardinaux et ordonne un procès canonique. Mais Ouellet se trouve aux prises avec des problèmes liés à la structure de commandement des pontificats de Jean-Paul II et Benoît XVI. Le cardinal qualifie l'opération de Viganò de montage politique et invite l'ancien nonce à se repentir, mais il ne fournit aucune réponse précise. Il affirme qu'à l'époque il manquait des « preuves suffisantes de la culpabilité présumée » de McCarrick, ce qui semble cependant contredit par les informations transmises à la Secrétairerie d'État par les nonces Montalvo et Sambi en 2000 et 2006. Ouellet reconnaît par ailleurs que le Saint-Siège avait

180. T. Roberts, *National Catholic Reporter*, 01/10/2018.

adressé à McCarrick la « forte exhortation à ne pas voyager, à ne pas apparaître en public afin de ne pas provoquer d'autres rumeurs à son sujet[181] ». Finalement, le préfet de la Congrégation pour les évêques est contraint d'admettre que dans le cas de McCarrick, des défauts dans la procédure de sélection lui ont permis d'occuper les très hautes fonctions d'archevêque de Washington et de cardinal.

De fait, le règne de Jean-Paul II et celui de Benoît XVI n'en sortent pas grandis. Les témoignages sur la vie déréglée de McCarrick ont été ignorés ou minorés. Concrètement, sous le pontificat de Wojtyła, le secrétaire d'État Sodano et le secrétaire particulier du pape Dziwisz sont soupçonnés de s'être désintéressés des plaintes concernant la *dolce vita* homosexuelle de McCarrick. Par cette même attitude du « non-lieu », les deux personnages-clés du règne de Jean-Paul II ont empêché que soient rendus publics les abus commis par le cardinal de Vienne, Hans Hermann Groër, et par le fondateur des Légionnaires du Christ Marcial Maciel. La complaisance envers McCarrick sous le pontificat de Benoît XVI incombait au secrétaire d'État Bertone. C'est probablement la raison pour laquelle, en 2013, François n'a pas souhaité ouvrir ce sac de vipères jusqu'au moment où sont apparues des preuves d'abus sur mineurs.

Mais en cette dramatique année 2018, l'affaire Viganò et son tapage médiatique finissent tout de même par écorner l'image de Bergoglio, au-delà des détails de l'affaire. Le pape expérimente la violence de la guerre civile qui fait rage au sein de l'Église. C'est pour cette raison qu'à l'occasion du synode des jeunes, il demande aux fidèles de réciter pendant tout le mois d'octobre un rosaire spécial, invoquant la protection de la Vierge et de saint Michel contre « Satan et les autres esprits malins qui errent dans le monde pour la perdition des âmes ». Le recours à l'immédiateté de la religiosité populaire révèle chez Bergoglio un sentiment d'alarme aigu. Son discours de clôture du synode prend des

181. *Vatican news*, 07/10/2018.

accents dramatiques : à cause des péchés des fidèles, Satan erre de par le monde, « en ce moment il nous accuse fortement, et cette accusation se fait même persécution ». Mais l'Église, affirme le pape avec angoisse, ne doit pas se laisser salir. Ses fils pécheurs oui, mais pas la mère Église. Jamais pendant son pontificat François ne s'était montré si tourmenté. S'adressant aux plus de 250 évêques lors de la clôture du synode, le pape décrit une communauté ecclésiastique vulnérable : « C'est un moment difficile, parce que l'accusateur, à travers nous, attaque la Mère [l'Église], mais on ne doit pas toucher à la Mère[182]. »

Telle l'ombre de Banquo dans *Macbeth*, l'*omertà* ecclésiastique plane sur le pontificat. Le discours de Noël que tient François à la curie quelques semaines plus tard révèle sa conscience que le niveau de vigilance a été franchi. Le pape assure que l'Église remettra à la justice quiconque a commis de tels crimes et « ne cherchera jamais à étouffer ou à sous-estimer un cas[183] ». François remercie la presse pour son travail de dénonciation.

L'assurance de faire la pleine lumière vaut également pour le mémorandum de Viganò. Pendant les travaux du synode sur la jeunesse, un communiqué du Vatican avertit que « l'examen des faits et des circonstances pourrait faire émerger des choix [du passé] qui ne seraient pas conformes à l'approche actuelle de telles questions[184] ». François a très bien compris la tenaille vers laquelle le poussent ses adversaires : faire le procès du gouvernement d'un saint (Wojtyła) et de la gestion d'un pape émérite présent au Vatican, ou donner l'impression de garder le silence. « Nous suivrons la voie de la vérité, où qu'elle puisse nous mener[185] », a-t-il promis. Il sait que ses ennemis l'attendent au tournant, prêts à attiser le feu de l'opinion publique.

182. François, discours en conclusion de l'assemblée synodale, 27/10/2018.
183. François, discours à la curie, 21/12/2018.
184. Communiqué, Press Vatican, 06/10/2018.
185. *Ibid.*

C'est dans ce climat que s'ouvre au Vatican, le 21 février 2019, le sommet des présidents des conférences épiscopales du monde entier, auquel participent 190 personnes. Un sommet sur la pédophilie, sans précédent. Près de dix ans après l'appel de Benoît XVI à se concentrer sur les victimes, la plupart des épiscopats ne sont en effet pas sortis de l'inertie. Les lignes de conduite qu'avait alors réclamées le pape allemand aux épiscopats des différents pays sont extrêmement défaillantes. Il existe un fossé entre la politique de tolérance zéro mise en œuvre par François à Rome et la résistance passive en vigueur dans les périphéries du monde catholique, où on n'a aucune envie d'ouvrir le puits noir des abus sexuels. Hormis dans quelques pays (par exemple les États-Unis, l'Allemagne, la Grande-Bretagne, l'Autriche, la Suisse ou le Canada), l'immense majorité des conférences épiscopales n'a mis en place aucune structure où les victimes peuvent s'adresser pour dénoncer et obtenir justice et réparation. En Italie, sur deux cents diocèses, seul celui de Bolzano-Bressanone a mis sur pied en 2010 un système efficace. Très peu d'autres diocèses italiens ont bougé… et avec un fort retard.

Ce sommet est la première occasion où le Vatican reçoit des représentants des associations de victimes. Et pour la première fois, de nombreux évêques et cardinaux écoutent en personne ou en vidéo le récit des survivants. Comme les mots dramatiques d'une victime africaine : « Depuis l'âge de quinze ans, j'ai eu des relations sexuelles avec un prêtre […] Ça a duré treize ans […] Je suis tombée enceinte trois fois et il m'a fait avorter trois fois […] Chaque fois que je refusais d'avoir des rapports avec lui, il me frappait. » D'autres évoquent des évêques agressifs, sourds aux plaintes, et la loi du silence. La pédophilie est une bombe à retardement pour l'Église en Asie, affirme une victime, mais cette remarque vaut sur tous les continents pour l'institution ecclésiastique.

La conférence, ouverte par François qui présente un certain nombre de « points de réflexion », touche des questions concrètes. Le pape introduit lui-même le sujet le plus brûlant : « Établir des protocoles spécifiques pour la gestion des accusations contre les évêques ». Sur la base du rapport de monseigneur Scicluna, devenu secrétaire adjoint de la Congrégation pour la doctrine de la foi après le scandale du Chili, on évoque des guichets diocésains où porter plainte, l'implication d'experts laïcs pour évaluer les accusations, des procès rapides, les informations à fournir aux victimes sur la procédure, la révision du secret pontifical qui rend aujourd'hui encore secrètes les sentences. On affronte également le nœud de la dénonciation du violeur aux autorités judiciaires civiles. Pour la première fois, des femmes interviennent en qualité de rapporteuses : la sous-secrétaire au dicastère pour les laïcs Linda Ghisoni, la sœur nigériane Veronica Openibo et la journaliste mexicaine Valentina Alazraki. Cent cinquante voyages papaux au compteur, cinq papes suivis au cours de sa carrière, un ton toujours égal, Alazkari tient un discours implacable : « Si vous êtes contre ceux qui commettent des abus sexuels ou les couvrent, alors nous sommes exactement du même côté [...] Nous vous aiderons à trouver les pommes pourries [...] Mais si vous ne vous décidez pas de manière radicale à être du côté des enfants, des mères, des familles, de la société civile, vous avez raison d'avoir peur de nous, car nous serons vos pires ennemis. »

Ce sont trois journées intenses. Le cardinal Reinhard Marx, président de la Conférence épiscopale allemande et membre du Conseil des neuf, insiste en coulisse pour arriver à un document final contraignant pour les évêques présents. Marx souligne lui aussi l'importance de mettre en place un système de surveillance pour vérifier que les diocèses créent et fassent fonctionner les structures nécessaires. Face à l'assemblée, le cardinal évoque la pratique honteuse de détruire des documents pour couvrir les coupables.

Arrive le 24 février. Lors de la messe solennelle dans la salle royale du palais apostolique, l'homélie du président de la Conférence épiscopale australienne, Mark Benedict Coleridge, invoque une « révolution copernicienne ». Dans le silence, l'évêque scande : « Pour nous, c'est la découverte que ceux qui ont été violés ne tournent pas autour de l'Église, mais que l'Église tourne autour d'eux. »

Pour finir, le pape prend la parole. Ceux qui s'attendaient à un discours allant droit au but comme la *Lettre au peuple de Dieu*, écrite en août 2018 après les affaires du Chili et de Pennsylvanie, sont déconcertés. À l'époque, Bergoglio avait parlé de « tolérance zéro et des façons de rendre compte de la part de tous ceux qui commettent ou dissimulent ces délits ». Six mois plus tard, devant les évêques du monde entier, le pape n'évoque plus ce mot-clé. Son discours s'égare, traite les abus sexuels comme un phénomène mondial, en particulier au sein des familles, évoquant d'autres maux génériques comme la pédopornographie, le tourisme sexuel, la prostitution des mineurs, les enfants malnutris, les enfants-soldats, les enfants victimes du monstrueux trafic d'organes. Le pape évoque Satan, l'« esprit du mal » (ce qui reflète sa conviction profonde que la bestialité humaine n'est pas un principe abstrait, mais la soumission à l'impulsion d'un véritable être démoniaque), mais ce n'est pas ce que l'opinion publique attendait.

François suscite en premier lieu la déception des associations de victimes en ne concluant pas le sommet épiscopal par un catalogue clair de mesures qui, après de si longues années, doivent être prises dans les Églises locales. Certains passages de son discours font allusion au changement pour lequel il se bat depuis des années. Quand il assure par exemple que l'Église n'épargnera pas ses efforts pour « faire tout ce qui est nécessaire afin de livrer à la justice *quiconque* aura commis de tels délits. L'Église ne cherchera jamais à étouffer ou à sous-estimer aucun cas[186] ». François souligne l'urgence de mettre en place des normes internes précises et non des orientations générales. Mais tout est remis à plus tard. Le Vatican annonce que des groupes d'experts seront envoyés dans les conférences épiscopales les moins bien équipées pour les aider

186. François, discours de conclusion de la rencontre « La protection des mineurs dans l'Église », 24/02/2019.

à établir les normes. La Congrégation pour la doctrine de la foi, confie monseigneur Scicluna, fait circuler un vade-mecum dans les diocèses. Cependant, au retour de son voyage au Panama, François avait déclaré qu'il fallait établir « des programmes, des généralités, mais qu'ils arrivent à toutes les conférences épiscopales : ce que doit faire l'évêque [...] ; ce que doit faire le président de la conférence épiscopale. Mais que ce soit clair, de manière telle qu'il y ait – disons-le en termes un peu juridiques – des protocoles qui soient clairs[187] ».

Le sommet se termine sans instructions officielles. Il n'y a même pas d'engagement solennel de la part des présidents des conférences épiscopales venus à Rome. Les résultats des travaux de groupe ne sont pas publiés. Le père Federico Lombardi, modérateur du sommet, annonce un *motu proprio* papal sur la lutte contre les abus sexuels à la curie et dans l'État de la Cité du Vatican, et de nombreux observateurs ne comprennent pas pourquoi le pape émet un décret pour combattre la pédophilie dans son État sans publier d'indications valides pour l'Église entière. Les réactions des associations de victimes présentes à Rome lors de diverses manifestations sont très dures. *Le Monde* résume leur colère dans un article intitulé : « Du blabla, aucune crédibilité », le *Washington Post* rapporte que le pape appelle à une bataille contre les abus sexuels « mais n'entre pas dans les détails ». En Allemagne, l'édition en ligne du *Spiegel* cite le commentaire de l'expert en droit ecclésiastique Thomas Schüller, de l'université de Münster, selon qui le sommet constitue une occasion manquée. La composition du discours du pape révèle une difficulté liée aux équilibres précaires au sein de l'Église dans la phase finale du pontificat. La longue liste des maux du monde a le goût d'un geste pour se défendre du front conservateur, un marécage où l'on se plaint depuis toujours qu'on ne vise « que » les abus dans l'Église. La pique de Bergoglio envers la presse est également singulière. À Noël, il vantait son

187. François, conférence de presse, 27/01/2019.

rôle devant les cardinaux. Au sommet mondial des présidents des conférences épiscopales, il évoque les médias de masse en parlant de « politiques journalistiques qui instrumentalisent souvent ».

Pour un maître en communication tel que Bergoglio, la conclusion du sommet n'est pas un succès médiatique. Un mois plus tard, cependant, le pape se remet en marche. À travers un certain nombre de documents, il établit les règles pour la curie et l'État de la Cité du Vatican. Un référent pour la protection des mineurs et des personnes vulnérables est créé. Le personnel du Vatican et les opérateurs pastoraux reçoivent l'obligation de signaler les abus sexuels aux autorités judiciaires du Vatican. La victime doit être protégée de « toute intimidation ou rétorsion ». Le coupable doit être démis et aidé à travers une réhabilitation psychologique et spirituelle[188].

Ces crimes sont passibles de poursuites immédiates. Un centre d'écoute est mis en place. Des sanctions sont prévues contre quiconque omet ou retarde une dénonciation. Mais ce n'est pas tout. Le pape commence à démanteler le mur de silence qui a toujours entouré les procédures sur les abus sexuels. Les victimes et leurs défenseurs peuvent solliciter des enquêtes spécifiques et fournir des preuves de manière autonome. Mais surtout, ils ont le droit d'être informés sur « l'issue de chaque phase de la procédure » et sur les peines restrictives infligées au coupable[189].

Le 7 mai 2019, François publie enfin un *motu proprio* sur les abus sexuels avec des indications pour tous les diocèses du monde. Il exige dans l'année la création de bureaux et de systèmes facilement accessibles au public, où l'on peut porter plainte. Il impose aux prêtres, aux religieux, aux membres des instituts de vie consacrée ou des sociétés de vie apostolique de dénoncer tout abus. Il

188. François, *Lignes de conduite pour la protection des mineurs et des personnes vulnérables*, 26/03/2019.
189. François, loi CCXCVII sur la protection des mineurs et des personnes vulnérables, 26/03/2019.

révoque le devoir de réserve des plaignants et interdit toute mesure de rétorsion contre eux. Il considère comme un comportement criminel les « actions ou omissions directes visant à interférer ou éluder des enquêtes civiles ou des enquêtes canoniques » contre un clerc ou un religieux suspecté d'abus sexuels[190].

Ce document, intitulé *Vos estis lux mundi*, définit également la procédure à adopter à l'encontre des évêques, cardinaux ou patriarches coupables d'abus ou d'omissions. Le métropolite de la province ecclésiastique a le devoir d'informer diligemment les dicastères compétents du Vatican des signalements concernant un évêque. En moins de trente jours, le dicastère vatican est chargé de donner ses instructions sur la manière de procéder. En moins de quatre-vingt-dix jours, sauf prorogation, le métropolite présente au Vatican le résultat de son enquête pour que la décision définitive soit prise par le dicastère compétent.

D'ici l'été 2020, toutes les conférences épiscopales du monde doivent s'engager à organiser un système efficace pour lutter contre les abus sexuels et l'*omertà*. Un vaste pari. Un danger se profile pour le pape. Si le système d'écoute des victimes n'est pas réellement mis en place partout, tout scandale qui éclatera à l'avenir dans n'importe quelle partie du monde catholique ne touchera pas seulement les évêques locaux, mais risque d'éclabousser François.

Pour encourager davantage les évêques de tous les pays, le pape conclut donc l'année 2019 en publiant un document explosif dans lequel il abolit le secret pontifical pour les procès ecclésiastiques concernant des abus sexuels. Dorénavant, les victimes auront le droit d'être informées de l'avancement du procès et de sa conclusion. Le plaignant, la victime et les témoins ne sont plus soumis à « aucune obligation de silence » par rapport au déroulement du procès. Plus important encore : les dénonciations, les témoignages, les actes des procès et les jugements contenus dans les archives du Vatican et

190. François, *Vos estis lux mundi*, 07/05/2019.

de chaque diocèse seront accessibles aux autorités judiciaires des États.

D'un trait de plume, les murailles qui ont favorisé des siècles de silence s'écroulent[191].

191. P. Parolin, instruction « Sur le secret des procès », 06/12/2019.

7
Dans la cage de la curie

De temps à autre, François fuit le Vatican et sort s'acheter une paire de chaussures, ou de nouvelles lunettes. Plus rarement, il prend une demi-journée pour une visite surprise dans les montagnes près de Rieti. Il s'arrête pour prier dans un sanctuaire ou regarde le paysage, concentré en méditation. « On sent qu'il cherche des moments de silence absolu », dit l'évêque Domenico Pompili. Il a dû abandonner l'idée de se promener presque incognito dans Rome et d'aller manger une pizza. Impraticable.

Pour Bergoglio, le Vatican a toujours été une cage, et la curie encore plus. Cardinal, il cherchait à venir le moins possible à Rome, il savait que les évêques argentins les plus conservateurs médisaient de lui dans les bureaux du Vatican. En tant que pape, il est contraint à vivre dans sa capitale murée et à diriger une « machine » pour laquelle il éprouve peu de sympathie.

« Faire des réformes à Rome, c'est comme nettoyer le Sphinx d'Égypte avec une brosse à dents », s'est-il exclamé face à la curie à la veille de Noël 2017. L'image est celle du cardinal François-Xavier de Mérode, grand conseiller de Pie IX. Démonter le harnachement monarchique et absolutiste de la papauté, faire de l'Église une authentique communauté, décentraliser, valoriser les évêques dans leurs diocèses et dans les conférences épiscopales, tel est l'objectif de François. Recréer la chaleur d'une Église participative et non bureaucratique, où les évêques ne sont pas des princes et où les prêtres se libèrent du narcissisme empreint de sacralité, voilà son rêve. Une Église conçue comme le peuple de Dieu qui « marche ensemble » sur les chemins de l'histoire, des hommes et des femmes de toutes cultures et de tous horizons unis comme « les membres du corps du Christ », à commencer par ceux qui sont mis de côté et piétinés. C'est l'image qu'il répète lors du synode sur la jeunesse, qui a lieu dans la sixième année de son pontificat[192]. Le pape argentin aime l'instrument du synode. Parce qu'il veut une Église conciliaire, où les évêques collaborent avec le pape pour guider la communauté catholique, sans être les préfets d'une lointaine province qui attendent leurs ordres de Rome.

« François avance en zigzag, mais il sait où il va », confie un membre de la curie. Son travail est ciblé. À petits pas, il commence à desserrer la centralisation absolutiste sur laquelle s'est bâtie l'Église catholique pendant le dernier demi-millénaire et que même le concile Vatican II n'était pas parvenu à entamer. La décentralisation a commencé dans le confessionnal. À l'époque du jubilé de la miséricorde (en 2016), le pape donne à tous les prêtres, même aux schismatiques lefebvristes, la capacité d'absoudre du péché d'avortement : plus besoin de l'autorisation spéciale réservée à l'évêque et uniquement accordée à certains prêtres. La même année, avec l'exhortation apostolique *Amoris lætitia*, François confie aux confesseurs la possibilité de donner aux divorcés remariés le droit d'accéder à la communion. La brève note 351 du document a libéré de nombreux curés : « Avant, nous devions marcher sur la corde comme des funambules », disent des prêtres de toute l'Europe.

L'*Amoris lætitia* contient l'affirmation d'un principe important pour laisser respirer les Églises locales et ne pas les maintenir

192. Synode des évêques, XVe assemblée, document final, 27/10/2018.

perpétuellement dans une position de sujets. « Je tiens à répéter que toutes les discussions doctrinales, morales ou pastorales ne doivent pas être résolues par une intervention du magistère », déclare le pape. Tout ne doit pas advenir sur ordre de Rome. « Bien entendu, dans l'Église une unité de doctrine et de praxis est nécessaire, mais cela n'empêche pas que subsistent différentes interprétations de certains aspects de la doctrine ou certaines conclusions qui en dérivent. [...] En outre, dans chaque pays ou région, peuvent être cherchées des solutions plus inculturées, attentives aux traditions et aux défis locaux[193] », ajoute-t-il. C'est la responsabilité des évêques du monde entier.

Dans les faits, cette invitation à agir avec davantage de liberté a provoqué des réactions contrastées. La Conférence épiscopale argentine a adopté des directives qui autorisent la communion aux divorcés remariés (et le pape les a expressément approuvées). D'autres épiscopats se sont prononcés dans le même sens. Les dirigeants de la Conférence épiscopale italienne ont décidé en 2016 de ne pas s'exprimer, bien que discrètement sollicités par certains évêques, dont Bruno Forte, secrétaire spécial des deux synodes sur la famille. Ainsi, à Florence, le cardinal Giuseppe Betori a fait distribuer dans son diocèse des « Instructions pour les confesseurs, dans le sillon de la tradition catholique », élaborées par son prédécesseur le cardinal Ennio Antonelli, ancien président du Conseil pontifical pour la famille, qui en règle générale (mais non absolue) lient la communion pour les divorcés remariés à l'engagement à l'abstinence sexuelle. En revanche, la Conférence épiscopale régionale de Campanie affirme, dans un document officiel, que l'*Amoris lætitia* « ouvre la possibilité » de l'eucharistie pour les divorcés remariés, lesquels ne devront plus se soumettre aux interdits qui existaient sous les pontificats précédents : dans leur paroisse, ils pourront être catéchistes, lecteurs lors de la célébration de la messe, membres des conseils pastoraux ainsi qu'enseignants

193. François, *Amoris lætitia*, 19/03/2018.

de religion dans les écoles. Les applications sont variables dans tous les diocèses du monde. Une situation en taches de léopard, inhabituelle pour ceux qui avaient l'habitude de voir le monde catholique gouverné comme un mécanisme d'horloge. Mais c'est le prix que la stratégie de Bergoglio doit payer pour introduire de difficiles changements.

Un pas important vers la décentralisation et la rupture avec l'absolutisme romain est franchi lors de la décision de François de concéder aux évêques locaux, et donc à n'importe quel prélat de n'importe quelle partie du monde, la faculté – dans des cas précis – de déclarer nul un mariage. Une preuve tangible que tout ne doit pas se décider à Rome. L'annonce que dans les procès pour pédophilie, si l'abus est prouvé, la sentence de première instance (donc au niveau national) sera valide sans avoir besoin de faire appel au pape va dans le même sens. Autant de pas vers une réelle mise en application du concile Vatican II, qui avait rappelé que les évêques aussi étaient « vicaires du Christ » et qu'il fallait donc rendre concret le principe de collégialité dans l'Église.

C'est dans cette même perspective que s'inscrit le choix du pape de laisser aux conférences épiscopales nationales la responsabilité des textes liturgiques. À plusieurs reprises ces dernières décennies, la traduction d'un chant ou d'une prière avait fait l'objet d'épuisants allers-retours de communications et de tractations entre les évêques d'un pays et la Congrégation pour le culte au Vatican. François a résolu la question : plus besoin que la révision du texte (*recognitio*) soit effectuée à Rome. Il suffit d'une approbation finale (*confirmatio*). Quand le préfet de la Congrégation pour le culte, le cardinal Robert Sarah, tente de dire qu'au fond rien ne change dans le système et que Rome continuera de réviser attentivement les traductions, François réagit avec dureté en adressant à Sarah une lettre publique de désaveu, où il insiste sur le fait qu'il veut être compris « clairement je l'espère [...] pour éviter tout malentendu ». Il n'y aura plus de la part du Vatican d'examen détaillé mot à mot des textes liturgiques traduits, mais seulement une ratification (sauf cas exceptionnels). Un point c'est tout.

François prie le cardinal Sarah de communiquer cette lettre papale à toutes les conférences épiscopales[194]. Une gifle sans précédent pour un cardinal de curie.

Recognitio ou *confirmatio* peuvent sembler des subtilités linguistiques, mais dans un système comme celui du catholicisme, bâti avec une extrême précision juridique siècle après siècle, chaque virgule qui accorde une plus grande autonomie aux Églises locales en s'éloignant du modèle monarchique impérial est la marque d'une transformation significative. « La grande nouveauté du pontificat de François est que maintenant, la parole d'un petit cardinal du Vatican n'est plus automatiquement perçue comme un ordre », explique un prêtre qui fréquente assidûment le palais apostolique.

Les gardiens du centralisme romains sont toujours en alerte. Quand, en 2018, la Conférence épiscopale allemande décide à la grande majorité d'autoriser sous certaines conditions qu'un conjoint protestant puisse recevoir la communion avec son conjoint catholique, la rébellion de sept évêques allemands, dont le cardinal de Cologne Rainer Maria Woelki, a contraint François à marquer un coup d'arrêt. Après avoir invité à trouver une solution unitaire, le pape a fait écrire une lettre par le nouveau préfet de la Congrégation pour la doctrine de la foi, l'archevêque (puis cardinal) Luis Francisco Ladaria, dans laquelle le texte de la proposition de l'épiscopat allemand est qualifié de « pas mûr pour la publication ». Pourtant, alors même qu'il entrave l'autonomie d'une conférence épiscopale, François ne renonce pas à valoriser la responsabilité personnelle de l'évêque local. Il reviendra cependant aux évêques individuels de décider dans son diocèse des cas de « grave nécessité », qui permettent déjà selon le Code de droit canonique de procéder à l'intercommunion. « C'est entre ses mains », cela fait partie de sa compétence, déclare expressément le

194. *Zenit*, 23/10/2017.

pape[195]. Il faudra des années pour que ces ouvertures deviennent pratiques courantes, mais la voie de la décentralisation est ouverte.

Six ans après son élection, les relations ne sont pas idylliques entre la curie et le pontife venu du bout du monde. « Face à un prophète, l'institution fait la sourde oreille », note le jésuite Bartolomeo Sorge, ancien directeur de *La Civiltà cattolica*, en référence au difficile équilibre entre le pape et la structure ecclésiastique. Au fil du temps, de manière croissante, François a fustigé les rangs supérieurs de l'Église. En 2014, il surprend les cardinaux en énumérant quinze maladies dont seraient atteints les « curiaux » : soif de pouvoir, cœur de pierre, carriérisme, double vie, accumulation de biens matériels ou encore Alzheimer spirituel[196]. En 2016, il dénonce les résistances cachées qui prospèrent dans les cœurs apeurés et malades d'« opportunisme », et cloue au pilori les « résistances malveillantes, qui germent dans des esprits déformés » : des personnes inspirées par le diable, déguisées en agneaux, qui s'essoufflent à invoquer la tradition[197]. L'année suivante, il évoque le cancer des « complots et des petits cercles » et le danger que représentent les traîtres et les profiteurs[198]. L'opinion publique est excitée, comme si elle assistait à un spectacle : l'empereur qui empoigne le fouet et maltraite ses courtisans. Mais ce n'est pas bon signe quand, année après année, le dirigeant d'une grande organisation se heurte à ses cadres. Cela signifie que quelque chose ne va pas, que le mécanisme de gouvernement dysfonctionne. Cela signifie qu'il n'existe pas un rapport fluide ni de syntonie.

La curie n'a pas réagi à ces remontrances par une conversion, mais avec mécontentement, agacement, confusion et – même parmi les soutiens de Bergoglio – une certaine perplexité. « Les passages de savon ? On n'en parle pas beaucoup, commente un

195. François, conférence de presse, 21/06/2018.
196. François, discours à la curie, 22/12/2014.
197. François, discours à la curie, 22/12/2016.
198. François, discours à la curie, 21/12/2017.

vieux cardinal. Et puis quand le pape parle au micro placé pour la télévision, on n'entend pas très bien ce qu'il dit. Alors peut-être que la caméra nous filme pendant que quelqu'un soupire, qu'un autre se mouche ou regarde autour de lui... » Un membre de la curie avec des dizaines d'années d'expérience réplique, piqué : « Qu'est-ce que ça veut dire, la curie ? La chapelle papale, c'est la curie ? Le gouvernorat, c'est la curie ? Qu'est-ce que c'est, cette expression vague et générique ? Si quelques cardinaux se comportent mal, le pape peut les renvoyer. Mais, dit comme ça, on croirait que nous correspondons tous à sa description. » Nul n'est prophète en son pays et, en coulisse, on peut entendre des cardinaux persifler le charisme de François : « Oui, oui, une année il liste les maladies, et l'année suivante il nous donne les médicaments. »

C'est un fait, la machine du Vatican n'avance pas de manière compacte derrière le pape argentin. En juin 2019, après avoir réuni autour de lui les nonces du monde entier, François est contraint de rappeler que le rôle de représentant pontifical est inconciliable avec l'attitude consistant à « critiquer le pape derrière son dos », à tenir des blogs opposés à sa ligne « ou même de s'unir à des groupes qui lui sont hostiles, à la curie et à l'Église de Rome »[199].

En cette deuxième mi-temps du pontificat de Bergoglio, la curie romaine est un animal irrité. Presque personne ne veut parler ouvertement. On commente à voix basse, on s'exprime sous couvert d'anonymat. De cette manière, il ne restera sur la scène que François et ses adversaires déclarés, illustrant l'image d'une rupture au sommet de la hiérarchie. Le reste n'est que silence inquiet, où l'on s'exprime à demi-mot. Ceux qui sont favorables aux réformes préfèrent ne pas s'exposer, car François souhaite faire baisser le ton des polémiques pour ne pas accentuer les divisions. Le grand marécage, constitué par ceux qui ne sont ni d'un bord ni de l'autre, se tient par habitude loin des interventions publiques. « Ils vont où le vent les pousse », se moquent les soutiens de

199. François, rencontre avec les nonces apostoliques, 13/06/2019.

Bergoglio. Les plus critiques, hostiles à la ligne de Bergoglio, se taisent. « Après le renvoi du cardinal Müller, personne n'a plus le courage d'exprimer ses doutes, explique un membre de la curie idéologiquement proche de Ratzinger. Parce que, ensuite, "il" inflige des représailles. » En réalité, le pape Bergoglio est critiqué par ses soutiens pour la raison inverse : ne pas avoir renvoyé la vieille garde choisie par Benoît XVI. « Il se laisse toujours émouvoir, il ne veut pas heurter la sensibilité de son prédécesseur », disent-ils. Il est cependant tout aussi vrai que, dans le petit monde de la curie, le pape répand la rumeur qu'il connaît la moindre poche d'opposition. « Ils se réunissent ici, se rencontrent là, mais je sais tout », fait-il savoir. D'autre part, il n'aime pas non plus les adulateurs, les « lèche-bottes », comme il les appelle.

Un pas après l'autre, François introduit une série de réformes dans le corps central de l'Église. Il simplifie les structures de la curie. De nombreux conseils pontificaux créés par Paul VI et Jean-Paul II ont été regroupés en deux grands organismes : le dicastère pour les laïcs et le dicastère pour le développement humain intégral, dont fait également partie la section dédiée aux migrants sous la supervision directe du pape. Deux dicastères au lieu de six conseils signifient deux cardinaux au lieu de six, ce qui réduit l'excès de pourpre. Pour une meilleure sélection du corps diplomatique du Vatican, toujours plus important dans la société mondialisée, François a créé une troisième section de la Secrétairerie d'État.

Le pape rationalise encore. Le nouveau dicastère pour la communication unifie l'activité de Radio Vatican, de *L'Osservatore romano*, de l'imprimerie vaticane et de l'ancien conseil des communications sociales. Mais il reste encore beaucoup à faire. L'extrême numérisation de Radio Vatican, voulue par son premier préfet Dario Viganò, ne semble pas avoir été un choix heureux. La grande nouveauté est qu'en 2018, le pape appelle un laïc à diriger le dicastère de la communication, Paolo Ruffini, journaliste professionnel avec une grande expérience de la presse papier et de la télévision italienne avant de diriger la télévision et la radio de la CEI. Sa nomination au poste de préfet du dicastère ouvre symboliquement la voie à l'entrée de laïcs – hommes et femmes – au sommet du gouvernement du Vatican. Peu après, le pape renouvelle la direction de *L'Osservatore romano*, qu'il confie à Andrea Monda, professeur universitaire de religion et essayiste (et coauteur avec ses étudiants des méditations pour la *Via crucis* de 2018), et crée le poste de directeur éditorial dans le cadre du dicastère pour la communication, qu'il confie au journaliste spécialiste du Vatican et écrivain Andrea Tornielli.

Le changement de garde à *L'Osservatore romano* – sans que le directeur Giovanni Maria Vian reçoive aucun préavis ni aucune explication – provoque cependant une secousse : la démission en masse de toute la rédaction du supplément mensuel *Donne, Chiesa, Mondo* (« Femmes, Église, Monde »), menée par l'historique Lucetta Scaraffia. L'équipe, entièrement féminine, craignait pour son indépendance. Dans une lettre adressée directement au pape, Scaraffia dénonce l'encerclement produit par « un climat de méfiance et de délégitimation progressive ». La curie profonde, qui n'avait jamais toléré l'indépendance du supplément féminin, est entrée en alerte quand *Donne, Chiesa, Mondo* a dénoncé ouvertement les abus de pouvoir commis par l'Église contre les femmes. Lucetta Scaraffia le rappelle explicitement à François : « Ce n'est pas nous qui avons parlé en premier, comme nous aurions peut-être dû, des graves dénonciations d'exploitation que de nombreuses femmes consacrées ont subie (tant par le service subordonné que par les abus sexuels), mais nous l'avons raconté après que les faits ont émergé, grâce à de nombreux médias. Nous ne pouvions plus nous taire. Il nous semble à présent que [...] l'on retourne à l'ancienne et aride coutume des choix par le haut, sous contrôle masculin direct, de femmes réputées fiables[200]. » Le nouveau directeur, Andrea Monda, qui entendait participer à la

200. L. Scaraffia, lettre au pape François, *La Repubblica*, 26/03/2019.

programmation du supplément, assure que le mensuel poursuivra sa publication.

Vient ensuite une petite réforme qui tenait beaucoup à cœur à François, qui ne concerne pas les structures de l'Église et qui est liée à la valeur qu'il attribue à chaque être humain : la réforme du catéchisme concernant la peine de mort. Le catéchisme révisé par Jean-Paul II l'admettait encore dans des situations exceptionnelles même si, disait-il en conclusion, les cas de nécessité absolue d'une exécution étaient devenus « très rares, voire carrément inexistants ». François referme ce chapitre : le nouveau catéchisme affirme que « la peine de mort est inadmissible, car elle attente à l'inviolabilité et à la dignité de la personne ». Un signal volontaire pour les États qui prévoient encore l'usage de la peine capitale.

Les cardinaux qui élurent Bergoglio en 2013 réclamaient un changement dans le domaine des finances du Vatican. Le pape François s'est immédiatement attelé à la tâche. Au cours des années suivantes, l'assainissement de la banque vaticane, l'IOR, s'est poursuivi : 4935 comptes courants ont été fermés. Il n'y a plus de place pour les portefeuilles provenant du monde politique ou pour les financiers qui n'ont rien à voir avec les œuvres religieuses ou philanthropiques.

Plus de comptes anonymes ou cryptés, plus de comptes ouverts aux familles des ecclésiastiques. Il existe des dispositions rigides pour l'usage de liquidités et des procédures précises pour signaler les opérations suspectes. Un système de règle est en vigueur au sein de l'IOR pour surveiller les flux d'argent en lien avec le « profil » du client (un prêtre, un ordre religieux, un évêque, un cardinal). Le Vatican a signé la convention de l'Onu contre la corruption. L'Autorité d'information financière (AIF) a vu, dès la première année du pontificat, ses pouvoirs de vigilance renforcés. Concernant l'IOR, elle peut si nécessaire suspendre des transactions opaques ou geler des comptes courants à l'activité suspecte. Le Vatican a signé avec de nombreux États des accords de coopération judiciaire afin de lutter contre la criminalité financière.

Malgré cela, les autorités vaticanes ont conscience qu'une « frontière ouverte » comme celle de la cité-État papale permet des opérations peu transparentes. Un écart est également apparu entre les opérations irrégulières signalées par l'AIF et l'ouverture effective de procédures contre les contrevenants. Cependant, la condamnation pour blanchiment d'argent prononcée par le tribunal du Vatican contre l'entrepreneur Angelo Proietti, qui jusqu'en 2014 détenait plusieurs comptes courants à l'IOR, constitue un signal important. Une peine de deux ans et six mois (que Proietti évite, car il réside en Italie) assortie de la confiscation très concrète d'un million d'euros, saisis par l'AIF dès 2014. Cette affaire met en évidence la mauvaise pente que suivait le système avant la réforme. Proietti avait remporté plusieurs appels d'offres auprès de diverses institutions vaticanes et pendant la décennie 2004-2014, plus de neuf millions d'euros de sortie, principalement en liquide, avaient été enregistrés sur ses comptes IOR[201].

Le pape est également intervenu quand le président de l'IOR, le Français Jean-Baptiste de Franssu, fort de son expérience d'*asset management* au niveau international, souhaitait mener une politique d'investissement plus dynamique. François l'a freiné. Le pape préfère que l'Institut pour les œuvres religieuses fasse uniquement office de banque de services.

Pour réformer le fonctionnement de l'APSA (Administration du patrimoine du siège apostolique), qui fait fonction de banque centrale au Vatican au même titre que la Federal Reserve ou la Banque d'Italie, le pape nomme à sa présidence un homme de toute confiance: l'évêque Nunzio Galantino, qui a été pendant quatre ans son intermédiaire direct avec la Conférence épiscopale italienne dont il était secrétaire général. En effet, l'APSA possède des terrains et des biens immobiliers estimés entre trois et quatre milliards d'euros. Les biens du Vatican devront servir aux organismes ecclésiastiques engagés dans « des projets en faveur

---

201. P. Rodari, *La Repubblica*, 28/12/2018.

des défavorisés et des plus pauvres », explique Galantino dès sa prise de fonction. Le scandale de 2015 est encore vif, quand on découvrit qu'il existait à l'APSA, en toute irrégularité, des comptes chiffrés au nom du financier italien Giampietro Nattino, qui les avait utilisés pour transférer deux millions d'euros vers des banques suisses. Rigueur, transparence et publicité des comptes sont les piliers du programme annoncé par Galantino. Des principes difficiles à mettre concrètement en œuvre au Vatican.

François a ensuite créé la Secrétairerie pour l'économie afin d'établir des standards de transparence et de régularité identiques pour les finances de toutes les administrations vaticanes. Il place à sa tête le cardinal australien George Pell, qui en peu de temps se fait de nombreux ennemis en raison de son caractère direct, son franc-parler et la manière impérieuse avec laquelle il exigeait des informations par e-mail. Le « Ranger », comme l'appelait Bergoglio, n'a pas hésité à raconter que, pour solder l'embarrassante affaire des lettres de patronage remises par le président de l'IOR de l'époque, Paul Marcinkus, au financier Roberto Calvi (afin d'éviter la faillite, qui eut lieu plus tard, de la banque Ambrosiano), le Vatican avait dû payer bien plus que ce qui avait été publiquement annoncé. Calvi ayant été retrouvé pendu au Blackfriars Bridge de Londres en 1982, ses créanciers internationaux avaient énergiquement frappé à la porte du Saint-Siège, qui s'en était sorti en annonçant un paiement « volontaire » de 260 millions de dollars. En ouvrant les tiroirs de la Secrétairerie d'État, Pell a révélé que la somme versée par le Saint-Siège se montait en réalité à 400 millions de dollars. Lancé sur la voie de la transparence, le rude cardinal australien avait également rendu publique l'existence d'un fonds secret de plusieurs centaines de millions de dollars à disposition de la Secrétairerie d'État.

Cependant, en juin 2017, le cardinal tant détesté par les potentats du Vatican occupés à défendre leurs propres fiefs doit précipitamment abandonner le terrain pour retourner en Australie, où il fait face à plusieurs procès : d'abord pour le soupçon d'avoir couvert des abus quand il était archevêque de Melbourne, et ensuite pour répondre à l'accusation d'avoir personnellement commis des actes de pédophilie. François met le cardinal en congé provisoire, bien que personne à la curie ne croie au retour de Pell. Le secrétaire général du dicastère, monseigneur Alfred Xuereb (homme de confiance du pape), a lui aussi délaissé ses fonctions pour remplir celles de nonce en Mongolie et en Corée du Sud. Le fait que le pape n'ait pas nommé de vice-préfet à la Secrétairerie pour l'économie suscite chez beaucoup la crainte que, dans le labyrinthe des administrations vaticanes, les opérations de transparence ne soient ralenties. D'autant plus que la même année, 2017, marque un grand pas en arrière par rapport à une autre innovation importante de François dans le secteur financier.

En 2014, le pape avait institué la fonction de réviseur général des comptes du Vatican. Il en avait approuvé les statuts en 2015. La même année, il nomme à ce poste un professionnel aux compétences indiscutables, Libero Milone. Une personnalité de formation anglo-saxonne, qui a occupé des positions importantes dans la société de révision et de consulting Deloitte et chez Fiat Industrial, Indesit, Wind, Falck. La mission que lui confie le pape consistait à vérifier en toute indépendance la situation patrimoniale et financière de tous les dicastères du Saint-Siège, des entreprises qui lui sont liées ainsi que de l'État du Vatican, et de mettre en évidence d'éventuelles anomalies quant à « l'emploi des ressources financières [...] l'irrégularité de la tenue des comptes [...] l'irrégularité de la concession des appels d'offres ou de contrats de services externes et dans la réalisation de transactions ou d'aliénations[202] ». Une tâche délicate qui exige de manier des documents brûlants.

Moins de trois mois après sa nomination, le réviseur général signale à la gendarmerie du Vatican que des inconnus ont pénétré dans son bureau pour tenter de s'emparer du disque dur de son

202. François, « Statuto Ufficio Revisore Generale », Press Vatican, 22/02/2015.

ordinateur portable. Cela marquera le début de l'affaire Vatileaks 2, une nouvelle série de documents confidentiels du Vatican diffusés dans les médias de masse. Lors de la création du poste de réviseur général, les indications de François avaient été claires : dans un certain nombre de documents publiés pendant les premières années de son pontificat, le pape répète que les biens possédés par l'Église sont principalement destinés au culte, à « l'honnête sustentation » du clergé, à l'apostolat et aux œuvres de charité au service des pauvres[203].

De but en blanc, le 19 juin 2017, Milone est licencié. Son renvoi est déguisé en démission volontaire. En réalité, ce jour-là, Milone a rendez-vous avec le numéro trois du Vatican, monseigneur le substitut Angelo Becciu, pour des questions professionnelles. Becciu le reçoit froidement et lui annonce que le rapport de confiance avec le pape est rompu et que François exige sa démission. Milone demande à s'entretenir avec le pape, mais on l'en empêche, il est transféré au siège de la gendarmerie du Vatican où, comme il le racontera par la suite, le commandant Giandomenico Giani « me hurla au visage que je devais tout dire, avouer ». On lui montre deux factures, dont l'une porte une signature griffonnée (que Milone rejette comme fausse). Des factures de 28 000 euros, affirme Milone, pour des « enquêtes d'environnement afin de nettoyer les bureaux d'éventuels micros-espions ». Face à la menace de l'arrestation, le réviseur accepte de démissionner. Tout a déjà été organisé. Milone remarque que, dans un premier temps, on lui soumet une lettre de démission datée du 12 mai, soit cinq semaines plus tôt[204].

Par la suite, l'ancien réviseur tente de contacter François par un canal confidentiel, et lui envoie une lettre où il explique se sentir victime d'un coup monté. Il ne reçoit aucune réponse. Mais quand il tente d'alerter l'opinion publique pour protéger sa réputation,

203. François, *I beni temporali*, 04/07/2016.
204. M. Franco, *Corriere della Sera*, 12/09/2017.

la réaction officielle du Saint-Siège est très dure. D'abord un communiqué, puis une déclaration de monseigneur Becciu qui l'accuse publiquement d'espionnage et de péculat, faisant remarquer : « Il a enfreint toutes les règles et espionnait la vie privée de ses supérieurs et du personnel, moi compris. S'il avait refusé de démissionner, nous l'aurions poursuivi au pénal[205]. » Milone travaillait à trois dossiers très importants : l'analyse préliminaire des données patrimoniales, financières et économiques du Saint-Siège (relatives aux années 2015 et 2016), ainsi que de la révision de l'état patrimonial au 31 décembre 2017. Dans la première phase de son travail, il avait des contacts réguliers avec le pape : « Je le voyais toutes les quatre ou cinq semaines. » Par ailleurs, il rencontrait le secrétaire d'État, le cardinal Parolin, une fois par mois, et monseigneur Becciu environ toutes les six semaines[206]. Puis, inexplicablement, à partir d'avril 2016, le rideau était tombé sur ses rapports avec le pape.

Cette histoire compte de nombreuses zones d'ombre. Le Vatican ne rendra jamais publique la preuve étayant les accusations portées contre lui. De manière tortueuse, il sera plus tard admis qu'il n'y avait rien à lui reprocher. Un rescrit du tribunal du Vatican daté du 19 mai 2018 certifiera que « les actes de ce tribunal ne contiennent aucun élément à charge contre Monsieur Libero Milone, né à La Haye (Pays-Bas) le 16 juillet 1948, dans leurs diverses articulations, procédures pénales en cours d'instruction ni verdicts de condamnation ». Pendant plus de vingt mois, le pape n'est plus intervenu dans ce domaine. En février 2019, il modifie le poste sans procéder encore à la nomination du nouveau titulaire. Le réviseur général devient également « autorité anticorruption ». Son activité, qui selon les statuts de 2015 se déroulait en pleine indépendance, s'exerce désormais sous le contrôle strict du Conseil pour l'économie, auquel il doit présenter son programme

205. F. Sarzanini, *Corriere della Sera*, 02/10/2017.
206. M. Franco, *Corriere della Sera*, 12/09/2017.

annuel de révision-approbation et d'éventuelles « indications ». En outre, contrairement au passé, le réviseur général doit informer trimestriellement un comité *ad hoc* du Conseil pour l'économie de ses activités passées ou en cours et se tenir à ses directives. Entre-temps, le pape a également publié les nouveaux statuts de la banque vaticane (IOR). La nouveauté la plus flagrante, outre la limite dans le temps du mandat des membres du Conseil d'administration, est l'obligation de faire contrôler les bilans par un réviseur externe[207].

L'affaire Milone est liée à un autre scandale financier, bien éclairci celui-ci. Le 28 juin 2017, François célèbre le consistoire solennel pour la remise de la calotte rouge aux nouveaux cardinaux qu'il a créés. Parmi eux figure l'évêque de Bamako, Jean Zerbo. Le quotidien *Le Monde* publie cependant une enquête révélant que la banque suisse HSBC Private Bank de Genève détient un fonds de 12 millions d'euros, réparti sur plusieurs comptes courants dont les codes d'accès sont entre les mains de l'archevêque Zerbo. Le Mali est un pays très pauvre de 17 millions d'habitants, avec une très faible minorité catholique : d'où provient cet argent ? Zerbo ne fournit publiquement aucune information précise. Il se contente d'une plaisanterie : « Moi, un compte en Suisse ? Alors je suis riche à mon insu [...]. C'est un ancien compte, un système que nous avons hérité de l'ordre des Missionnaires d'Afrique. » Les journalistes ont recueilli des données différentes. En 2007 (dernière année de la documentation de HSBC Private Bank), trois personnes avaient accès aux 12 millions crédités à la Conférence épiscopale : monseigneur Zerbo, que l'épiscopat du Mali a chargé des affaires financières, Jean-Gabriel Diarra, évêque de San, et Cyprien Dakouo, secrétaire général de la Conférence épiscopale de l'époque. En 2012, Dakouo quitte son poste, disparaît du Mali et déménage en France pour préparer une thèse d'économie. L'actuel responsable des finances de l'épiscopat du Mali, le prêtre Noël Somboro, ignore tout de ces comptes et de leur destination : « Il est

207. Voir le chirographe du Saint-Père du 08/08/2019.

possible qu'ils aient existé, mais je n'en ai aucune trace. » Les deux auteurs de l'enquête, les journalistes David Dembélé et Aboubacar Dicko, sont victimes de violentes menaces au téléphone et sur Internet, et sont placés sous la protection de la police malienne.

François est furieux. Les évêques sont aussitôt convoqués à présenter un rapport à Rome. Ils reconnaissent l'existence du compte HSBC et indiquent qu'il a été clos en 2010. Ils déclarent qu'à partir de 1988 il avait été décidé de créer un fonds bancaire commun avec la plupart des fondations et des organismes catholiques du pays. Les évêques affirment que les 12 millions n'y ont jamais été déposés, « une somme colossale, nettement supérieure aux avoirs de la Conférence épiscopale du Mali ». Ils insistent sur le fait que seule une part minime de la somme présente sur le compte appartenait à la Conférence épiscopale, tandis que le reste était à la disposition d'autres « entités ». Les documents que possède *Le Monde* décrivent un paysage différent et de nombreux doutes subsistent quant à la raison pour laquelle les évêques n'ont pas déposé les sommes en question à l'IOR selon la pratique en vigueur. Pendant plusieurs jours, les collaborateurs exercent des pressions discrètes pour que le nouveau cardinal ne se présente pas à la cérémonie du consistoire. La veille, la rumeur se répand qu'il serait malade. Mais Zerbo ne cède pas et se présente le 28 juin à Saint-Pierre, le pape lui remet personnellement la calotte rouge. Cependant, l'irritation de François provoque une modification de la cérémonie. Au début de la célébration, ce n'est pas Zerbo qui adresse un hommage au pape au nom des nouveaux cardinaux, comme l'aurait voulu le protocole du Vatican. Ce discours et d'autres gestes du rite sont confiés à l'archevêque espagnol Juan José Omella, de Barcelone.

L'année 2017 n'est pas une saison heureuse pour la transparence des structures financières de la cité papale. Fin novembre, le directeur général adjoint de l'IOR, Giulio Mattietti, est subitement démis de ses fonctions. Dans ce cas non plus, aucun éclaircissement n'est fourni. Il s'agit d'une véritable expulsion : les agences de presse signalent qu'il a été aperçu tandis que les gendarmes du

Vatican le raccompagnaient à la frontière de l'État. Une note sibylline du service de presse du Vatican annonce que Mattietti « a cessé son service le lundi 27 novembre ». Un communiqué de l'IOR affirme que les mesures prises sont parfaitement légitimes et « appartiennent aux affaires normales et organiques de la gestion ». On croit entendre des expressions appartenant à d'autres temps. Quelques semaines plus tard, la professeure américaine Mary Ann Glendon démissionne du conseil d'administration de la banque vaticane. Glendon est une figure de premier plan : première femme à diriger une délégation du Saint-Siège à la conférence de l'Onu sur les femmes de 1995 à Pékin, ancienne présidente de l'Académie pontificale des sciences sociales, ancienne ambassadrice des États-Unis auprès du Saint-Siège à l'époque de George W. Bush. « Elle a exprimé le désir de se consacrer à d'autres causes catholiques », communique l'IOR. Le monde où la défenestration de Mattietti a eu lieu ne la convainc pas.

Le pontificat est marqué par des avancées et des pas en arrière. Réformer la curie vaticane est pour François un travail de Sisyphe. Parmi les innovations figure la décision de présenter au tribunal les administrateurs jugés déloyaux. Le linge sale – les malversations – ne se lave plus en famille, mais devant un juge. Au prix de devoir supporter la publicité d'une procédure publique.

Après avoir quitté le poste de secrétaire d'État en octobre 2013, le cardinal Bertone s'est fait restaurer un splendide appartement au Vatican pour des centaines de milliers d'euros, grâce à des donations importantes de l'hôpital Bambino Gesù sous la présidence de Giuseppe Profiti. Cette histoire singulière est révélatrice de certaines opérations. Bertone paie et justifie 300 000 euros pour les travaux. Mais l'entreprise de Gianantonio Bandera qui remporte l'appel d'offres réclame au président de Bambino Gesù 620 000 euros pour toute la rénovation. En échange, elle promet à Profiti un don de machines à l'hôpital pour une valeur de 300 000 euros. La donation n'aura jamais lieu. Dès sa prise de fonction, la nouvelle présidente de l'hôpital, Mariella Enoc, présente le bilan de Bambino Gesù aux autorités judiciaires du Vatican (le

« promoteur de justice »). Profiti est jugé et condamné pour abus de pouvoir à un an de réclusion et cinq mille euros d'amende. Le verdict est clément, mais c'est le signal d'un changement de cap. Dans le même temps, le cardinal Bertone donne volontairement 150 000 euros à l'hôpital.

En revanche, l'ancien directeur général de l'IOR, Paolo Cipriani, et son second, Massimo Tulli, sont durement condamnés en première instance par le tribunal du Vatican : 47 millions de dommages et intérêts pour « mauvaise gestion ». Tous deux avaient été licenciés de l'IOR en 2013, quand avait éclaté le scandale d'un fonctionnaire de l'APS : monseigneur Nunzio Scarano, jugé en Italie pour usure et blanchiment d'argent. En accord avec un courtier financier, Scarano avait tenté de transférer illégalement en Italie 20 millions d'euros depuis la Suisse : un ancien membre des services secrets italiens devait transporter l'argent à bord d'un avion privé. Impliqué dans diverses affaires opaques, Scarano bénéficiait d'un virement mensuel d'environ vingt mille euros de la part de l'armateur Cesare d'Amico sous l'intitulé rassurant de « bienfaisance » et entretenait d'excellents rapports avec les dirigeants de l'IOR. Quand d'autres banques demandent des informations sur ces transactions à l'Institut pour les œuvres de religion, une écoute téléphonique révèle que Scarano raconte avoir été personnellement rassuré par Cipriani[208]. Au cours de la décennie précédente, Scarano avait détenu dix comptes courants auprès de l'IOR, qui brassaient 7 millions d'euros. Au moment de son arrestation, le 28 juin 2013, il possédait trois comptes actifs et deux de dépôt. Le 1er juillet 2013, Cipriani et Tulli sont délogés de la banque vaticane.

À l'occasion de leur condamnation pour mauvaise gestion, en février 2018, l'IOR diffuse une note confirmant sa volonté de « poursuivre au moyen de procédures judiciaires toute mauvaise conduite à son encontre, où que ce soit et de la part

208. M. Lillo, V. Pacelli, *Il Fatto Quotidiano*, 03/07/2013.

de quiconque ». Après leur condamnation en première instance, Cipriani et Tulli contestent soudain l'indépendance du tribunal du Vatican au motif que le pape serait à la fois propriétaire de la Banque vaticane et à l'origine de la nomination des juges en charge de leur procès. Cipriani et Tulli en profitent pour envoyer une « cartouche » au président de la Commission de vigilance de l'IOR, le cardinal Santos Abril y Castelló, rappelant dans une note confiée à leurs avocats qu'il était nonce en Slovénie à l'époque où avec « professionnalisme et dévouement [...] [Cipriani s'était] engagé pour l'Église en Slovénie[209] ». Un avertissement indirect pour rappeler au cardinal que Cipriani s'était démené pour remettre de l'ordre dans la situation financière désastreuse du diocèse de Maribor, après un crack colossal de près d'un milliard d'euros dû aux opérations hasardeuses de deux fonds d'investissement (qui portaient le nom suggestif de « Cloche Un » et « Cloche Deux »), lancées par les autorités ecclésiastiques locales. Entré en fonction depuis peu, François avait exigé la démission immédiate de l'évêque de Maribor, Marjan Turnšek, et de l'archevêque de Ljubljana, Anton Stres.

Entre-temps commence également le procès contre l'ancien président de l'IOR, Angelo Caloia, et de son avocat Gabriele Liuzzo pour péculat et blanchiment d'argent. Tous deux sont accusés d'avoir causé à la banque vaticane 57 millions d'euros de pertes à travers une série d'opérations immobilières en Italie et en Suisse. Le pape n'aime pas laisser la poussière sous le tapis.

Dans tous les cas, la gestion financière ne doit jamais prévaloir sur la finalité spirituelle des institutions de l'Église, affirme François. C'est pour cette raison qu'en juin 2019 il place sous tutelle le sanctuaire de Lourdes, où il envoie comme délégué apostolique monseigneur Antoine Hérouard, évêque auxiliaire de Lille et ancien secrétaire de la Conférence épiscopale française. Après dix ans dans le rouge, les comptes du sanctuaire étaient enfin

209. I. Scaramuzzi, *La Stampa*, 31/05/2018.

repassés au positif grâce à l'engagement du manager Guillaume de Vulpian, ancien dirigeant de Renault choisi par l'évêque local Nicolas Brouwet. À Lourdes, par volonté du pape, la relance de la dévotion populaire devra dorénavant être la priorité, avant le business.

Cependant, les scandales attendent au tournant. À l'automne 2019 sont révélés des investissements risqués et des opérations financières opaques lancées sur la place financière de Londres par des représentants du Vatican sous le pontificat de Benoît XVI. Cette révélation ne provient pas d'un lanceur d'alerte, mais directement du bureau du réviseur général et du directeur de la banque vaticane Gian Franco Mammi.

Des centaines de millions d'euros sont en jeu. L'enquête se concentre particulièrement sur l'acquisition d'un immeuble à Londres et sur les mouvements des comptes bancaires de l'obole de Saint-Pierre. Les enquêteurs du Vatican ordonnent la perquisition de plusieurs ordinateurs dans les bureaux de la Secrétairerie d'État. Sur l'ordre du commandant de la gendarmerie papale, Giandomenico Giani, cinq fonctionnaires se voient interdire l'entrée sur le territoire du Vatican, dont monseigneur Mauro Carlino, responsable du bureau Information et Documentation de la Secrétairerie d'État (et pendant longtemps secrétaire particulier du cardinal Angelo Becciu, ancien numéro 2 de la Secrétairerie d'État) et Tommaso Di Ruzza, directeur de l'Autorité d'information financière (AIF), l'organisme chargé de la lutte contre le blanchiment d'argent[210].

Quand la photo des cinq suspects sort dans la presse, le pape est furieux. S'ouvre alors une phase chaotique. Le commandant Giani est poussé à la démission. L'AIF entre en conflit avec le ministère public du Vatican en diffusant un communiqué de solidarité avec Di Ruzza. Peu après, le pape limoge le président de l'AIF, le Suisse

210. E. Fittipaldi, *L'Espresso*, 02/10/2019.

René Brülhart, remplacé par Carmelo Barbagallo, ancien directeur de la Banque d'Italie.

Le conflit implique aussi les plus hauts responsables de la hiérarchie vaticane. Le secrétaire d'État, le cardinal Parolin, qualifie de « plutôt opaque » l'opération immobilière londonienne ; le cardinal Becciu – qui en tant que substitut de la Secrétairerie d'État de 2011 à 2018 et responsable de la section des Affaires générales supervisait le coffre-fort de la Secrétairerie d'État – réplique avec agacement que cet investissement avait été enregistré légalement et n'était « nullement opaque ». À son retour du Japon, le pape en personne déclare aux journalistes qu'il y a des « problèmes de corruption » à éclaircir.

Peu après sont rendus publics des documents réservés du Conseil pour l'économie, dirigé par le cardinal Marx, qui dès 2018 avertissait le pape de la situation déséquilibrée des finances du Vatican. « Le déficit est récurrent et structurel, il atteint un niveau préoccupant et risque de mener au défaut de paiement, faute d'une intervention urgente[211] », dit le document transmis à François. Avec un déficit pratiquement doublé, qui atteint environ 70 millions d'euros en 2018, le pape demande expressément au cardinal Marx d'étudier et d'adopter urgemment les mesures nécessaires pour « sauvegarder l'avenir économique du Saint-Siège ». Sur ordre du pape, les chefs des administrations du Vatican sont informés de la gravité de la situation. Le cardinal Marx charge l'économiste Joseph F. X. Zahra, membre du Conseil pour l'économie et ancien directeur de la Banque centrale de Malte, de préparer une étude sur l'« avenir financier du Saint-Siège ». Selon le cardinal allemand, il est normal qu'il existe un fonds réservé pour la Secrétairerie d'État (comme dans chaque État du monde) et qu'à travers l'obole de Saint-Pierre le pape dispose d'un fonds personnel où puiser pour les besoins de l'Église, mais il est

211. G. Nuzzi, *Giudizio universale*, Chiarelettere, 2019.

indispensable que ces sommes soient gérées de manière efficace et transparente, avec une reddition des comptes.

À l'automne 2018, François appelle au Vatican comme président du tribunal de première instance Giuseppe Pignatone, un magistrat italien qui s'est distingué dans la lutte contre la mafia et le crime organisé. Le successeur du cardinal Pell est également nommé à la tête de la Secrétairerie pour l'économie: il s'agit du jésuite Guerrero Alves. Reste encore à nommer un nouveau réviseur général à la place de Libero Milone.

Assainir les finances du Vatican est un travail de Sisyphe.

8
Un monde parallèle

Craignant d'être phagocyté par la structure bureaucratique et par les potentats du palais apostolique, François s'est organisé un monde parallèle. Le choix de vivre dans la résidence Sainte-Marthe, l'auberge du Vatican, éloigne la tour d'ivoire sacralisée de l'appartement papal. L'accès en était traditionnellement réservé aux secrétaires du pontife, des figures puissantes malgré leur apparente humilité. On se souvient encore de la volontaire sœur Pascalina de Pie XII, le diplomate Loris Capovilla de Jean XXIII, l'influent Stanisław Dziwisz de Jean-Paul II. François a éliminé la figure du secrétaire-éminence grise, préférant s'entourer d'assistants : l'Argentin Fabián Pedacchio (son bras droit organisationnel), monseigneur Tino Scotti qui sélectionne les groupes pouvant participer à la messe papale du matin à Sainte-Marthe, l'Égyptien copte catholique Yoannis Lahzi Gaid, qui parle arabe, italien, français et anglais. Une petite *task force* quotidienne, à laquelle s'ajoutent plusieurs personnalités du palais apostolique que le pape consulte sur des sujets précis.

Mais sur le long terme, ce rapport scindé avec la grande machine de la curie ne bénéficie pas au pontificat. Guider une communauté d'un milliard trois cent mille catholiques est déjà difficile, mais ne pas pouvoir compter sur une organisation de collaborateurs en phase avec ses objectifs rend tout cela extrêmement fatigant. « Tu ne peux pas gouverner l'Église comme tu gouvernais le diocèse de Buenos Aires », aurait dit au pape le défunt cardinal de Cologne, Meisner, très franc avec tous les papes. Des amis de Buenos Aires confirment qu'il n'a pas non plus fait équipe dans son diocèse, dans son pays. « C'est un soliste, il préfère travailler à travers des contacts individuels », reconnaît un membre sud-américain de la curie.

La curie est une scène complexe, elle ne se réduit pas au cliché en noir et blanc amis ou ennemis de Bergoglio. C'est un corps varié, où confluent de multiples cultures et expériences. Des personnalités qui ont fait le tour du monde, connu des régimes politiques et des situations sociales différentes, habituées à évaluer, à soupeser, à confronter écrits, opinions et propositions avec diverses nuances. C'est un monde où coexistent des approches arc-en-ciel sur divers thèmes. Certains sont fermés sur les thèmes d'éthique sexuelle, mais ouverts sur les thématiques sociales, d'autres acceptent l'idée de prêtres mariés, mais pas de femmes prêtres, d'autres encore sont attentifs à l'écologie, mais également attachés aux rites anciens de la messe.

Dans la septième année du pontificat, le monde de la curie apparaît encore désorienté par un pape qui joue hors cadre. Elle ne renonce pas pour autant à passer le pape argentin aux rayons X. « D'un côté, François attaque l'esprit de cour, mais il se forme des coalitions de gens qui ont accès à Sainte-Marthe et disent : "Le pape a dit, le pape estime que..." Ce n'est pas positif », raconte un membre de longue date de la curie. En effet, dans le réfectoire de Sainte-Marthe, il a fallu placer un petit rideau de plantes pour empêcher que quiconque puisse s'approcher de la table de Bergoglio. « Vivre à Sainte-Marthe n'est pas facile, il y a des gens qui guettent pour rencontrer le pape », soupire l'évêque Bruno Forte, ancien secrétaire spécial aux synodes sur la famille. « Cette manière de faire crée de l'insécurité et de l'irritation, remarque un archevêque de la curie. Court-circuiter les bureaux de la curie n'est pas bon, cela désagrège la collaboration. Certains choix doivent simplement être imposés. » Certains représentants de dicastères ont découvert des décisions regardant leur secteur par le fait accompli. « Sans la moindre consultation », souligne un cardinal. Un évêque d'Italie du Nord, bien inséré dans le système de la curie, se dit perplexe face à la dimension séparée des bureaux que le pape s'est créés à Sainte-Marthe. « À la fin, on ne comprend pas bien le cheminement d'une décision, et on ne sait pas qui a donné quel conseil au pape », fait-il remarquer. De tels questionnements sont très répandus dans le centre névralgique du monde catholique.

En ce deuxième temps du pontificat, la critique, également partagée par des soutiens de la stratégie réformatrice de Bergoglio, est que François n'a pas su créer une équipe au Vatican : une structure radicalement rénovée, avec des personnes capables d'interpréter et de soutenir sa ligne. D'emblée, ne serait-ce que par respect pour certains choix de Benoît XVI, le pape argentin a refusé de mettre en place une purge comme le font les présidents américains. « Je pouvais muter ici ou là, mais je ne suis pas un coupeur de têtes[212] », a-t-il confié au père Ermes Ronchi, qu'il a appelé en 2016 pour prêcher les exercices spirituels à la curie. À la longue, il n'est pas certain que ce choix ait été productif.

En d'autres termes, il ne s'est pas produit ce que Paul VI avait réalisé après Vatican II, quand les rênes du pouvoir à la curie avaient été confiées à des personnalités inspirées par le changement conciliaire. Il est vrai que le pape Montini avait guidé les sessions finales du concile et avait encore treize années de règne devant lui. « Pour François, il s'agit de réanimer une Église embourgeoisée et intimidée, qui pendant des décennies s'est sentie comme une citadelle assiégée par la société contemporaine », explique un visiteur assidu du palais apostolique. Luigi Bettazzi, évêque émérite d'Ivrea et l'un des rares évêques encore vivants à avoir participé à Vatican II, approfondit la psychologie de ceux qui s'opposent à

212. E. Ronchi à l'auteur.

Bergoglio, à la curie ou ailleurs : « Certains sont imprégnés d'une mentalité millénaire, pour laquelle l'Église est un État absolutiste et le pape un monarque absolu. Voir un pape qui s'ouvre à l'écoute et à des sensibilités diverses va à l'encontre de la mentalité de toujours. »

Le changement prend du temps, beaucoup de temps. C'est pour cela que Bergoglio ne parle plus de se retirer, comme il le faisait voici quelques années. Ce sujet est pour l'instant écarté. Mais les difficultés restent. « L'horizon de François est tourné vers les périphéries, le lointain, le monde. Peut-être ne juge-t-il pas la curie essentielle », hasarde un proche. Les membres de la curie favorables au pape s'accordent sur le fait qu'il « ne peut pas s'en sortir seul ». Car Bergoglio parle beaucoup de synodalité, mais de fait, sur les sujets importants, il prend les décisions seul, murmurent ses critiques. Il n'est pas anodin que ce soient précisément les défenseurs des réformes qui souhaitent que François entretienne un meilleur rapport avec la curie. « Il ne serait pas mauvais que le pape suive l'ancienne pratique de rencontrer régulièrement les responsables des dicastères à titre personnel », affirme un cardinal.

Au fil des ans s'est créé un climat d'extranéité entre le pape et la curie, observe un prélat avec inquiétude. « Ce n'est pas un secret qu'une partie de la curie réagit en disant : "S'il ne nous informe pas [...] qu'il se débrouille seul !" » Une personnalité de la curie forte d'une expérience de direction affirme de manière concise : « On ressent le besoin d'un gouvernement robuste et d'une vision théologique de la réforme de la curie. » Réformer le centre névralgique du monde catholique ne peut se limiter à une restructuration organisationnelle. Il s'agit toujours de voix rigoureusement anonymes. Ceux qui occupent un rôle important et souhaitent faire des observations critiques ne veulent pas se trouver enrôlés au nombre des ennemis du pape. Il est frappant d'entendre le responsable d'un important diocèse italien affirmer avec inquiétude : « Sans Rome, l'Église catholique ne fonctionne pas. Il faut dépasser la désorientation et la tension des rapports au sein de la curie romaine. Autrement, ce mécanisme risque de fonctionner de manière peu claire. »

Paradoxalement, deux papes aux personnalités aussi différentes que Benoît XVI et François convergent à ne jamais avoir éprouvé de réel intérêt pour la structure de la curie. Ratzinger avait résolu le problème (avec des résultats malheureux) en laissant tout entre les mains de son secrétaire d'État, le cardinal Bertone, surnommé au palais apostolique la « gouvernante », et dont l'ami intime du pape allemand, le cardinal Meisner, suggérait en vain la démission. Bergoglio ne délègue pas, mais « ne fait pas architecture », comme reconnaissent ses amis. « Benoît était un "platonique" ; or Aristote disait qu'il existe un gouffre entre les idées et la réalité, résume avec une élégance philosophique le cardinal Kasper. Le pape François est un charismatique, un combattant solitaire qui ne nourrit pas de grandes attentes envers la structure institutionnelle. » Un vieux cardinal, qui a commencé sa carrière sous Jean-Paul II, se montre plus sceptique : « François a-t-il la capacité de gouverner ? Je ne sais pas. Je ne sais pas non plus si son remède est efficace pour le renouvellement de l'Église. Il faudra voir comment il tisse sa toile. Quels seront ses derniers coups. »

La réforme de la curie à laquelle a travaillé le Conseil des neuf cardinaux ces dernières années sera peut-être prête à entrer en fonction en 2020. Selon les indiscrétions de l'hebdomadaire catholique espagnol *Vida nueva*, la constitution apostolique *Prædicate evangelium* indiquera comme objectif suprême de l'Église catholique et de la curie la mission d'évangéliser. Le premier dicastère sera celui de l'évangélisation, qui incorporera l'actuelle Congrégation pour l'évangélisation des peuples et le Conseil pour la nouvelle évangélisation. La Congrégation pour la doctrine de la foi perdrait sa position centrale de congrégation « suprême ». Un dicastère pour la charité devrait également naître, et le Conseil pour la culture fusionnerait avec la Congrégation pour l'éducation catholique. Parmi les thèmes fondamentaux de ce brouillon, l'accent est mis sur la synodalité, et donc le principe que les dicastères romains sont au service des Églises locales, lesquelles ne doivent en aucun cas être soumises à la curie. Entre-temps, le conseil des cardinaux s'est réduit à six. Sous prétexte de leur âge avancé, François en a fait sortir les cardinaux gênants Errázuriz et Pell (définitivement écarté de la Secrétairerie pour l'économie en février 2019 après sa condamnation en première instance par le tribunal de Melbourne pour violences sur deux mineurs alors qu'il était archevêque de la ville dans les années 1990, et son entrée en prison où il devra séjourner six ans), ajoutant à la sortie des rangs celle du vieux cardinal congolais Laurent Monsengwo. Mais le problème dépasse le décret de réforme qui tarde à arriver. « Il y a une lenteur de réforme du gouvernement tant au centre qu'à la curie et dans les articulations du système catholique : les conférences épiscopales », insiste un membre italien de la curie. Trente ans de sélection basée essentiellement sur la loyauté et l'obéissance ont créé au niveau mondial un épiscopat sans grandes personnalités, sauf exception. Consacré à la routine, à ce que François condamne sans cesse comme l'habitude mentale de ceux qui répètent « on a toujours fait comme ça ». Giovanni Maria Vian, ancien directeur de *L'Osservatore romano*, réfléchit en historien de l'Église : « Lors du conclave de 2005 étaient présents 113 cardinaux créés par Jean-Paul II et ils ont choisi comme pape Joseph Ratzinger, l'un des deux créés par Paul VI. »

Ce n'est pas un hasard si le pape Bergoglio consacre beaucoup de temps à repérer et à sélectionner des personnalités à ordonner évêques. Le résultat est souvent bon, parfois non. La générosité de l'engagement pastoral des nouveaux nominés ne correspond pas automatiquement à la préparation intellectuelle nécessaire pour défendre et poursuivre la grande conversion de l'Église telle que l'entend François. « Les nouvelles recrues sentent le mouton comme le souhaite le pape, elles répondent au modèle de prêtre en lien avec le peuple, mais elles doivent se faire les dents » est une opinion répandue.

Une seconde critique émerge du ventre de la curie, qu'archevêques et cardinaux pro-Bergoglio préfèrent laisser à des personnalités extérieures. Franco Garelli, l'un des sociologues les plus en vue dans le domaine de la recherche sur les thématiques religieuses, auteur de célèbres enquêtes confiées par la Conférence épiscopale italienne, observe : « François a percé dans l'opinion publique, il a donné un nouveau souffle à la base, il a lancé le message que la foi est davantage une recherche qu'une certitude, il propose une éthique moins dogmatique, qui tient compte de situations diverses. François offre des intuitions révolutionnaires. Mais ces intuitions doivent se traduire en instructions et en institutions. Autrement, elles restent une belle chose à prendre ou à refuser, et peut-être un jour les laissera-t-on tomber. » Que signifie concrètement désirer une curie qui ne soit pas centrée sur Rome ? ajoute-t-il. Que signifie vouloir dépasser le modèle « occidental » du christianisme ? Certaines intuitions ont besoin d'une élaboration théologique et d'un ancrage concret, affirme Garelli. « J'ai l'impression que le pape prête peu d'attention à la dimension structurelle et culturelle. »

Dans ce climat de suspension du gouvernement central de l'Église, même les forces contestataires perdent leur élan. L'Irlandais Colm Holmes est président de Nous sommes l'Église, le mouvement catholique international né en 1996 autour d'un programme de réformes profondes telles que l'ordination des femmes ou le mariage des prêtres. À l'époque, son appel au peuple catholique a recueilli un million de signatures en Allemagne et cinq cent mille en Autriche jusqu'à atteindre deux millions et demi au niveau international. La stratégie du mouvement est restée inchangée, mais on constate aujourd'hui une nette contraction de la participation, reconnaît Holmes. Il cite l'exemple des Pays-Bas, fer de lance du réformisme radical dans les décennies postconcilaires : « Aux Pays-Bas, mais aussi en Irlande, nous choisissons de consacrer moins de temps à demander des réformes à travers des pétitions adressées au pape et aux évêques. Nous préférons créer de petites communautés chrétiennes où nous lisons la Bible et où l'on célèbre l'eucharistie sous la conduite d'un homme ou d'une femme. » Il ne s'agit pas d'événements publics. « On se réunit chez les gens, sans faire d'annonce sur Internet ou sur Facebook. » Quinze, vingt personnes, seulement sur invitation.

Dans cette phase du catholicisme, il est important de considérer les choses par le bas, pas seulement enfermé dans le monde du Vatican. Le prêtre et théologien napolitain Gennaro Matino, attentif à la dimension du territoire, l'espace local où se joue la présence quotidienne de l'Église, observe que « François lance des défis, mais il existe un fossé entre le défi et le parcours ». Le pape, ajoute-t-il, lance des provocations qui exigent un projet immédiat, des instruments, des décrets de mise en œuvre. Si la mise en œuvre concrète n'arrive pas, alors il y a un risque, selon Matino, que, « si François s'en va, il ne reste qu'un vent fascinant qui ne sera pas parvenu à rendre l'Église plus efficace ». Ces idées se font jour parmi les défenseurs de l'effort réformateur du pape argentin. Elles ne viennent pas de ses adversaires.

Peut-être est-ce pour cela que dans l'un de ses discours à la curie, François dresse une liste pointilleuse de tous les décrets et des institutions dont il est l'initiateur depuis son élection, en réponse aux recommandations venues des réunions « préconclave », des chefs de dicastères à la curie, du Conseil des neuf cardinaux, des commissions consultatives qu'il a mises en place[213]. Mais l'héritage le plus important que laisse François au catholicisme du futur, l'innovation la plus significative pour le développement de l'Église du XXIe siècle, consiste à avoir offert à ses successeurs un instrument inédit, qu'ils pourront utiliser s'ils souhaitent introduire de manière permanente dans le corps catholique une méthode de travail conciliaire et dépasser pour toujours l'absolutisme papal. Il s'agit de la réforme du synode des évêques, qui pourra être transformé en organe délibératif. Un petit conseil à réunir tous les trois ans sous la conduite du pape. Un indice que le pontife argentin prête attention aux observations critiques, qui le poussent à s'occuper des structures.

213. François, discours à la curie, 22/12/2016.

François diffuse le texte en septembre 2018, lui donnant la forme solennelle d'une constitution apostolique. Son titre, *Episcopalis communio*, met en lumière son intention d'associer les évêques au gouvernement de l'Église universelle. Les nouveautés sont considérables. Avant un synode, il rend obligatoire une véritable consultation de la base catholique à travers les conseils pastoraux et presbytériens. Il prévoit la possibilité d'une préréunion avec la participation des fidèles, hommes et femmes, comme lors du synode sur la jeunesse. Il prévoit que les travaux de ce parlement des évêques puissent se dérouler en plusieurs sessions, sur le modèle des diverses sessions du concile Vatican II qui permirent une élaboration plus approfondie et une maturation des consensus sur les sujets examinés. Il prévoit surtout que le synode puisse avoir, sur décision du pape, un caractère délibératoire. Exactement comme un concile. Reste une autre innovation. Jusqu'à présent, des experts, auditeurs et « délégués fraternels » d'autres confessions chrétiennes pouvaient assister sans droit de vote aux travaux synodaux. François prévoit que puissent également participer aux travaux des personnalités d'une importance particulière dans le monde catholique. Hommes et femmes.

En remodelant le synode, François dessine l'Église conciliaire qu'il a à l'esprit depuis son élection. Il valorise les évêques dans la conduite de l'Église et les pousse à écouter les fidèles avant de décider, car, souligne Bergoglio avec finesse théologique, l'évêque est à la fois maître et disciple. Maître quand il annonce la parole divine et disciple quand « il se met à l'écoute de la voix du Christ qui parle à travers le Peuple de Dieu tout entier[214] ». Dans le projet de François, la réforme radicale du synode devra servir à la « conversion » de la papauté. « Le pape n'est pas, à lui seul, au-dessus de l'Église ; mais à l'intérieur de celle-ci comme un baptisé parmi les baptisés, et dans le collège épiscopal comme un évêque parmi les évêques, appelé à la fois – en tant que successeur de l'apôtre Pierre

214. François, *Episcopalis communio*, 18/09/2018.

– à guider l'Église de Rome, qui préside dans l'amour à toutes les Églises », telle est la pensée de Bergoglio. Remodeler le rôle du pape pourra favoriser un plus grand rapprochement œcuménique entre les Églises chrétiennes. François s'en dit persuadé.

Travailler au sein de conflits internes perpétuels est épuisant. François rédige la constitution apostolique au moment où éclatent les polémiques sur les abus au Chili et en Irlande, où l'ancien nonce Viganò réclame sa démission et où l'opinion publique internationale se demande quelle est l'efficacité de l'action du pape contre la pédophilie du clergé. Depuis des années, les attaques contre sa figure et ses idées ne connaissent pas de trêve. Internet a tout changé. À l'époque de Paul VI et jusqu'au pontificat de Jean-Paul II, la contestation contre un pape se manifestait essentiellement à travers des livres, des articles, des interviews. Il fallait être quelqu'un pour attaquer le pape, savoir argumenter, articuler sa pensée à un certain niveau. Le réseau ouvre l'espace à toute forme d'expression, et ainsi relie des agacements qui seraient autrefois restés séparés et dispersés, coagule des mécontentements pour en faire une avalanche incessante d'insultes contre le pape régnant. Aux voix de personnalités connues se mêlent les interventions de cogneurs du web, prêtres compris, totalement désinhibés. « Le pape nous casse les couilles avec des mots et des gestes pour faire pleurer dans les chaumières », éclate le prêtre milanais don Giorgio De Capitani. L'un de ses confrères, don Ariel S. Levi di Gualdo, ne se montre pas moins agressif sur son site : « Ce pontificat risque de finir en sifflets dans la rue et fractures dramatiques [...]. Jorge Mario Bergoglio court le risque de passer à la postérité comme l'un des pires papes que l'Église ait jamais eus [...]. Nombre des actes de son magistère [sont] un ramassis de niaiseries. »

On assiste à un bombardement incessant sur toute une galaxie de sites en Italie et dans le monde. Bergoglio est associé à Lénine, ses collaborateurs seraient comme Goebbels. Bergoglio est cynique, car il ignore la persécution des chrétiens dans le monde. Bergoglio a fait la paix avec les ennemis de l'Église et archivé les batailles de

Jean-Paul II et Benoît XVI. Bergoglio encourage l'idolâtrie de sa personne. « Bergoglio n'a pas mis à jour la doctrine, il l'a démolie. [...] Son pontificat est basé sur la gestion brutale du pouvoir. [...] Si le prochain pape est pro-Bergoglio, le Vatican deviendra une succursale catho-maçonnique [...] » Un e-book intitulé *Le Pape dictateur* est même publié, rempli d'insultes contre un pontife accusé de gouverner au moyen d'une « toile d'araignée de mensonges, d'intrigues, d'espionnage, de méfiance et de peur ». L'historien Roberto de Mattei, président de la Fondazione Lepanto, répand depuis des années son opinion : l'Église est en proie à la confusion totale, François n'est pas la solution, mais une partie du problème. Le site « Isola di Patmos » inaugure l'année 2019 par les paroles du défunt cardinal Caffarra : « Que l'Église vit un moment dramatique sans précédent historique, seuls les aveugles et les fous peuvent le nier. » Parmi les manœuvres les plus insidieuses, on notera celle de l'essayiste catholique intégriste Antonio Socci, qui transpose au sein de l'Église la ligne « Bannon » : l'opposition entre peuple et caste dominante. Sur son blog, Socci accuse les élites catholiques de vouloir éliminer le christianisme et Jésus de leur vision de l'Europe et parle d'un « schisme souterrain » entre le peuple chrétien et l'élite cléricale. Le « schisme entre simples chrétiens qui ne veulent pas renoncer à leurs traditions, à leur identité, à leurs valeurs, et une caste cléricale progressiste[215] ». Une politisation totale du conflit interne à l'Église.

En effet Matteo Salvini, leader de la Ligue, surfe sur une vague cléricalo-souverainiste. Lorsqu'il clôt à Milan sa campagne pour les élections européennes, il brandit le rosaire, faisant appel aux racines chrétiennes de l'Europe et invoquant l'aide du « cœur immaculé de Marie », s'opposant ainsi habilement au pape. François exhorte à empêcher les morts dans la Méditerranée ? Salvini réplique que la « politique de notre gouvernement les élimine avec fierté et esprit

215. Antonio Socci, 02/12/2018.

chrétien ». La référence enflamme la foule, d'où partent des sifflets destinés à François[216].

Cette stratégie vise à attirer le vote des catholiques traditionalistes, opposés au pape. Après les élections du 26 mai 2019, plusieurs analystes affirment que 33 % des catholiques fréquentant la messe tous les dimanches et près de 40 % de ceux qui assistent occasionnellement au culte approuvent la politique de Salvini[217]. Une attitude où la défense de la doctrine traditionnelle et l'antipathie envers le « pape communiste » rejoignent la ligne dure du vice-Premier ministre sur les migrants, ses propos xénophobes, ses phrases féroces contre les Roms, la dévaluation programmée de l'antifascisme en tant que valeur fondatrice de la République italienne. L'intention de Salvini d'attirer dans son camp les opposants de François effraie la haute hiérarchie ecclésiastique italienne, qui craint de voir se manifester publiquement une scission du monde catholique pour ou contre le pape argentin. « Tenter de détourner les fidèles des évêques et surtout du pape est une manœuvre erronée », déclare, inquiet, le cardinal Bassetti, président de l'épiscopat italien[218]. Cependant, le cardinal Camillo Ruini, ancien président de la Conférence épiscopale italienne (CEI), fait une intervention surprenante. Contrairement à la ligne clairement fermée face aux partis xénophobes du pape François, ce cardinal influent déclare qu'il faut ouvrir un dialogue avec le leader de la Ligue : « Je pense qu'il a des perspectives notables devant lui, mais qu'il a besoin de mûrir[219]. » Reçu par le cardinal, Salvini se dit « ému » et affirme souhaiter un dialogue avec les évêques.

Fort de sa demande de démission du pape, l'ancien nonce Viganò lance une offensive sur la présence croissante d'homosexuels au sein de la hiérarchie ecclésiastique. C'est le nouveau cheval de

216. *Il Giorno*, 18/05/2019.
217. Istituto Ixè, Sondaggi media, 30/05/2019.
218. P. Rodari, *La Repubblica*, 09/06/2019.
219. A. Cazzullo, *Corriere della Sera*, 03/11/2019.

bataille de l'opposition dans la guerre intestine permanente. Dans son premier texte, où il réclamait la démission du pape, l'ancien nonce déclarait qu'il fallait « éradiquer les réseaux homosexuels présents dans l'Église », indiquant nommément ceux qui selon lui appartiennent à un « courant homophile » au sein de la curie. Deux autres lettres ont suivi. Dans la troisième, Viganò reprend le sujet, évoquant un « réseau d'évêques favorables à l'homosexualité qui, jouissant des faveurs du pape François, ont soutenu des nominations épiscopales [...] pour renforcer l'homosexualité dans la hiérarchie de l'Église en général[220] ». Moins de vingt jours plus tard intervient le cardinal Brandmüller, l'un des quatre auteurs des *Dubia*, pour louer le laïcat « consciemment catholique » qui se forme en Amérique du Nord et doit être encouragé dans sa « protestation contre la dégénération sexuelle entre prêtres, évêques et même cardinaux[221] ».

Deux semaines plus tard, sur le site nord-américain « LifeSiteNews » apparaît une interview du cardinal Müller contre l'athéisme au sein de l'Église et l'infiltration de l'idéologie LGBT jusque dans des documents ecclésiastiques. Müller conclut par une charge lourde : « Le primat du pape est affaibli par les courtisans et les carriéristes à la cour papale. [...] Il n'est pas catholique de croire que le pape est une personne qui reçoit la Révélation directement du Saint-Esprit[222]. » Après la disparition des cardinaux Caffarra et Meisner, Müller devient l'un des chefs de file les plus acharnés de l'opposition au pape François. Si lors du synode sur la famille de 2015 il avait évité de porter à l'extrême son opposition à la communion pour les divorcés remariés, freinant le réformisme du pape sans l'exposer à une défaite trop cuisante et œuvrant à trouver des formulations de compromis, à présent, sa bataille contre Bergoglio est frontale.

---

220. C. M. Viganò, marcotosatti.com, 19/10/2018.
221. W. Brandmüller, *La Nuova Bussola Quotidiana*, 06/11/2018.
222. G. L. Müller, marcotosatti.com, 23/11/2018.

Tandis que le pape se préparait au sommet avec les présidents des conférences épiscopales pour trouver une ligne d'action partagée sur la pédophilie, le cardinal allemand lançait sur un site Internet américain son *Manifeste sur la foi* où il dénonçait une « confusion toujours plus répandue » dans l'enseignement des vérités doctrinales chrétiennes. Ce manifeste réaffirme le dogme de la Trinité, la divinité du Christ, la structure sacrée de l'Église déclarée immuable, la suprématie de l'Église fondée par Jésus-Christ, le châtiment éternel de l'enfer, le célibat des prêtres, le refus de l'ordination de femmes prêtres. Il condamne nettement la possibilité d'accorder la communion aux divorcés remariés (et donc à la porte entrouverte par François) : ceux qui, remariés civilement tout en conservant un mariage religieux valide, célèbrent l'eucharistie sont – selon les paroles de cet ancien préfet du Saint-Office – coupables de « profaner le corps et le sang du Seigneur ». Ce texte démontre l'intention évidente de rassembler tous ceux qui se nourrissent d'un catholicisme opposé à la ligne de François, qu'il ne nomme d'ailleurs jamais.

Müller conclut son manifeste en pointant du doigt les « messagers [de la foi] qui dans certains cas ont abandonné le peuple qui leur avait été confié en le perturbant et en endommageant sérieusement sa foi[223] ». Symboliquement, le cardinal allemand a choisi de lancer cette nouvelle offensive pendant les jours qui marquent le sixième anniversaire de la démission de Benoît XVI, dressé depuis des années au rang d'idole par les anti-Bergoglio. Ettore Gotti Tedeschi, ancien président de l'IOR, continue à rappeler avec enthousiasme que Joseph Ratzinger, acteur d'une restauration à son avis inachevée, est le pape qui « a réduit à l'état laïc et a suspendu des prêtres pro-gay, antimondialisation et pro-sacerdoce féminin[224] ».

223. G. L. Müller, « Manifest or Faith », Life site news, 08/02/2019.
224. E. Gotti Tedeschi, *Ratzinger. La rivoluzione interrotta*, La Vela, 2018.

Le slogan d'une Église à la dérive, infiltrée par les homosexuels, revient de manière obsessive dans les attaques du front conservateur contre la ligne de François. Les cardinaux Burke et Brandmüller ont écrit une lettre ouverte aux présidents des conférences épiscopales réunis à Rome pour le sommet sur la pédophilie où ils dénoncent comme mal fondamental la « plaie de l'agenda homosexuel répandu au sein de l'Église, promu par des réseaux organisés et protégés par un climat de complicité et d'*omertà*[225] ».

Ce travail au corps continu contraint François, qui a toujours voulu désamorcer la question de l'homosexualité, à des mouvements défensifs. En 2016, un document de la Congrégation pour le clergé renouvelle l'exclusion des séminaires et de l'ordination sacerdotale de ceux qui « pratiquent l'homosexualité, présentent des tendances homosexuelles profondément enracinées ou soutiennent la prétendue culture gay[226] ». Exposé à des attaques croissantes, le pape Bergoglio doit revenir sur le sujet. Dans le doute, mieux vaut que les homosexuels n'entrent pas dans les séminaires, a-t-il conseillé aux évêques italiens lors d'une réunion à huis clos. Cependant, l'objectif du pape n'est pas la diabolisation de l'homosexualité dans la vie quotidienne : il a été le premier pape à recevoir au Vatican un transsexuel espagnol avec sa partenaire et à affirmer ne pouvoir juger un homosexuel dans sa recherche de Dieu. Bergoglio craint en revanche une double vie systématique du clergé, homosexuelle comme hétérosexuelle. Mieux vaut alors abandonner sa soutane, voilà sa conviction.

Pour les Romains, la présence au Vatican d'un certain nombre de monseigneurs homosexuels n'a jamais été un secret. Des prêtres travaillant dans les bureaux du Vatican et vivant discrètement leur sexualité reconnaissent que la proportion d'homosexuels dans la citadelle apostolique est assez élevée, supérieure à celle que l'on

225. D. Agasso Jr, *La Stampa*, 21/02/2019.
226. Congrégation pour le clergé, *Il dono della vocazione presbiteriale*, 08/12/2016.

rencontre dans les séminaires ou dans un diocèse donné. Les recherches les plus récentes[227] rappellent l'existence de groupes homosexuels au sein de la curie romaine, mais confirment également que le prétendu « lobby gay », fantasmé comme une force organisée, est un mythe. Il existe plutôt des clans différenciés et il règne au Vatican une loi du silence mutuelle quant aux relations homosexuelles et hétérosexuelles. La loi qui prévaut est celle de ne pas se mêler des affaires des autres, qu'il s'agisse de soupçons de relations dangereuses ou de trafics économiques peu clairs. Il est en revanche certain que souvent, ceux qui fustigent publiquement les « rapports contre nature » vivent en cachette et de manière schizophrénique une existence homosexuelle.

À Rome, tout se sait. Il est frappant que les évêques et les cardinaux, qui pendant les pontificats de Jean-Paul II et Benoît XVI n'ont jamais soulevé le problème et ont gardé le silence quand la presse internationale a révélé des cas limite de vie déréglée ou d'abus, utilisent à présent l'argument de l'homosexualité au sein du clergé et des monseigneurs de curie pour discréditer François.

Il s'agit d'une campagne de délégitimation systématique similaire dans ses techniques à celles menées aux États-Unis par le Tea Party contre Barack Obama. La stratégie est claire : influencer par une pression constante le choix du successeur de François.

227. F. Martel, *Sodoma*, Feltrinelli, 2019.

9

Prophète dans le chaos mondial

À sept heures du matin, le Roumain Gheorghe attend son tour pour prendre sa douche au pied du palais apostolique. François a fait installer des sanitaires pour les sans-abri derrière la colonnade droite de Saint-Pierre. Un pour les hommes, un pour les femmes. Des cabines ultramodernes: un cabinet de toilette avec un tabouret et une serviette, un espace douche gris tourterelle. L'idée a fait grimacer de nombreux prélats du Vatican. Dans l'obscurité hivernale, les protégés de François arrivent au compte-gouttes, portant leur sac contenant leurs biens. « C'est tout propre », déclare Gheorghe, qui vient de passer la nuit dehors à proximité du Vatican. Pendant l'hiver 2018-2019, douze sans-abri sont morts de froid à Rome. La première est une Allemande de soixante-quinze ans, à quelques pas de Saint-Pierre. En janvier 2016, une immigrée roumaine avait accouché de nuit sur l'esplanade voisine. Gheorghe reviendra à midi pour une tasse de thé et un sandwich. Samir, un diplômé de chimie marocain, sort rasé de frais. Il a travaillé comme magasinier à Ciampino, son entreprise a fait faillite. Il était plongeur à Albenga, le patron du restaurant a eu un infarctus. « La malchance me poursuit », murmure-t-il.

Pour François, le « pauvre » n'existe pas comme catégorie abstraite. Ce sont des hommes et des femmes avec un visage et une histoire précise. Il peut s'agir d'un clochard qui ne supporte pas d'entrer dans une institution, mais veut tout de même se laver et rester propre. Alors le pape Jorge Mario Bergoglio lui offre une douche à l'ombre du palais apostolique, ainsi qu'un coiffeur. Et il l'invite au Vatican à un concert du maestro Daniel Oreno ou organise pour lui une visite de la chapelle Sixtine comme il le ferait pour un chef d'État. Un jour, il en a invité cent cinquante et les a salués un par un à la porte : « C'est ici la maison de tous, votre maison [...] les portes sont toujours ouvertes[228]. » Et si le sans-abri invité à la table de Bergoglio pour l'anniversaire du pape veut venir avec son chien, qu'il vienne.

François a besoin de se trouver face à face avec une personne. Le migrant maghrébin à Lampedusa, l'enfant syrien qui fuit la guerre, les anciennes prostituées ayant échappé au racket de leurs protecteurs, à qui il demande pardon « pour tous ces hommes qui vous ont fait souffrir[229] ». C'est pour cela qu'il exhorte les fidèles à regarder dans les yeux la personne à qui ils font l'aumône. Car quand on croise le regard d'un homme ou d'une femme à la dérive, il devient difficile de se détourner. Si on le fait, c'est un choix dont il faudra répondre.

Pendant les premières années de son pontificat, il décide de se rendre dans un bidonville de Rome, à Pietralata, pour toucher du doigt la réalité des abris de fortune qui existent dans cette ville, car le tiers monde, il en a bien conscience, existe aussi au cœur du premier. Un dimanche, à l'Angélus, il évoque les volontaires qui aident les hommes, les femmes et les enfants « réduits en esclavage, exploités, abusés comme instruments de travail ou de plaisir et souvent torturés et mutilés[230] ». L'habitude du contact direct lui

228. *La Repubblica*, 26/03/2015.
229. *Il Messaggero*, 12/08/2016.
230. L. Liverani, *Avvenire*, 10/02/2015.

est restée de ses années à Buenos Aires, de même que sa manière délicate, mais franche de parler sans aucune onctuosité cléricale. Face aux Roms et aux Sintés reçus au Vatican, le pape dénonce les préjugés séculaires, le racisme et la xénophobie qu'il faut éradiquer, mais exhorte avec tout autant de clarté à être de bons chrétiens dans le respect des lois, en évitant le mensonge, l'escroquerie et en envoyant ses enfants à l'école[231].

Dans le deuxième temps de son pontificat, le pape Bergoglio est contraint de prendre en compte un monde qui a brusquement changé pour le pire. Un monde où l'effort multilatéral pour poursuivre le bien commun s'affaiblit, de même que le cadre de la coopération internationale où le Saint-Siège a opéré pendant des dizaines d'années. François évolue sur une planète où l'entrée dans le marché et le bien-être de centaines de millions d'individus s'accompagnent d'un abysse croissant d'inégalités pour des milliards d'autres personnes. En Occident, la mondialisation sauvage a produit des sociétés empoisonnées par un darwinisme égocentrique et par une frustration massive liée à la perte de perspectives.

Le 8 décembre 2018, Paris brûle tandis que François se rend à la colonne de la place d'Espagne pour célébrer l'Immaculée Conception. Pour la quatrième fois de suite, les Gilets jaunes sont descendus dans la rue à Paris et dans d'autres villes de France (ainsi qu'à Bruxelles). Le gouvernement français a mobilisé près de 90 000 agents, dont 8 000 rien que dans la capitale. Le Louvre et d'autres musées sont fermés, les théâtres, les grands magasins et les boutiques barricadés sur les Champs-Élysées, les avenues et les places du centre. La tour Eiffel est protégée par des barrages. Dans un climat d'état de siège, les blindés Hermès font leur apparition. Les plus âgés ne se rappelaient avoir vu ces véhicules dans les rues de Paris qu'à l'époque de Mai 68. Parmi les manifestants apparaissent les casseurs, des groupes d'anarchistes dont le but est de tout

231. *La Repubblica*, 26/10/2015.

casser. Bilan de la journée de manifestations : 1 000 arrestations et 60 blessés ; 125 000 personnes ont défilé dans toute la France. La semaine précédente, le 1er décembre, c'était pire. Des noyaux violents, souvent encagoulés, avaient donné l'assaut à l'Arc de Triomphe, qu'ils avaient couvert d'inscriptions. Sur les Champs-Élysées, des heures d'affrontement avec la police, des barricades, des poubelles enflammées. Des magasins pillés, des voitures brûlées, des cocktails Molotov lancés contre les policiers et d'autres cibles, dont une banque – 270 arrestations et 110 blessés, rien qu'à Paris.

Tout a débuté avec l'augmentation de la taxe sur le carburant. La province française, peuplée d'une classe moyenne appauvrie contrainte de se déplacer en voiture, s'est insurgée le 17 novembre. Cette augmentation fait exploser le mécontentement de personnes à la limite de la survie. « On aimerait partir de temps en temps en week-end, pas loin, rien qu'à une trentaine de kilomètres de la maison », récrimine une femme à la télévision, exaspérée par un budget domestique perpétuellement insuffisant.

Le 10 décembre, Macron admet : « Votre colère est juste et sincère. » Le président reconnaît l'état d'urgence sociale et l'existence de personnes désespérées. Il promet un nouveau contrat social, une augmentation du salaire minimum et d'autres mesures. À son appel, les grandes entreprises distribuent des primes de Noël à leurs salariés. Les manifestations des Gilets jaunes se poursuivent au cours des semaines suivantes. Les gouvernants français ont la mémoire courte. En 2015, à l'occasion des émeutes de banlieues habitées par la deuxième génération d'immigrants maghrébins, le Premier ministre de l'époque, Manuel Valls, avait reconnu l'existence en France d'un « apartheid territorial, ethnique et social ».

Dès les premiers mois de son pontificat, François dénonce le danger de l'« inéquité » qui existe dans le monde. « Quand la société – locale, nationale ou mondiale – abandonne dans la périphérie une partie d'elle-même, il n'y a ni programmes politiques ni forces de l'ordre ou d'*intelligence* qui puissent assurer sans fin la tranquillité », écrit-il dans l'exhortation apostolique *Evangelii gaudium*. L'inégalité provoque des réactions violentes, car le système social et économique est injuste à sa racine. Il manque la perspective d'un avenir meilleur. On a accepté la « négation du primat de l'être humain[232] » ! La directrice du Fonds monétaire international, Christine Lagarde, n'est pas loin des préoccupations du pape quand elle met en garde en 2018 contre la venue d'une « ère de la colère » si la tendance vers des inégalités encore plus fortes que celles de l'aube du capitalisme au XIXe siècle se poursuit.

Si dans un premier temps Bergoglio ne se focalise pas sur les problèmes spécifiques de la classe moyenne, il pointe immédiatement les conditions toujours plus intolérables des pauvres et des paupérisés vers lesquelles glisse la classe moyenne qui peine à joindre les deux bouts. Sous son impulsion, l'Académie pontificale des sciences sociales consacre une séance plénière aux dangers qui menacent la cohésion sociale. Ses travaux confirment que les statistiques sur la distribution des richesses et des opportunités de vie révèlent d'énormes écarts entre pays comme au sein des divers États. « Il est particulièrement inquiétant qu'en Amérique et en Europe la classe moyenne se soit notablement affaiblie, synthétise la déclaration finale. Il faut en effet considérer que, là où la classe moyenne connaît un effondrement, la démocratie participative est mise en danger[233]. » Il est important que la presse ne se laisse pas distraire, affirme François. « Appelez injustice ce qui est une injustice », déclare-t-il à un groupe de journalistes allemands.

En effet, certains séismes électoraux qui se sont récemment produits en Occident ont été provoqués par le glissement vers le bas de groupes sociaux qui se sont soudain sentis oubliés et marginalisés. La classe ouvrière étasunienne frappée par la désindustrialisation et la délocalisation a mené Trump à

232. François, *Evangelii gaudium*, 24/11/2013.

233. Académie pontificale des sciences sociales, « *Verso una società partecipativa* », 28/04-02/05/2017.

la présidence. La province pauvre d'Angleterre affligée par les bas salaires, où les immigrés sont pratiquement absents (à la différence de Londres et des grandes villes), a voté en masse pour le Brexit, effrayée par une « invasion » perçue comme porteuse de nouvelles détériorations des conditions de vie. L'Italie anéantie par la crise économique a choisi le retournement électoral : un pays qui compte plus de 5 millions de personnes sous le seuil de pauvreté, 3 millions de personnes entièrement seules, 32 % de chômage des jeunes, plus de la moitié des jeunes dégoûtés par la politique[234]. Un pays qui en 2018, selon le rapport Censis, se découvre dominé par la colère et la peur, oppressé par le fantôme du déclassement. Dans l'Union européenne, la part de personnes déclarant avoir atteint une meilleure position sociale que leurs parents ne dépasse pas 30 % (en Italie, elle se limite à 23 %), tandis qu'en 2015 aux États-Unis, la classe moyenne est en minorité par rapport à la caste des riches et à la masse des pauvres rassemblés.

L'attention constante que François porte à la thématique sociale révèle sa double dimension religieuse et géopolitique. Dans sa dernière exhortation apostolique *Gaudete et Exsultate*, consacrée en 2018 aux « saints de la porte d'à côté » dans l'idée que l'on peut bâtir une sainteté de la vie quotidienne, le pape argentin se dresse contre les catholiques qui « vivent en suspectant l'engagement social des autres, le considérant comme quelque chose de superficiel, de mondain, de laïcisant, d'immanentiste, de communiste, de populiste ». La défense de l'innocent qui n'est pas né est sacrée, affirme Bergoglio, mais tout aussi sacrée est la « vie des pauvres qui sont déjà nés, de ceux qui se débattent dans la misère, l'abandon, le mépris, la traite des personnes, l'euthanasie cachée des malades et des personnes âgées privées d'attention, dans les nouvelles formes d'esclavage, et dans tout genre de marginalisation ».

Le pape se montre très dur contre les fidèles qui considèrent comme sérieux le thème de la bioéthique et secondaire celui des

234. N. Piepoli, *La Stampa*, 18/01/2018.

migrants. François connaît parfaitement les campagnes qui font rage contre lui en raison de son prêche mêlant foi et engagement social. C'est pour cette raison qu'il insiste sur le fait qu'il est inacceptable d'ignorer son frère qui souffre : « Il ne s'agit pas d'une invention d'un pape ou d'un délire passager[235]. » Le pape sait qu'il a de son côté des économistes de renom tels que Jeffrey Sachs, qui dénonçait lors d'un congrès de l'Académie pontificale des sciences sociales la dominance d'une économie de rapine visant à « mettre en avant l'avidité illimitée », s'affranchissant de toute morale.

François n'hésite pas à affirmer que l'on ne peut être chrétien et ignorer l'injustice du monde, où « certains font la fête tandis que d'autres regardent de dehors tandis que leur vie passe et se termine misérablement ». Il n'appartient pas à l'Église de donner des recettes, mais les croyants sont invités à dénoncer les maux sociaux et à agir pour en éliminer les causes. Concrètement, le pape argentin pose un problème brûlant. Il ne suffit plus, dit-il, de donner la juste part de biens à l'ouvrier comme le demandait l'encyclique *Rerum novarum* de Léon XIII en 1891. Il est indispensable d'affronter le cœur de la production de la richesse. « Il faut aussi se demander si le processus de production respecte ou non la dignité du travail humain ; s'il accueille ou non les droits humains fondamentaux ; s'il est compatible ou non avec la norme morale[236]. » Le pape adresse un signal d'alarme à la classe politique : il est indispensable de fixer des limites avant que les nouvelles formes de pouvoir, dérivées du « paradigme technico-économique » finissent par détruire non seulement la politique, mais aussi la liberté et la justice[237].

Dans la phase socio-économique actuelle, François finit par être le seul dirigeant de stature internationale à interroger l'origine de l'« inéquité », un néologisme créé par lui. Inégalités croissantes

235. François, *Gaudete et Exsultate*, 19/03/2018.
236. François, message à Margaret Archer, 24/04/2017.
237. François, *Laudato si'*, 24/05/2015.

et injustice sociale systémique, nouveaux esclavages, crise des migrations, autant de thèmes que le pape rappelle sans cesse. « Ce ne sont pas des délires », insiste-t-il. En Inde, on compte depuis quelques dizaines d'années des milliers de suicides de paysans accablés par des prêts usuraires. Dans la péninsule arabique, les travailleurs immigrés réduits en esclavage abondent. Mais pas besoin d'aller si loin. Dans le sud de l'Italie, on rencontre des camps de fortune pour cueilleurs de tomates, d'agrumes et autres produits agricoles : 20 euros pour une journée entière. Parfois moins. Dans la région de Caserte, des milliers d'Africaines sont exploitées par des réseaux de proxénètes (et un trafic d'organes est en train de voir le jour). À Prato, les usines-dortoirs chinoises prospèrent. Même à Rome, dénonce le pape pendant le *Te Deum* de fin d'année à Saint-Pierre, dix mille sans-abri vivent à la limite de la dignité humaine.

En 2013, quand Bergoglio est élu, 85 personnes détiennent une richesse égale à ce que possède la moitié la plus pauvre de la planète. Ces données proviennent du rapport Oxfam, une ONG caritative internationale. L'année suivante, sur un plateau de la balance, 80 super-riches suffisaient. Dans son rapport sur la richesse dans le monde qu'Oxfam présente en 2019 aux dirigeants politiques et économiques au Forum de Davos, on peut lire qu'à peine cinq ans plus tard, 26 personnes pèsent autant que 3 milliards et demi d'hommes et de femmes en termes de richesses. Au cours de l'année 2018, chacun des 1 900 milliardaires du groupe de tête a gagné chaque jour 2,5 milliards de dollars. En regardant en arrière, on constate qu'entre mars 2016 et mars 2017, tous les deux jours, un nouveau milliardaire apparaissait, effet de l'exploitation intensive du travail à l'échelle mondiale[238]. 1 % de la population mondiale possède autant que les 99 % restants. Ce 1 % a reçu 82 % de la richesse produite en 2017. Selon le rapport 2019, 3,4 milliards de personnes vivent actuellement avec moins de 5,50 dollars par jour,

---

238. B. Ardù, *La Repubblica*, 22/01/2018.

tandis que 2,4 milliards d'humains sont contraints à une existence d'« extrême pauvreté », selon les critères de la Banque mondiale. Les médias de masse rapportent que, si 1 % des ultramilliardaires payaient 0,5 pour cent d'impôts en plus, 100 millions d'hommes et de femmes auraient la vie sauve.

« Cette économie tue », répète François à la veille de l'inauguration de l'Expo de Milan[239]. Un système où « les exclus ne sont pas des "exploités", mais des déchets, "des restes[240]" ». On spécule sur la vie, sur le travail, sur la famille, sur les pauvres, sur les migrants, sur les jeunes et leur avenir, s'exclame-t-il face à un million de fidèles venus suivre la messe célébrée pendant sa visite à Milan en mars 2017. Le pape pointe également le projecteur sur la génération sacrifiée des jeunes, qui se trouvent dans les limbes d'une précarité exténuante. Le pape argentin sait exactement de quoi il parle quand il évoque le chômage, le travail au noir, la précarité. Devant les fonctionnaires de l'INPS, l'Institut national de protection sociale italien, réunis place Saint-Pierre, il joue une saynète : « "Ah, tu veux travailler ? – Oui ! – Très bien. Faisons un accord : tu commences à travailler en septembre, jusqu'en juillet, mais ensuite juillet, août et une partie du mois de septembre, tu ne manges pas, tu ne te reposes pas..." C'est ce qui se passe aujourd'hui ! Cela se passe aujourd'hui dans le monde entier, et ici ; cela se passe aujourd'hui à Rome aussi[241] ! »

Un concept revient avec insistance dans les interventions de François : il faut ouvrir les yeux sur « *l'augmentation endémique et systémique des inégalités et de l'exploitation de la planète*, qui est plus grande par rapport à l'augmentation du revenu et de la richesse ». Des phénomènes qui ne sont pas une fatalité, fait-il remarquer[242]. Ces idées ont valu à Bergoglio l'étiquette de « communiste », que

239. François, message vidéo, 07/02/2015.
240. François, *Evangelii gaudium*, 24/11/2013.
241. François, discours, 07/11/2015.
242. François, rencontre à l'Académie pontificale des sciences, 20/10/2017.

lui ont collée les traditionalistes et les ultralibéraux. Mais le pape argentin ne fait pas machine arrière. « L'Église peut et veut s'unir aux millions d'hommes et de femmes qui disent non à l'inégalité de manière pacifique, œuvrant pour une plus grande équité », écrit-il dans la préface d'un livre intitulé *Potere e denaro*[243] « Pouvoir et argent ».

Les bureaux d'étude des organisations internationales savent depuis longtemps que les mots du pape reposent sur des faits. Les analyses menées par l'Unctad, l'organisme des Nations unies qui s'occupe du commerce, du développement et des investissements, certifie que « par rapport à il y a trente ans, l'absence d'équité dans la distribution des ressources s'est étendue à un nombre alarmant de pays et, depuis la fin de la Seconde Guerre mondiale, a atteint le plus haut niveau dans les pays de l'Organisation pour la coopération et le développement (OCDE). [...] Même dans des pays de tradition égalitaire comme l'Allemagne, le Danemark ou la Suède, on assiste à une accentuation du fossé entre riches et pauvres. » Leurs conclusions ne divergent pas de celles du pape Bergoglio : « L'inégalité peut représenter une sérieuse menace à la stabilité sociale et politique. C'est d'ailleurs une opinion très répandue qu'elle peut menacer une croissance durable[244]. »

François se trouve parfaitement à l'aise quand il rencontre les représentants des « mouvements populaires » des pays du Sud. Quand il parle à des personnes qui racontent leur quotidien : *cartoneros*, recycleurs, vendeurs ambulants, tailleurs, artisans, pêcheurs, paysans, maçons, mineurs, ouvriers, membres de coopératives de toutes sortes, personnes exerçant les métiers les plus communs, il ne s'agit pas de populisme, comme lui reprochent ses adversaires. Son expérience dans les bidonvilles de Buenos Aires

243. M. Zanzucchi (dir.), *Potere e denaro. La giustizia sociale secondo Bergoglio*, Città Nuova, 2018.
244. C. Line Carpentier, R. Kozul-Wright, F. D. Passos, *UN Chronicle*, 08/04/2015.

lui fait sentir chez les hommes et les femmes l'odeur de la fatigue rendue plus pesante par la soif d'une amélioration. Il leur parle d'un mécanisme économique qui considère les vieux comme des rebuts inutiles, car ils ne produisent pas, et traite comme des déchets les enfants qu'il ne faut pas faire naître, puis rejette les enfants qui n'ont ni nourriture ni perspective de progression sociale.

La rencontre avec les mouvements populaires est devenue une tradition. La première et la troisième ont eu lieu au Vatican. La deuxième, en juillet 2015, s'est déroulée dans la ville de Santa Cruz de la Sierra en Bolivie, pays où le président Evo Morales lui a offert une faucille et un marteau taillés dans le bois, avec un Christ crucifié sur le marteau. Un cadeau blasphématoire, réagissent les faucons conservateurs dans l'Église et ailleurs. Pourtant, cette œuvre a été réalisée à partir d'un dessin du prêtre Luis Espinal, le jésuite espagnol torturé et assassiné en 1980 par le régime du général Luis García Meza. *Tierra*, *Techo*, *Trabajo* (Terre, Toit, Travail) sont les trois T que le pape Bergoglio transmet comme mot-clé aux représentants des mouvements sociaux. Le droit à la terre pour les centaines de millions de personnes qui vivent de l'agriculture, mais également le respect de la nature. Un toit, car personne ne doit vivre sans maison pour soi et sa famille, mais également une urbanisation à mesure d'homme. *Trabajo*, le travail, qui est un droit et doit se concrétiser par une « rémunération digne [avec] couverture sociale et pension de retraite ». À bien regarder, toute la prédication de François a pour toile de fond le modèle qui a fleuri dans l'Europe d'après-guerre sous le nom d'« économie sociale de marché », rien de marxiste, mais qui est aujourd'hui considéré comme un obstacle au libéralisme sauvage qui prédomine depuis les années 1980.

En Bolivie, face à la foule qui lui a adressé de nombreuses lettres dénonçant les injustices, François répond que toutes les exclusions sont reliées par un fil invisible : « Reconnaissons-nous que ce système a imposé la logique du gain à n'importe quel prix sans penser à l'exclusion sociale ou à la destruction de la nature ? » La réponse est sèche : « S'il en est ainsi, j'insiste, disons-le sans peur : nous voulons un changement, un changement réel, un changement de structures. On ne peut plus supporter ce système, les paysans ne le supportent pas, les travailleurs ne le supportent pas, les communautés ne le supportent pas, les peuples ne le supportent pas… Et la Terre non plus ne le supporte pas, la sœur mère Terre comme disait saint François[245]. »

Voilà le fil conducteur de son encyclique *Laudato si'*, à laquelle a également collaboré Leonardo Boff, théologien de la libération. Bergoglio n'était pas très au fait de la thématique écologique. Il en entend parler pour la première fois en tant qu'archevêque à Aparecida, au Brésil, pendant la cinquième conférence de l'épiscopat latino-américain au cours d'une conférence du chancelier de l'Académie pontificale des sciences, monseigneur Marcelo Sánchez Sorondo. Le sujet était le rôle de l'Église face aux victimes de la mondialisation. Ce fut l'étincelle d'une vision plus vaste des problèmes du monde. Plus tard, en tant que pape, Bergoglio aurait souvent sollicité Sorondo : « Donne-moi des idées, pas des livres. » On raconte que Margaret Archer, présidente de l'Académie pontificale des sciences sociales, affirme que, s'il n'était pas pape, François ferait un excellent sociologue.

Laudato si' n'est pas une encyclique « verte » pour suivre une tendance, mais elle lie les questions de dégradation environnementale à celles de la dégradation sociale, la destruction des ressources naturelles à leur impact direct sur l'existence de centaines de millions d'êtres humains en termes de famines, de perte de moyens de subsistance, de maladies, de conditions invivables, de migrations forcées. L'écho de ce document adressé à tous les habitants de la planète qu'il appelle à prendre « soin de la maison commune » a été notable. Pour la première fois, un pape consacrait une encyclique aux questions environnementales. Avec les dégâts croissants causés par l'effet de serre, la désertification, la pollution des océans, la déforestation, les immenses étendues

245. François, discours, 09/07/2015.

de monocultures, l'inarrêtable urbanisation chaotique et le *land grabbing* du tiers monde (la concession massive de terres à de grandes entreprises ou à des gouvernements étrangers, essentiellement la Chine en Afrique, avec pour conséquence la destruction de l'économie de base de communautés villageoises entières), *Laudato si'* devient toujours plus actuel. Car le texte n'est pas moralisateur et tous les thèmes sont mis sur la table de manière spécifique. L'encyclique ne part pas de la doctrine pour donner des indications morales, mais prend au contraire la direction de l'analyse de données scientifiques pour poser la question de ce que sont appelés à faire les chrétiens, les religions, les hommes et les femmes sans distinctions idéologiques.

François n'avance pas dans le vide. Il est fermement ancré dans la doctrine sociale de ses prédécesseurs. Lors de son voyage en Allemagne en 2011, Benoît XVI avait évoqué l'émergence du mouvement écologique comme « un cri qui aspire à l'air frais », ajoutant qu'il faut écouter le langage de la nature et y répondre de manière cohérente. De son côté, Jean-Paul II était fermement convaincu que « Dieu a donné la terre au genre humain, afin qu'elle fasse vivre tous ses membres, sans exclure ni privilégier personne ». François ajoute l'urgence de prendre acte qu'une « *vraie approche écologique se transforme toujours en une approche sociale*, qui doit intégrer la justice dans les discussions sur l'environnement, pour écouter *tant la clameur de la terre que la clameur des pauvres.* » L'idéologie du « jetable » est particulièrement négative et destructrice, fait-il remarquer. On retrouve toute la vision prophétique du pape Bergoglio dans la prière qui conclut *Laudato si'* : « Inonde-nous de paix, pour que nous vivions comme frères et sœurs sans causer de dommages à personne. Ô Dieu des pauvres, aide-nous à secourir les abandonnés et les oubliés de cette terre qui valent tant à tes yeux.

Guéris nos vies, pour que nous soyons des protecteurs du monde et non des prédateurs, pour que nous semions la beauté et non la pollution ni la destruction. Touche les cœurs de ceux qui cherchent seulement des profits aux dépens de la terre et des pauvres. »

Les faits scientifiques confirment les inquiétudes du pape. Ces dernières années, les glaces du Groenland ont fondu à une vitesse quatre fois supérieure par rapport aux prévisions. Il est significatif que Daniel Coats, chef de la coordination réunissant les seize agences de renseignement des États-Unis ait classé dans un rapport pour le Sénat américain les questions climatiques parmi les facteurs géopolitiques pertinents pour la sécurité. « Aléas climatiques, augmentation des températures, inondations, tempêtes, hausse du niveau de la mer, dégradation du sol et acidification des océans s'intensifient, menaçant les infrastructures, la santé et la sécurité [de l'approvisionnement] en eau et en nourriture[246] », écrit-il.

Par son originalité, l'encyclique est tombée sur un terrain fertile. Le professeur Guzmán Carriquiry, vice-président de la Commission pontificale pour l'Amérique latine, rapporte la prolifération au fil du pontificat de Bergoglio d'une myriade d'initiatives sociales de l'Église en Amérique du Sud et sur d'autres continents. En faveur des marginaux, des femmes, des enfants abandonnés, des indigènes, des malades terminaux, des handicapés. « Une explosion de l'imagination caritative », dit-il. Dans plusieurs pays émergent des « communautés *Laudato si'* » pour concrétiser dans les réalités locales les impulsions de l'encyclique[247]. Mais les oppositions sont très fortes. Sur le web traditionaliste, chaque prétexte est bon pour délégitimer même indirectement le message papal. Le site conservateur américain LifeSiteNews exulte du fait que le nouveau ministre des Affaires étrangères brésilien, Frago Araújo, a qualifié d'« idéologie marxiste » le débat sur le climat : un instrument pour étouffer l'économie occidentale. Sur les thèmes qui tiennent le plus à cœur à François, le lien qui unit ultraconservateurs politiques, économiques et

246. J. Borger, *The Guardian*, 29/01/2019.
247. A. Guerrieri, *Avvenire*, 17/03/2018.

religieux est devenu permanent. Par ailleurs, l'un des premiers actes du gouvernement Bolsonaro a été de transférer la gestion des réserves indigènes de l'administration d'une organisation spéciale (la FUNAI) au ministère de l'Agriculture aux mains des lobbies qui entendent intensifier l'exploitation de l'Amazonie.

François n'en démord pas. En mai 2018, un événement inédit se produit au Vatican : la publication d'un document conjoint de la Congrégation pour la doctrine de la foi et du dicastère pour le développement humain intégral. Il s'intitule *Considérations pour un discernement éthique autour de certains aspects de l'actuel système économico-financier*. L'initiative de François est illustrée par les paroles du préfet de l'ancien Saint-Office, le cardinal Luis Francisco Ladaria, selon qui « le marché, pour bien fonctionner, a besoin de présupposés anthropologiques et éthiques qu'il n'est pas en mesure de se donner ni de produire seul ». En d'autres termes, l'orthodoxie (à laquelle a toujours veillé la Congrégation pour la doctrine de la foi) ne regarde pas seulement la doctrine, mais implique également pour les croyants « l'action droite » dans le domaine de l'économie et de la finance. Le document passe en revue de nombreux problèmes actuels, dont la dérégulation, le rôle des banques, la création de produits financiers hautement spéculatifs, l'insuffisance des instruments de contrôle. Comme le rappelle le cardinal Peter Turkson, préfet du dicastère du développement, il est indispensable de garantir la dignité humaine et la recherche du bien commun même dans le domaine économico-financier.

Prophétiser est fatigant. La scène internationale s'oppose à la prédication de François. Lors de la réunion du G20 à Buenos Aires qui s'est conclue le 1er décembre 2018, l'opposition des États-Unis aux accords de Paris a complètement affaibli la question d'un engagement commun pour lutter contre le changement climatique. La conférence suivante de l'Onu sur le climat à Katowice, en Pologne, s'est ressentie de cette situation. Il a été décidé de poursuivre les objectifs indiqués par l'accord de Paris, sans prendre en compte le rapport de la Commission spéciale de l'Onu sur le climat, qui prévoit au rythme actuel une augmentation des températures de 3,5 degrés, avec des effets catastrophiques sur l'environnement et donc sur les ressources alimentaires, par exemple la pêche.

La stratégie sociale du pape a également souffert de la non-approbation par un certain nombre de pays du Global Compact, la convention de l'Onu sur les migrants. Un accord non contraignant, mais qui indique les critères d'une migration disciplinée et sûre en fixant les droits fondamentaux de chaque migrant, en combattant la xénophobie et en promouvant l'intégration. Cent soixante-quatre pays ont adhéré au pacte. Pas les États-Unis. L'Europe est divisée : l'Autriche, la Tchéquie, la Pologne, la Hongrie, la Croatie, la Slovénie, la Bulgarie, l'Estonie et la Suisse s'y opposent. Le Premier ministre belge y a adhéré, mais son gouvernement a aussitôt été mis en difficulté par le parti nationaliste flamand. L'Italie ne l'a pas signé. Le gouvernement Netanyahou s'y est également opposé, oubliant les réfugiés juifs repoussés aux frontières pendant la Seconde Guerre mondiale. François a exhorté les fidèles à prier pour que l'accord puisse entrer en vigueur avec « responsabilité, solidarité et compassion[248] ».

Le 16 décembre 2018, la veille de son quatre-vingt-deuxième anniversaire, *L'Osservatore romano* publie en première page un article sur le trafic d'êtres humains. Un thème qui tient particulièrement à cœur au pape, qui cite des statistiques selon lesquelles on compte 40 millions d'esclaves dans le monde. Les chiffres de l'Onu confirment qu'il existe au moins 150 pays d'origine et 124 de destination. Le phénomène concerne l'exploitation sexuelle, l'exploitation par le travail, le travail domestique forcé, la mendicité forcée, le trafic d'organes. Les victimes sont essentiellement des femmes et un nombre d'enfants croissant. Ce sont les « nouveaux esclavages » que François aurait souhaité voir condamnés par les Nations unies comme crime contre l'humanité. Il en avait même parlé avec l'ancien président américain Obama.

248. François, Angélus, 16/12/2018.

« L'esclavage n'est pas une chose d'un autre temps, il se manifeste encore aujourd'hui sous de nombreuses formes », avertit le pape. Il faut arracher le voile de l'indifférence qui pèse sur le destin de cette masse exterminée, insiste François. Mais « il semble que beaucoup ne veuillent pas comprendre la portée du problème[249] ».

Encore une bataille que le pape Jorge Mario Bergoglio entend mener avec ténacité.

---

249. François, message vidéo aux participants du deuxième Forum international sur l'esclavage moderne, 08/05/2018.

10
La fuite des femmes

L'effondrement est catastrophique. De 2000 à 2016, le nombre de femmes actives dans les ordres religieux féminins a chuté de 800 000 à 659 000. L'armée des sœurs est cruciale pour la présence de l'Église catholique dans la société contemporaine. Elles gèrent des écoles de tous niveaux, des instituts, des hôpitaux, des dispensaires, des maisons pour personnes âgées, pour handicapés, pour femmes seules, pour orphelins, offrent toute sorte d'aide et de soutien. Elles sont présentes de nuit dans les quartiers les plus abandonnés des métropoles occidentales, actives dans les régions les plus désespérées du tiers monde. Elles représentent une grande partie de l'ossature des services des diocèses, des conférences épiscopales et des congrégations au Vatican. Elles assurent depuis des siècles les fonctions de gouvernantes, d'assistantes et d'aides à domicile pour prêtres, évêques, cardinaux et papes. Sans cette infanterie de femmes, qu'elles portent ou non le voile, l'Église serait incapable d'avancer d'un pas. Une perte de 140 000 religieuses en tout juste seize ans constitue un phénomène alarmant.

En 2018, une terrible liste de témoignages internes aux institutions ecclésiastiques a semé le trouble au Vatican. Des histoires authentiques. Des sœurs « employées au service d'hommes d'Église, qui se lèvent à l'aube pour préparer le petit-déjeuner et vont se coucher une fois le dîner servi, la maison rangée, le linge lavé et repassé [...] elles n'ont pas d'horaires précis et leur rétribution est aléatoire, souvent très modeste ». Des sœurs utilisées et ignorées : « Un ecclésiastique se fait servir son repas par une sœur puis la laisse manger seule à la cuisine une fois qu'il a été servi. Est-il normal pour une personne consacrée d'être servie de cette manière par une autre personne consacrée ? » Des sœurs qui ont servi pendant trente ans dans une institution ecclésiastique ne reçoivent la visite d'aucun des prêtres dont elles ont pris soin quand elles-mêmes tombent malades. Ou elles sont « licenciées » de but en blanc. « Des sœurs titulaires d'un doctorat en théologie qui, du jour au lendemain, sont chargées de cuisiner ou laver la vaisselle, une mission sans aucun rapport avec leur formation intellectuelle, sans véritable explication. » À Rome, des sœurs qui après des années d'enseignement sont envoyées ouvrir et fermer l'église d'une paroisse[250]. De nombreux prélats ont été surpris de découvrir que l'enquête et ses témoignages ne paraissaient pas dans la presse laïque ou anticléricale, mais dans le supplément *Donne, Chiesa, Mondo* publié par *L'Osservatore romano*.

Depuis le début de son pontificat, François dénonce la « servitude » à laquelle sont souvent condamnées les religieuses, qui n'a rien à voir avec le « service » rendu à l'Église. Quelques mois après son élection, le pape évoque dans son exhortation apostolique *Evangelii gaudium* la revendication au sein de l'institution ecclésiastique des « droits légitimes des femmes, à partir de la ferme conviction que les hommes et les femmes ont la même dignité ». Sans toucher à l'interdiction du sacerdoce aux femmes, le pape argentin pose la question du rôle de la femme « là où se prennent des décisions importantes, dans les divers milieux de l'Église[251] ». Dans son interview à *La Civiltà cattolica*, le pape

250. M.L. Kubacki, *L'Osservatore romano. Donne, Chiesa, Mondo*, 01/03/2018.
251. François, *Evangelii gaudium*, 24/11/2018.

se montre encore plus net. Le génie féminin, précise-t-il, exige que la femme trouve également sa place dans l'exercice de l'autorité.

Dans le même temps, il sème des impulsions à travers des gestes chargés de signification. Le Jeudi saint 2013, le pape se rend à la prison romaine pour mineurs de Casal di Marmo pour la cérémonie du lavement des pieds. Pour la première fois, parmi les douze personnes appelées à participer figuraient deux femmes. Un signal clair. Les douze personnes choisies rappellent les apôtres à qui Jésus lave les pieds le soir de la Cène. Le geste de Bergoglio suggère que les femmes aussi sont des apôtres. (Au cours des années suivantes, le pape accueille dans cette cérémonie des représentants d'autres religions pour mettre en avant l'esprit de service de l'Église.) Afin d'éviter que ce signal puisse être effacé à l'avenir, François modifie le missel romain par décret de la Congrégation pour le culte, remplaçant pour cette cérémonie les mots « hommes qui ont été choisis » par « ceux qui ont été choisis parmi le peuple de Dieu[252] ». Il institue aussi la fête liturgique de Marie-Madeleine, qualifiée de « première évangéliste et apôtre des apôtres[253] ».

Ensuite, il commence lentement à nommer des femmes dans des organismes du Vatican. Deux sont nommées sous-secrétaires du dicastère pour les laïcs : Gabriella Gambino, professeure de bioéthique et de philosophie du droit, et Linda Ghisoni, juge du tribunal ecclésiastique pour les causes de nullité de mariage. Au dicastère pour le développement, il nomme sous-secrétaire la seule femme qui occupait un rôle partiellement directeur dans la curie romaine : Flaminia Giovanelli, ancienne sous-secrétaire du conseil « Justice et Paix ». Par la suite, François fait entrer quatre femmes parmi les consultants du secrétariat du synode des évêques et nomme sept femmes membres de la Congrégation des religieux.

En 2014, le pape place au conseil d'administration de l'IOR Mary Ann Glendon (qui a démissionné en 2018). L'historienne

---

252. Congrégation pour le culte divin, *In Missa in Cena Domini*, 06/01/2016.
253. Congrégation pour le culte divin, *Apostolorum apostola*, 03/06/2016.

de l'art Barbara Jatta est nommée à la direction des musées du Vatican. La manageuse Mariella Enoc, ancienne vice-présidente de la fondation Caripol et présidente de la Confédération générale de l'industrie (Confindustria) du Piémont, est appelée à présider l'hôpital du Vatican Bambino Gesù. Enfin, François choisit une femme comme rectrice de l'université pontificale Antonianum : sœur Mary Melone. En 2018, pour la première fois, une présidente est élue à la fédération internationale des universités catholiques : la professeure Isabel Capeloa Gil, rectrice de l'université catholique du Portugal. Au Vatican, le cardinal Gianfranco Ravasi crée en 2015 la commission féminine du Conseil pour la culture qu'il préside. En font partie trente-sept femmes de divers horizons professionnels, confessionnels et philosophiques. L'objectif de cette commission consiste à examiner l'évolution du rôle de la femme dans la société contemporaine.

De petits pas en avant, parfois symboliquement significatifs, étant donné la lenteur des temps de l'Église. Mais qui ne suffisent pas à tenir la cadence de ce que François appelle le « changement d'époque » que vivent la société mondiale, les femmes et les croyants. Six ans après l'élection de Bergoglio, on ne constate aucune participation réelle et étendue des femmes catholiques aux moments décisifs de leur Église. En 2013, un groupe de théologiennes et théologiens en Europe et aux États-Unis avait lancé la proposition (déjà avancée deux ans plus tôt par la revue des jésuites étasuniens *America*) que le pape nomme des femmes cardinales, étant donné que jusqu'au XIXe siècle le cardinalat pouvait également être accordé à des laïcs. L'appel est repoussé par le cardinal Maradiaga, coordinateur du « Conseil de la couronne » de François, le C9. La proposition de la présidente du mouvement des Focolari, Maria Voce, d'adjoindre au C9 un groupe de huit laïcs, hommes et femmes, qui serve au pape d'outil de consultation permanente, n'a pas été retenue. Encore moins la suggestion de Voce de permettre qu'un groupe de fidèles des deux sexes, représentatifs du monde catholique, puissent assister aux débats de préconclave sur la situation de l'Église. La demande de convoquer un synode « sur les femmes, avec les femmes, pour les femmes », avancée en 2015 par sœur Eugenia Bonetti (une religieuse en première ligne contre la traite des esclaves sexuelles) et par Lucetta Scaraffia, éditorialiste historique de *L'Osservatore romano* et à l'époque directrice du supplément *Donne, Chiesa, Mondo*, n'a pas non plus reçu de réponse pour l'instant.

Un passage important a lieu en mai 2016 à l'occasion d'une audience de François à l'Union internationale des supérieures générales (Usig). L'Usig constitue le sommet des congrégations féminines du monde entier. La rencontre est structurée comme un dialogue : questions et réponses. Le pape connaît les questions à l'avance. François donne l'entière liberté de poser des questions et le dialogue est ensuite publié. Les questions, très concrètes, portent sur l'exclusion des femmes de la prédication à la messe et des processus de décision au sein de l'Église. Il lui est également demandé pourquoi les femmes ne peuvent fairc partie des diacres permanents. François s'est dit prêt à affronter le sujet : « Il y a des publications sur le diaconat [féminin] dans l'Église, mais la manière dont il a existé n'est pas claire… Je voudrais mettre en place une commission officielle qui puisse étudier la question : je pense que cela fera du bien à l'Église d'éclaircir ce point. »

Le pape agit rapidement. Au mois d'août suivant, il nomme la commission : six théologiennes et six théologiens. La direction est confiée au secrétaire de la Congrégation pour la doctrine de la foi de l'époque, monseigneur Luis Francisco Ladaria. Le cardinal Müller, alors à la tête de la congrégation, s'y était fermement opposé. Mais un écart est creusé entre la demande des supérieures des ordres féminins et la décision du pape. Les sœurs réclamaient d'affronter le problème dans son actualité : « Qu'est-ce qui empêche l'Église d'inclure les femmes parmi les diacres permanents, comme c'était le cas dans l'Église primitive ? » demandaient-elles. François opte pour une solution plus prudente : une étude de la situation dans l'Église des premiers siècles. Voilà la tâche à laquelle se consacre la commission. Dresser une carte de la présence des diaconesses dans l'Église primitive et du haut Moyen Âge.

Les travaux se poursuivent pendant deux ans, surtout à distance. Au Vatican, seules quatre réunions plénières ont lieu.

Le résultat tient dans un document de neuf pages, remis à Ladaria – entre-temps devenu cardinal et préfet de la Congrégation pour la doctrine de la foi – en juin 2018. Il présente une différence par rapport à une étude similaire menée en 2003 par la Commission théologique internationale, qui se concluait par la constatation qu'il appartenait à la haute hiérarchie de l'Église de « se prononcer avec autorité sur la question ». Le texte de la commission créée par Bergoglio est uniquement destiné au pape en personne et, début 2019, il n'était pas encore publié. « Le travail s'est déroulé en suivant trois axes: historique, anthropologique-liturgique et théologico-doctrinal », explique un membre de la commission. Le document final signale les choses certaines et les choses incertaines. Il reflète le pluralisme et les oppositions théologiques entre les membres du groupe. Dans chaque paragraphe, on remarque les points qui font l'unanimité ou suscitent des opinions divergentes.

Quoi qu'il en soit, l'examen historique fait clairement apparaître qu'il serait erroné de lire la réalité des premiers siècles avec le regard doctrinal d'aujourd'hui. Trouver les termes « évêque » ou « diacre » dans les lettres de saint Paul, à la naissance du christianisme, est quelque chose de totalement différent par rapport à la charge épiscopale ou du diaconat un millénaire plus tard. L'analyse de la documentation réalisée en commission fait apparaître que le diaconat féminin était une réalité opérante tant dans la partie occidentale qu'orientale de l'Empire romain, bien que ses contours ne soient pas bien définis. « Il est certain qu'il existait une pluralité d'activités, confie un membre de la commission: assister les femmes pour le baptême par immersion (où elles étaient entièrement ou partiellement nues), lire l'Évangile et accomplir d'autres actes pendant la messe, mais jamais à l'autel, assister l'évêque dans certaines de ses activités avec les fidèles. Il faut remarquer que pendant les premiers siècles, le terme "diacre" est utilisé tant pour les hommes que pour les femmes. » On parle seulement plus tard de diaconesses, et elles peuvent être femmes diacres, directrices de communauté religieuse, épouses officielles des diacres ou bien le devenir si leur mari prêtre devient évêque. « En tout cas, on devient femme diacre avec un mandat spécifique, une bénédiction ou l'imposition des mains. Certains textes parlent expressément de "consécration". Par ailleurs, à cette époque, le terme d'ordination n'avait pas le sens de sacrement, qu'il a acquis par la suite. Il signifiait simplement entrer dans un "ordre". Cela veut dire qu'au début, même le diaconat masculin ne s'insérait pas dans une procédure sacramentelle[254]. »

Ces distinctions peuvent paraître abstraites à des yeux profanes, mais elles touchent un sujet crucial. « Le fait est que chaque participation des femmes finit par se heurter à un mur de verre : le pouvoir décisionnel est lié à l'ordre sacré, explique un membre de la commission. Tout le monde sait que parler aujourd'hui de diaconat féminin signifie revenir au sujet douloureux du sacerdoce féminin. C'est le non-dit qui planait également sur nos réunions[255]. » Le document n'offre aucune orientation concrète – le pape avait expressément demandé une cartographie de la question – mais, selon certains de ses rédacteurs, il ouvre la porte à des décisions innovantes. Pour l'universitaire étasunienne spécialiste d'histoire de la religion Phyllis Zagano, membre de la commission, il est important que les recherches mettent en évidence des cas de « cérémonies d'ordination pour des femmes diacres identiques aux cérémonies d'ordination pour les hommes[256] ». Rendre public le document permettrait une discussion concrète dans l'Église tout entière. Trois solutions apparaissent possibles aux experts. Une très minimale : l'accès officiel des femmes à l'« acolytat » et au « lectorat » (c'est-à-dire la lecture de quelques passages des Évangiles pendant la messe). Les femmes le font déjà actuellement, mais ne se voient pas conférer de « ministère »

254. Témoignages des membres de la commission, recueillis par l'auteur.
255. *Ibid.*
256. B. Sanchez, *American Magazine*, 15/01/2019.

spécifique. Deuxième option : créer une forme de diaconat uniquement pour les femmes, distinct du diaconat permanent des hommes mariés tel qu'il existe aujourd'hui. Hypothèse que la majeure partie des théologiennes contemporaines repousse fermement, car elles ne veulent pas une sorte de réserve indienne. Troisième solution : ouvrir l'accès au diaconat permanent aux femmes, vu que cela ne constitue pas un passage vers le sacerdoce. Cette solution serait facilitée par le fait que Benoît XVI a réformé certains passages du Code de droit canonique pour préciser que seuls les prêtres et les évêques appartiennent à la sphère du « sacerdoce », tandis que les diacres appartiennent à la sphère du « ministère », c'est-à-dire du « service ». De cette manière, il n'y aurait pas de contradiction avec l'opposition catégorique au sacerdoce féminin prononcée par Jean-Paul II en 1994 dans la lettre apostolique *Ordinatio sacerdotalis*. Interdit confirmé par la volonté de François dans un article de *L'Osservatore romano*, signé en mai 2018 par le cardinal Ladaria en qualité de préfet de la Congrégation pour la doctrine de la foi. Quelques jours avant que la Commission sur le diaconat féminin ne remette son rapport, Ladaria écrivait que les « prêtres sont configurés au Christ prêtre, afin de pouvoir agir au nom du Christ, chef de l'Église [car] le Christ a voulu conférer ce sacrement aux douze apôtres, tous des hommes, qui, à leur tour, l'ont transmis à d'autres hommes[257] ».

La déclaration du préfet du Saint-Office et le moment choisi font craindre aux théologiennes réformistes que François, pressé par ses ennemis sur divers fronts et accusé sans relâche de subvertir la doctrine traditionnelle de l'Église, ne soit pas en mesure de faire un bond en avant. « Je fais confiance à François, personnellement je le trouve attentif aux signes des temps, mais si une innovation met en péril le travail qu'il accomplit, alors cela veut dire qu'il faudra attendre », avoue un membre de la commission. « Certains ont pris les gestes de François pour un changement imminent et

257. L. Ladaria, *L'Osservatore romano*, 29/05/2018.

je sens déjà un vent de déception s'il ne se passe rien », reconnaît une autre[258]. Un membre de la commission se rappelle la seule rencontre que le pape a eue avec eux. C'était pendant le carême 2017, de retour des exercices spirituels, le pape entra par surprise dans la salle du Saint-Office où ils travaillaient. Il s'est entretenu avec la commission pendant une vingtaine de minutes et « on sentait qu'il était favorable à ce que cela avance ». Le cardinal Francesco Coccopalmerio, président pendant plus de dix ans du Conseil pour les textes législatifs, n'a aucun doute. Il rappelle que le cardinal Carlo Maria Martini était favorable à l'accession des femmes au diaconat : « Je pense comme lui. Il n'y a pas de problème. Là-dessus, j'en suis certain. Mais il faut tenir compte des rapports œcuméniques : les Églises orthodoxes ont une mentalité invétérée, il faut respecter leurs convictions[259]. »

Désormais, tout est entre les mains de François. Quand le pape rencontre en mai 2019 les représentants internationaux des ordres religieux féminins, il distribue quelques félicitations aux membres de la Commission sur le diaconat, mais déclare dans le même temps que « le résultat n'est pas extraordinaire ». Il y avait certainement au début du christianisme une forme de diaconat féminin, explique-t-il en transmettant le rapport final à la présidence : « Elles aidaient pour le baptême, dans les cas de dissolution de mariage, ce genre de choses… » Mais les diaconesses ne recevaient pas une véritable ordination sacramentelle, plutôt une bénédiction pareille à celle que l'on accorde aux abbesses. Le rapport conjoint de la commission, ajoute-t-il, contient le « peu de choses sur lesquelles ils se sont mis tous d'accord ». Insuffisant pour prendre un décret sacramentel, étant donné le manque de fondement théologico-historique. Chacun a ensuite remis un rapport personnel, précise François. « On ira de l'avant, parce que,

258. Témoignages des membres de la commission, recueillis par l'auteur.
259. Entretien avec l'auteur.

dans quelque temps, je pourrai faire appeler les membres de la commission », conclut-il[260].

Les débats lors du synode panamazonien d'octobre 2019 ont relancé le processus. Stimulé par les évêques, François a annoncé son intention de convoquer à nouveau la commission et d'y intégrer de nouveaux membres pour continuer à examiner la question.

Les épiscopats du Canada, des États-Unis et d'Allemagne font pression depuis longtemps pour que le diaconat féminin soit autorisé. Mais surtout le facteur temps est en jeu, et les résistances diffuses dans la hiérarchie et une partie du clergé n'en tiennent pas compte. Les femmes se désaffectionnent de l'Église. Les élites théologiques se désaffectionnent, de même que les fidèles de base qui sont bien moins stimulés à collaborer dans la paroisse, à tel point que l'âge moyen des catéchistes et autres assistantes augmente. Les nouvelles générations de sœurs s'impatientent, elles ne sont plus disposées à courber la tête devant le prêtre masculin pour la seule raison qu'il a le sacrement de l'ordre sacerdotal. Au contraire, le fait de se trouver perpétuellement reléguées à représenter le « troupeau » ou la « collaboratrice » se heurte à présent de manière intolérable à l'évolution de la société. Il ne s'agit pas de « machisme en jupon » – une expression qui a échappé à François il y a longtemps – ni de revendications féministes à retardement, mais simplement d'un état de fait incompréhensible. Après avoir participé au synode sur la famille, l'essayiste et historienne catholique Lucetta Scaraffia a été frappée au point d'écrire un livre intitulé *Dall'ultimo banco* (« Depuis le dernier banc »). Sans les femmes, affirme-t-elle, l'Église ne peut aller de l'avant, car « ce sont les femmes qui la font tenir debout et n'acceptent plus de servir sans être écoutées[261] ». Habituellement modérée dans ses commentaires, l'historienne semble arrivée à un point de rupture. Comment les femmes sont-

260. François, rencontre avec l'Union internationale des supérieures générales (UISG), 10/05/2019.
261. L. Scaraffia, *Dall'ultimo banco*, Marsilio, 2016.

elles vues au Vatican ? lui a-t-on demandé. « Elles ne sont pas vues. Elles n'existent pas » a été sa réponse[262]. Après le sommet au Vatican sur les abus, elle en rajoute une couche : dans l'Église, les femmes, et en premier lieu les religieuses, sont aujourd'hui encore des membres de deuxième classe. « Elles ne sont jamais écoutées ni consultées, elles doivent seulement obéir[263]. »

Quiconque a participé au synode des évêques en tant qu'auditrice ou experte décrit la même scène. « Nous sommes assises en haut de l'hémicycle synodal. Au fond, le pape s'assied avec les cardinaux, puis les évêques importants, puis les autres évêques, puis les supérieurs des ordres masculins, puis les supérieures des ordres féminins, puis les prêtres et enfin nous. Tout en haut, comme dans un poulailler », raconte une théologienne. Même quand on participe à un congrès d'études avec des collègues théologiens, qui se réunissent habituellement à l'université ou lors de symposiums scientifiques, le dimanche venu « voilà que les hommes endossent les vêtements liturgiques, célèbrent, psalmodient, prêchent, tandis que nous sommes toujours leur public ». Une membre de la Commission sur le diaconat ajoute avec une pointe d'ironie : « Mais pourquoi est-ce que c'est toujours toi qui dois prêcher, et pas une fois moi, une fois toi ? »

Marinella Perroni, fondatrice de la Coordination des théologiennes italiennes, fait remarquer : « Parmi nous, les plus anciennes sont arrivées depuis longtemps à la conclusion qu'il n'y a aucun sens à discuter du diaconat des femmes si on ne réfléchit pas globalement à tous les ministères. Mais au Vatican, ils ont peur. » La responsabilité n'incombe pas seulement à la curie, mais à une grande partie de la hiérarchie ecclésiastique du monde entier. « Au cours des trente dernières années, l'Église a été dévastée dans la formation, dans la théologie, dans la sélection

262. S. Lorenzetto, *Corriere della Sera*, 07/09/2018.
263. L. Scaraffia, *Famiglia cristiana*, 07/03/2019.

des personnes[264] », conclut Perroni. Ce jugement tranchant fait référence à la configuration des séminaires, à la sélection des évêques « par obéissance et loyauté doctrinale » et au refus systématique de valoriser la recherche théologique pour faire évoluer la communauté ecclésiastique dans sa manière de se structurer et de s'adresser au monde. Sur le banc des accusés : Jean-Paul II et Benoît XVI.

Pendant ce temps, les nouvelles générations de femmes tournent le dos à l'Église. Pour elles, son pouvoir d'attraction a fortement diminué. Le cas de l'Italie est significatif. Si parmi les générations nées dans les années 1940 on notait un écart notable entre hommes et femmes concernant la foi, aujourd'hui il ne semble pratiquement plus y avoir de différence. Pour les femmes de cette génération, la religion était « très » importante avec un rapport de un à deux par rapport aux hommes (plus de 50 % des femmes étaient concernées, seulement 26 % des hommes). Actuellement, on note une équivalence substantielle entre les sexes dans la laïcisation des comportements. Au terme de la première décennie du nouveau millénaire, seules 14 % des filles nées autour de 1990 accordaient « beaucoup d'importance » à la religion. Non loin du 11,6 % des garçons de leur âge. Ces chiffres proviennent de l'Observatoire socioreligieux du Triveneto et concernent le nord-est de l'Italie[265].

La religion étant traditionnellement majoritairement catholique dans cette région, il n'est pas difficile de projeter les résultats sur l'ensemble de la population juvénile laïcisée. Chez les milléniaux, l'éloignement des structures ecclésiastiques (et non de la spiritualité ou des interrogations religieuses) n'enregistre quasiment plus aucune différence de genre. Le prêtre Armando Matteo, ancien assistant des universitaires catholiques (FUCI), affirme que l'Église

---

264. Entretien avec l'auteur.
265. Osservatorio socio-religioso Triveneto, *Indagine per il II convegno di Aquileia*, 18/02/2012.

ne doit pas sous-estimer la « rapide désaffection des pratiques de foi que manifestent toujours plus de femmes de vingt, trente ou quarante ans[266] ». Parmi les nouvelles générations de femmes, on remarque une forte distance avec la pratique religieuse et les structures ecclésiastiques fondamentales que sont la paroisse et le diocèse. Ce qui vaut pour l'Italie se manifeste de manière encore plus décisive dans d'autres pays occidentaux. Ajoutons à cela que l'esprit critique envers la hiérarchie et les structures de l'Église augmente de pair avec le niveau d'instruction. L'Église est en train de perdre en silence les femmes tout comme elle a perdu la classe ouvrière au xxe siècle.

« Le risque est de projeter sur François les désirs et les attentes de ceux qui imaginent un pape disposé à changer la doctrine et le dogme, mais ce n'est pas lui, fait remarquer Mary McAleese, présidente de la République d'Irlande pour deux mandats. L'Église se trouve à la croisée des chemins. Soit elle devient une secte marginale, soit elle se pose comme une voix de grande ampleur. Le vieux système impérial des élites cléricales ne fonctionne plus. Comment inclure les femmes dans le processus de décision, si tout reste entre les mains de la caste cléricale[267] ? » ajoute-t-elle. Catholique convaincue, tempérament sanguin, dotée d'un sens politique inné, McAleese est la bonne personne pour considérer la question féminine catholique avec un regard libre et extérieur au système du Vatican. Sa rencontre avec le pape Wojtyła lors de sa visite officielle au palais apostolique suffit à camper son caractère. « Je me trouvais au Vatican en visite d'État et Jean-Paul II, venant à ma rencontre, me court-circuita et tendit la main à mon mari en disant : "Vous ne préféreriez pas être président au lieu d'avoir une épouse présidente ?" Mon mari me connaît suffisamment pour ne pas prendre la main du pape. Alors je dis : "Permettez-moi de me présenter, je suis la présidente élue d'Irlande, que cela

266. A. Matteo, *La Fuga delle quarantenni*, Rubbettino, 2012.
267. M. McAleese, rencontre avec la presse étrangère, Rome, 07/03/2018.

vous plaise ou non." Jean-Paul II rit en tentant d'expliquer qu'il plaisantait et ajoute: "On m'a dit que vous aviez un grand sens de l'humour." Puis lors de notre rencontre personnelle, mais pas devant la délégation gouvernementale, il s'est excusé en disant qu'il ne parlait pas bien l'anglais. "Vous n'auriez pas essayé de plaisanter ainsi avec un homme", ai-je répondu[268]. »

Mary McAleese invite à prendre la réalité en compte. L'Irlande est un cas intéressant, car elle est passée en quelques années de pays très catholique à une société qui a approuvé par référendum d'abord le mariage homosexuel puis, en mai 2018, l'avortement. L'ancienne présidente de la République dresse le tableau à partir de rencontres avec des femmes engagées dans diverses activités ecclésiastiques: assistantes de paroisse, catéchistes, guides spirituelles lors des rites, aides pastorales, rapports œcuméniques. « On raconte que les filles ne sont pas intéressées par l'Église. Pour elles, ce n'est pas pertinent. Elles ne veulent pas en entendre parler, elles ont grandi dans une Église qui n'est pas respectée à cause des scandales. Si bien qu'elles n'ont aucune déférence envers les choix faits par les pasteurs. »

Il y a deux questions cruciales à affronter. L'Église doit intégrer pleinement la culture des droits humains fondamentaux, car de nombreux jeunes ne la considèrent pas en phase avec l'époque actuelle. Deuxièmement, la participation féminine doit être réelle. « OK, j'accepte que les femmes soient exclues du sacerdoce, nous ne nous disputerons pas là-dessus, s'exclame McAleese. Mais dites-moi comment elles peuvent être impliquées dans le processus de décision[269]. » On remarque dans cette intervention, comme dans celles d'autres femmes (encore) intéressées à faire évoluer l'Église, une note d'impatience, car aucun changement concret n'a suivi les ouvertures annoncées au début du pontificat. Le soutien au pape réformateur n'est pas mis en doute, mais la déception est

268. Entretien avec l'auteur.
269. *Ibid.*

palpable. McAleese relève un point largement partagé par la partie féminine du monde catholique disposée à s'engager, bien que toutes ses représentantes n'usent pas en public d'un langage aussi direct. « François a ouvert le débat et c'était nécessaire. Il a un certain degré de clairvoyance. Il est aussi capable de reconnaître ses erreurs de manière très humaine. Il a de bonnes intentions, mais les femmes veulent des actes[270] ! » Surtout, elles ne veulent plus aucune forme de paternalisme, ajoute l'ancienne présidente irlandaise.

La théologienne Cettina Militello, l'une des pionnières dans ce domaine, résume le problème de manière précise : « Il n'est pas possible que l'Église, le peuple de Dieu en marche, ne reconnaisse pas la dignité commune du baptême et ne fonde pas sur elle et seulement sur elle les droits et les devoirs de ceux qui lui appartiennent. Il n'est pas possible qu'elle reste dans une attitude préjudiciable de discrimination envers les femmes. » Il n'est pas non plus pensable de confier à une seule personne, jugée omnipotente, la réforme de tout le système ecclésiastique. Il s'agit de choses qui « ne peuvent être laissées à des gestes volontaristes ou soudains, mais qui doivent être normées globalement et avec autorité[271] ».

Où se trouvent les évêques du monde prêts à soutenir le pape argentin dans sa politique de changement ? Telle est la question qui accompagne le pontificat depuis le début. Mary McAleese affirme que « de nombreux évêques manquent de courage, ils baissent la tête et ne veulent pas être pris au dépourvu au cas où un nouveau changement de ligne interviendrait dans l'Église[272] ».

Pour rester dans le concret, éludant la question du sacerdoce, l'ancienne présidente et d'autres femmes catholiques engagées proposent d'instituer au Vatican une commission permanente

270. *Ibid.*
271. C. Militello, *Le donne e la riforma della Chiesa*, Dehoniane, 2017.
272. Entretien avec l'auteur.

pour intégrer les femmes aux processus décisionnels. Ainsi que la participation des femmes aux conférences épiscopales avec au moins le droit de parole. Et des synodes diocésains tous les cinq ans avec une représentation paritaire hommes-femmes. Enfin, la participation à égalité d'une représentation de laïcs expérimentés (hommes et femmes) au synode général des évêques. Dans cette perspective, il est singulier que la section féminine du dicastère pour les laïcs soit confiée à une « vierge consacrée » (Marta Rodríguez) du mouvement Regnum Christi, une branche des Légionnaires du Christ.

Le 8 mars 2018, Mary McAleese devait participer au Vatican à un congrès sur le rôle des femmes. Son nom a été retiré, ainsi que deux autres, par le cardinal irlandais Kevin Farrell, préfet du dicastère pour les laïcs. Le tort de McAleese : s'être engagée trop publiquement en faveur des droits des citoyens et des croyants homosexuels. « J'ai un fils gay qui est ma fierté et ma joie, dit-elle. Il a épousé un homme merveilleux. Ils étaient tous deux enfants de chœur et participaient à toutes les Journées mondiales de la jeunesse [fondées par Wojtyła]. Dans leur adolescence, ils ont découvert leur penchant sexuel et vu une Église qui les méprisait. »

Il y a tout un monde hors du Vatican dont la hiérarchie n'a aucune idée. Ou plutôt, dont elle ne veut avoir aucune idée.

11

Une Église qui s'essouffle

Les prêtres se sentent fustigés par le pape François. « Il n'a jamais un mot gentil pour nous », s'exclame un curé des Abruzzes. « Il nous dit de sortir, d'aller vers les périphéries. Mais moi, je suis dehors toute la journée, je ne sais pas où aller ailleurs ! » se plaint à son évêque un prêtre d'Émilie-Romagne. Peu de temps après l'élection du pape argentin, le cardinal Antonio Maria Vegliò, alors président du Conseil pour les migrants, remarquait déjà : « Il me semble qu'il adresse trop de critiques aux prêtres : ils font aussi des choses bien[273] ! »

Le clergé de la sainte Église romaine est une réalité magmatique, complexe. Il ressemble à une armée compacte, mais tel n'est pas le cas. Et si l'Église est une monarchie, ce n'est pas une horloge où il suffit qu'un doigt suprême déplace une aiguille pour que tout l'engrenage suive automatiquement. Le rapport entre le pape réformateur et l'équipe du clergé est difficile. L'Italie, le territoire dont le pape est le « primat », reflète fidèlement ces contradictions. Une minorité des trente-deux mille prêtres en service actif a

273. Entretien avec l'auteur.

accueilli avec enthousiasme l'avènement du pape argentin. Elle était déjà « bergogliste » avant Bergoglio. Elle donnait discrètement la communion aux divorcés remariés, accueillait les homosexuels et leurs partenaires à la paroisse, comprenait qu'il fallait « accompagner » les jeunes qui vivaient ensemble au lieu de les diaboliser. Elle s'engageait en faveur des pauvres et des immigrés (mais ce trait se retrouve chez les prêtres de toutes tendances), et affichait parfois aux portes de l'église le bilan de la paroisse. Il s'agit d'un groupe de prêtres qui avec l'élection de François « se sont sentis libres d'agir avec plus d'aisance », explique Alessandro Castegnaro, directeur de l'Observatoire socioreligieux du Triveneto. Des prêtres aux antipodes des exécuteurs de normes et de lois attribuées à un Dieu-juge implacable. « Le pape François a surpris les évêques et les prêtres qui ont vécu pendant des années dans la "doctrine", explique don Alberto Maggi, essayiste et prédicateur à Montefano dans les Marches. Distants, froids, bloqués par la peur. Des confesseurs qui accablaient les fidèles. Une femme est venue me voir, mariée jeune, divorcée avec deux enfants : à quarante ans elle avait trouvé un homme, et au sanctuaire de Loreto on lui avait dit qu'elle vivait dans le péché mortel. Quand je lui ai donné la communion, elle l'a reçue en larmes[274]. »

Mais une grande partie du clergé supporte mal les mises en garde du pape contre les prêtres narcissiques et « onctueux », attachés à la machine, accoutumés à la routine, au « on a toujours fait comme ça », ou au contraire zélés, avec des plans et des programmes en tête. Ces critiques ponctuelles sont accueillies avec irritation par la masse des porteurs de l'Évangile, souvent réduits à l'état de fonctionnaires du sacré, prisonniers de rythmes massacrants. Ils ont quatre ou cinq paroisses à gérer, car la crise des vocations a clairsemé les effectifs. Et une multitude d'initiatives à faire fonctionner. Don Paolo Citran, curé à Baggio dans la région de Milan, dresse la liste : rencontres sur l'Évangile avec les

274. *Ibid.*

personnes âgées, réunions avec les couples, travail pastoral avec les jeunes dont une « semaine du vivre ensemble », sorte de retraite spirituelle, puis les cours de préparation à la communion et à la confirmation, puis l'oratoire, les activités sportives, les ateliers, le centre d'écoute et d'assistance de la Caritas, l'école d'italien pour immigrés, le centre pour les mères d'enfants en difficulté, la cantine pour les pauvres[275].

En Italie, la paroisse est restée le dernier refuge sur le territoire après la disparition des partis et des syndicats. Toutes les paroisses n'ont pas une activité aussi vaste, mais toutes animent de nombreuses initiatives religieuses et sociales. À Pompéi, don Gioacchino Cozzolino, directeur du bureau de la catéchèse à la Madonna del Rosario, raconte qu'il était très occupé lorsqu'il était curé : l'Action catholique, le groupe de théâtre, la chorale de gospel, les rencontres avec les jeunes, les réunions avec les adultes, les retraites, les colonies de vacances, la « lectio divina[276] ».

Entre-temps, la situation des nouvelles recrues est toujours plus critique. Le nombre de prêtres continue à diminuer inexorablement par rapport au nombre de catholiques dans le monde (14 millions de plus), ainsi qu'en nombre absolu. L'*Annuaire pontifical* de 2019 confirme la chute (pour 2017 de 414969 prêtres à 414582. Les candidats au sacerdoce passent de 116160 à 115328. L'âge moyen des prêtres ne cesse d'augmenter. « Un tiers des curés dans les diocèses a plus de soixante-quinze ans, déclare monseigneur Matteo Zuppi, évêque de Bologne. Nous attendons prochainement deux nouvelles ordinations, ensuite il y a un candidat en formation, et puis personne[277]. » Dans le diocèse de Pompéi, entre 1973 et 1993, pas un seul nouveau prêtre n'a été ordonné. À Rieti, où la majorité des prêtres a entre cinquante-cinq et soixante-dix ans, le paysage est le

275. *Ibid.*
276. *Ibid.*
277. *Ibid.*

suivant : aucune ordination en 2016, aucune en 2017, aucune en 2018, aucune en 2019. On attend que deux candidats terminent leurs études en 2020. Chieti s'estime chanceuse, car depuis plusieurs dizaines d'années, elle a deux ordinations par an (qui ne suffisent pas à remplacer les départs). À Ravenne, il n'y a pas eu de nouvelle ordination pendant cinq ans, puis un prêtre a été consacré, et de nouveau aucun pendant les cinq années suivantes.

Beaucoup de diocèses, en Italie et ailleurs, importent des prêtres d'Europe de l'Est ou du tiers monde. « À Rieti, sur soixante-dix prêtres, vingt-cinq sont étrangers, il est important qu'ils soient bien intégrés », explique l'évêque Pompili. Grâce à son expérience d'ancien secrétaire de la CEI, cet évêque a une vision d'ensemble. « Tomber dans une mentalité d'"importation" est une erreur. Cela peut devenir une drogue. L'acculturation et l'intégration dans le territoire ne vont pas de soi[278]. » En Allemagne, par exemple, de nombreuses plaintes visent les prêtres venus d'Europe de l'Est comme s'il s'agissait d'un travail : dès que possible, ils s'échappent pour retourner quelques jours dans leur pays auprès de leur famille et de leurs amis. Par ailleurs, le pape François est opposé aux transferts à grande échelle, car cela signifie laisser découverts les pays d'origine, en particulier dans le tiers monde où des diocèses très étendus souffrent à leur tour du manque de prêtres.

À l'effondrement des vocations et à la chute historique des ordinations religieuses s'ajoute la progressive raréfaction des laïcs actifs dans les paroisses. Les fidèles prêts à devenir catéchistes se font rares. Arrivera-t-on comme en Allemagne à une activité de collaboration pastorale salariée ? De nombreux évêques italiens y sont opposés. En France aussi, la crise se fait sentir chez les laïcs catholiques prêts à travailler à la paroisse. Plus que dans les chiffres publiés dans l'annuaire pontifical, c'est sur le terrain que l'on repère les signes du vacillement d'un système. Les structures établies voici un demi-millénaire par le concile de Trente – le curé

278. *Ibid.*

avec sa paroisse, de nombreux prêtres suppléants, de nombreux membres des ordres religieux masculins et féminins, un ferme contrôle spirituel et social sur le territoire – ne tiennent plus. Dans un quart de siècle, le système sera complètement en crise. Les regroupements perpétuels de paroisses ne sont une solution qu'en apparence, qui distend le rapport entre le curé et ce qui devrait être sa communauté. Mais il ne s'agit pas seulement du vieillissement du clergé et de sa quantité.

Le pape François s'adresse à des prêtres qui vivent depuis longtemps une perte dramatique de leur rôle. Le prêtre théologien Gennaro Matino raconte que dans le sud de l'Italie, la plupart des prêtres ont beaucoup de difficultés : « Les églises sont devenues secondaires par rapport à la vie sociale. Faire des propositions séduisantes est une lutte perpétuelle. Ceux qui choisissent le sacerdoce ont de grands idéaux, mais manquent souvent de culture et d'expériences significatives. Ce sont des prêtres courageux qui risquent de rester seuls et de se trouver mal[279]. » Le contact avec les fidèles est devenu plus exigeant. Si un fidèle n'est pas satisfait au confessionnal, il proteste et s'en va ailleurs. Parmi une tranche émergente de fidèles – cela vaut également pour l'Allemagne, la France et le monde développé –, une mentalité de consommateur est en train de voir le jour. « Ils se comportent avec le curé comme des clients exigeants », entend-on. « Le curé vit quotidiennement la crise d'autorité de l'Église. Il ne jouit pas d'une reconnaissance automatique, il la gagne sur le terrain seulement s'il fait preuve d'un charisme personnel », souligne Castegnaro, fort de ses recherches.

En Irlande, en pleine révolution laïque, Colm Holmes, président de Nous sommes l'Église, confirme : « Le temps où les fidèles croyaient que le prêtre savait tout et pouvait décider ce qui est blanc ou noir est révolu[280]. » Les fidèles demandent beaucoup au curé. « Ils réclament une présence continue, de la

279. *Ibid.*
280. *Ibid.*

transparence, ils demandent l'Évangile, ils demandent de l'aide, ils viennent, demandent, exigent... comme des personnes sûres de leur droit », reconnaît don Citran, qui aime sa mission et la décrit comme aller au milieu des gens pour faire connaître le visage du Dieu miséricordieux proclamé par le pape François. « La vie d'un prêtre n'est pas gratifiante, ajoute-t-il. Les gens te "mangent" et en même temps tu n'es plus une figure de référence sociale. Un prêtre que je connaissais s'est ôté la vie : il oscillait entre dépression et mysticisme. Un autre ami prêtre s'est tué. » D'autres abandonnent la soutane.

En Europe du Nord, davantage frappée par la laïcisation, la situation est encore plus préoccupante. « Il y a cinquante ans, se préparer pour devenir prêtre signifiait avoir devant soi une trajectoire précise : le séminariste devenait curé avec un rôle spirituel et social bien défini, explique Volker Malburg, directeur du centre d'études Sankt Lambert, un séminaire pour vocations adultes non loin de Bonn. Aujourd'hui, avec le regroupement de nombreuses paroisses, l'équipe pastorale a un curé titulaire et les autres prêtres risquent de se sentir comme des employés. La perte irréversible de pouvoir social s'accompagne de l'interrogation sur la manière de mener réellement sa mission spirituelle : annoncer la Parole, célébrer la messe, prendre soin des pauvres[281]. » Ce qui mine de nombreuses vocations est la peur d'embrasser un rôle qui a perdu son respect et sa signification pour les gens.

C'est sur cette masse, accablée de plus par les tâches administratives, que s'abattent les piques de François. Ne pas être carriériste, prêcher avec simplicité, ne pas faire les intellectuels, ne pas déléguer aux autres la visite aux malades, ne pas tomber dans la tentation de la double vie. Être disponible même hors de ses heures de service, abandonner son propre confort, éviter les ragots, se libérer du narcissisme et des jalousies cléricales, agir en bons samaritains en cherchant ceux qui sont dans le besoin au lieu

281. *Ibid.*

de se recroqueviller dans le rôle de « comptables de l'esprit ». À la publication du document *Amoris lætitia* s'ajoute également la tâche de « faire preuve de discernement » pour accompagner les couples divorcés et remariés et les préparer à recevoir à nouveau la communion.

Une mission confiée à des prêtres souvent désorientés. « Orphelins de programmes et de règles précises, de nombreux curés se trouvent soudain confrontés aux impulsions qui émanent de François. Ils ne savent plus où se situer et semblent avoir perdu les points de repère stables du passé », reconnaît l'évêque d'un important diocèse italien. Des prêtres égarés, car habitués à une Église normative et doctrinaire, qui ne connaissent plus les contours du « dialogue » avec la société auquel les exhorte le pape. Au milieu d'un épiscopat fortement divisé sur la question des divorcés remariés, de nombreux prêtres tâtonnent pour trouver la voie juste du « discernement » ou renoncent à la chercher et souhaitent de nouvelles instructions bureaucratiques. « Car de fait, la norme ecclésiastique qui exclut les divorcés remariés de l'eucharistie est restée, explique Castegnaro. Et il y a des prêtres qui ont évolué pendant des décennies en suivant d'autres règles, qui pensent : "Je ne pourrais pas donner la communion, je ne pourrais pas donner l'absolution…" Cette responsabilité soudaine est déstabilisante[282]. » Alors, ajoute le chercheur, « certains proposent même de préparer un formulaire intitulé "Début du parcours de réflexion et de pénitence" à faire signer aux nouveaux conjoints. C'est le besoin d'un morceau de papier. Dans tous les cas, le clergé est divisé par rapport à son jugement sur François ». Castegnaro ne doute aucunement qu'une partie des évêques est opposée à la ligne du pape.

De nombreux facteurs contribuent au stress du clergé. Sous l'impulsion des médias de masse qui encensent François pointe la crainte de ne pas avoir la personnalité adéquate. Face aux

282. *Ibid.*

indications du pape, de nombreux prêtres et évêques se sentent jugés et réagissent avec frustration, comme on l'entend dans diverses régions d'Europe. Une grande partie d'entre eux est habituée à des formes de présence typiques du passé. Ainsi, les fidèles aussi se sentent désorientés. D'un côté, ils sont influencés par les annonces relayées par les médias sur une « nouvelle sensibilité » de l'Église, et de l'autre ils se heurtent à une action pastorale de curés et d'évêques qui n'a pas changé sur le terrain.

C'est dans ce cadre morcelé que s'insère un autre phénomène, en net contraste avec la vision du prêtre défendue par le pape Bergoglio. Une partie importante des nouvelles recrues cléricales ont des nostalgies traditionalistes. Don Matino – mais les témoignages se multiplient du nord au sud, tant parmi les vieux prêtres que chez les sœurs – décrit un retour impressionnant des barbiches, des dentelles et des cols romains. « Chez les jeunes prêtres, le cléricalisme est perçu comme triomphant. Un certain spiritualisme, la reprise des processions et des assemblées, des curés qui recommencent à officier en soutane et barrette. Nous, de la génération du concile, nous voyions l'Église comme une cathédrale gothique aux lignes épurées. Aujourd'hui la tendance revient au baroque. Des célébrations au lieu de l'approfondissement de la parole de Dieu et de la liberté de choix des fidèles. »

Des professeurs de séminaire d'Italie du Nord confient que de nombreux jeunes candidats au sacerdoce « entrent au séminaire avec leur propre idée du prêtre et ressortent inchangés ». Souvent, leur vision excessivement sacralisée et autoritaire de la mission sacerdotale les pousse à revoir leurs rêves à la baisse après quelques années de contact avec l'amertume de la réalité. Le cardinal Menichelli, ancien évêque d'Ancône, trouve précieuse l'insistance de François sur le rapport personnel de chacun avec le Christ. Cela signifie que pour les évêques et le clergé, les fidèles « ne peuvent jamais devenir une masse à qui l'on dit : soit vous entrez tous, soit vous sortez tous ». Chacun est une personne unique, dans le sens le plus vrai. Quand on lui demande ce qui l'a le plus marqué dans ses rencontres avec François, le cardinal répond : « Quand il m'a dit :

tu n'es pas un bon prêtre si tu n'as pas conscience d'être pécheur, si tu ne connais pas ta fragilité et celle des autres, si tu n'éprouves pas le besoin de miséricorde[283]. » Voilà le prêtre en chemin que le pape a en tête.

Monseigneur Vincenzo Paglia, nommé président à vie de l'Académie par le pape, confie que le pontife est inquiet du retard que prend le renouvellement de la formation des prêtres. Il y a un risque qu'ils ne soient pas à la hauteur de la rencontre avec la société contemporaine. « Le pape craint que certains jeunes prêtres apparaissent attentifs à l'extériorité plutôt qu'à la rencontre avec la "personne" de leur interlocuteur, qu'ils aient du mal à fonctionner au-delà des schémas[284]. »

Pendant les deux premières années après l'élection du pape Jorge Mario Bergoglio, de nombreuses paroisses ont enregistré un sursaut de fréquentation des fidèles. Certains des « éloignés » retrouvaient le chemin de l'église du quartier, des gens séparés en silence d'une hiérarchie ecclésiastique considérée comme rigide et bureaucratique revenaient se confesser. L'Amérique latine a connu un boom de confessions, signalait-on au Vatican. Dans ses enquêtes, le sociologue Franco Garelli relève qu'en Italie, pendant la première phase du pontificat, la moitié des jeunes interrogés (entre dix-huit et vingt-neuf ans) affirmait s'être rapprochés de la foi et avoir augmenté leur engagement religieux grâce à François. Fin 2014, le curé don Franco Bergamin, actif à Rome et à Naples, déclarait que le nombre de confessions avait augmenté : « Les gens reviennent, ils se sentent écoutés. François exprime le besoin de miséricorde, l'image d'un Dieu qui pardonne[285]. » Dans la paroisse de Santa Maria in Traspontina, à quelques pas du Vatican, don Mariano Cera, engagé auprès des fidèles du quartier, mais aussi avec les pèlerins et les sœurs de congrégations voisines, évoque

283. *Ibid.*
284. *Ibid.*
285. *Ibid.*

l'impact extraordinaire de François : « Des gens qui entrent au confessionnal pour la première fois depuis des dizaines d'années d'absence, "parce que avec ce pape je me sens de recommencer", désireux d'une véritable confession[286]. » Monseigneur Roberto Busti, à l'époque évêque de Mantoue, assure avoir entendu personnellement les fidèles s'exclamer au confessionnal : « Je suis là parce que le pape a dit de se confesser[287]. »

Mais déjà à l'époque, don Pierluigi Di Piazza, curé à Zugliano Veneto, faisait remarquer qu'on notait chez les jeunes une « admiration à distance[288] », et don Lek Marku, jeune prêtre albanais à la tête de trois petites communautés dans la province de Terni, mettait en garde contre une surévaluation. Oui, quelques confessions en plus, mais il faut voir s'il ne s'agit pas d'une réaction émotive, qui « ne se traduit pas par une adhésion concrète et persévérante au message de l'Évangile[289] ».

Six ans plus tard, le bilan est plus sobre. Don Cassano, titulaire de la paroisse romaine où le pape a rencontré le petit Emanuele, confie qu'il n'y a pas eu d'« effet François » dans la participation aux messes et aux confessions. Peut-être quelques pénitents en plus, mais par exemple dans le domaine des crises matrimoniales, dès que le curé parle (comme François) d'un « chemin et d'un parcours de réflexion », les gens disparaissent. « L'élection a eu un fort impact médiatique et je pensais que les gens se seraient approchés. Des amis "éloignés" sont heureux du nouveau pape, mais ils m'ont dit : "François c'est une chose, l'Église c'en est une autre !" et ils ne sont pas venus à la messe[290]. » À Pompéi non plus, don Cozzolino n'a pas senti d'afflux nouveau. À Baggio, don Citran note le retour de personnes à la confession et aux célébrations,

286. *Ibid.*
287. *Ibid.*
288. *Ibid.*
289. *Ibid.*
290. *Ibid.*

mais dans la masse des fidèles, la sympathie pour le pape argentin ne se traduit pas par un authentique changement de vie. « Sur des thèmes comme les immigrés et les pauvres, la sympathie ne se traduit pas par une écoute réelle. » À Naples, don Matino résume : « François n'a ni ajouté ni retiré. » Car relancer la papauté est une chose, rajeunir l'Église en est une autre. Que le pape possède une personnalité ayant un fort impact sur les croyants, les non-croyants et les membres d'autres religions est un fait qui appartient déjà à l'histoire, mais du sein de l'Église proviennent des signaux que le processus de sécularisation en cours depuis des dizaines d'années continue à avancer, tandis que celui de renouvellement de la communauté ecclésiastique dans son ensemble est extrêmement lent. « Faire bouger les fidèles et les prêtres, c'est autre chose », note Matino. On n'enregistre pas un accueil réel de la transformation vers laquelle pousse le pape Bergoglio. Combien de paroisses et de diocèses ont absorbé l'*Evangelii gaudium*, document fondamental du pontificat ? se demande le théologien.

À Lucca, don Lucio Malanca, responsable de la cure pastorale de tout le centre historique, fait une observation : « François frappe par son charisme et sa prophétie, mais le plus souvent ses mots sont utilisés de manière populiste contre l'Église et le clergé. Généralement, la complexité de sa pensée n'est pas comprise[291]. » Malanca pose la même question : combien ont lu l'*Evangelii gaudium* ? Qu'en est-il resté ? Les médias font état du grand consensus autour du pape, mais l'immobilité d'une grande partie de l'Église reste dans l'ombre. Le sociologue Garelli invite à faire la distinction entre l'hommage rendu à François et le refus répandu dans la société d'une Église considérée comme incapable de parler à la conscience moderne. Alessandro Castegnaro ajoute : « L'effet du pontificat est modeste sur la vieille garde de la hiérarchie. Sur les fidèles, le pape exerce une influence à ne pas sous-estimer, mais tout se passe dans une microdimension qui échappe à l'engagement

291. *Ibid.*

civil et politique. » Alors qu'en réalité, l'élan prophétique de Bergoglio est projeté, surtout dans la période historique actuelle, vers un témoignage de foi qui devrait s'exprimer activement dans la vie sociale ainsi que dans la dimension politique. François le répète souvent : le croyant ne peut rester au balcon, il doit « se mêler » en travaillant pour le bien commun sans se corrompre. Et s'il commet parfois des erreurs et se salit les mains, qu'il demande pardon et aille de l'avant. « Faire, faire… Et lutter pour une société plus juste et solidaire[292]. » L'Évangile est aussi une expression politique, explique-t-il aux jésuites du Panama, dans le sens où il « touche à la *polis*, à la société, à chaque personne en tant qu'elle appartient à la société ». Et s'il est bon de ne pas se laisser impressionner par les idéologies, il ne faut pas non plus se laisser dominer par l'idéologie de « ne pas s'en mêler[293] ».

Dans ce paysage, les grands absents sont les jeunes. Se contenter de regarder les rassemblements de masse où les jeunes applaudissent le pape est trompeur. Leur sympathie pour Bergoglio est indiscutable, mais sur le terrain, dans la réalité des paroisses, leur présence s'affaiblit. Au « Serpentone » de Rome, dans une paroisse composée de six mille habitants, don Cassano ne parvient pas à réunir plus de sept ou huit jeunes pour gérer l'oratoire des petits le dimanche. Organiser un centre d'été pour enfants devient une entreprise ardue, car on ne trouve pas de jeunes disponibles, pas même en proposant un défraiement modeste. C'est le « peuple des téléphones portables », comme les appelle Luigi Bettazzi, ancien évêque d'Ivrea, et il est difficile d'établir la connexion avec eux. Don Cozzolino raconte que, entre personnes habituées à communiquer essentiellement via smartphone, il est difficile d'organiser même une discussion. « C'est une génération incrédule et très fragile.

292. François, discours à la Communauté de vie chrétienne, *Avvenire*, 30/04/2015.

293. François, conversation avec les jésuites du Panama, *Avvenire*, 14/02/2019.

Les filles en particulier sont méfiantes, elles se mettent en garde, comme si elles pensaient : qu'est-ce qu'ils veulent de moi ? » Le cardinal Kasper reconnaît : « Ils sont hors de l'Église, mais beaucoup éprouvent le besoin d'une réflexion spirituelle. Peut-être est-ce pour cela qu'ils sont favorables à François. »

Un fait émerge systématiquement dans les familles croyantes, même engagées dans les paroisses, les mouvements ou dans le volontariat catholique : « Dans l'horizon de nos enfants, Dieu n'existe pas. » La transmission d'une pratique et d'une mémoire s'est interrompue. Ce qui ne veut pas dire que certains événements de l'existence ne peuvent pas provoquer chez les nouvelles générations une rencontre avec le dieu chrétien.

Domenico Sorrentino, évêque d'Assise, parle de jeunes désireux d'approfondir leur recherche spirituelle, qui avouent n'éprouver aucun besoin d'aller à la messe. Garelli, auteur du livre *Piccoli atei crescono* (« Petits athées deviennent grands »), met en évidence le socle dur d'une non-croyance qui atteint désormais plus de 25 % en Italie. Croire sans appartenir : un phénomène qui se diffuse depuis longtemps déjà. « Ils te disent : je cultive ma spiritualité et mon harmonie personnelle. Ils ne sont pas insensibles aux questions religieuses, mais le lien avec l'Église s'est distendu. »

Dans cette situation liquide, des impulsions contraires font leur apparition. Ceux qui suivent l'évolution de la communauté ecclésiastique témoignent d'une dimension spirituelle des jeunes ouverte à tout, sans discrimination. Comme ce jeune qui déclare « je vais au rassemblement avec le pape François parce que ça me donne de l'énergie », mais aussi « je vais à Katmandou parce que ça me fait sentir bien ». Il n'y a pas de conflit entre ces deux choix, c'est l'affirmation de l'individualité qui prime. Avec le temps, la mémoire biblique disparaît, prêtres, sœurs, enseignants de séminaire et professeurs des universités pontificales le savent. Moïse, David, Abraham, la Samaritaine, les protagonistes de la Transfiguration sont des figures évanescentes, voire inconnues. Le contact avec des catégories autrefois très solides a été perdu. « Le Purgatoire existe, mais on ne sait pas à quoi ça sert. L'Au-delà est dématérialisé, il ne peut se représenter que dans *La Divine Comédie*. Le “salut” n’a plus de contenu pour les jeunes », explique Castegnaro, qui a mené une recherche sur les « jeunes hors-champ ». Avec Holmes, de Nous sommes l’Église, il affirme que deux générations de jeunes ont été perdues.

François parle un langage dont l’auditoire juvénile apprécie l’authenticité, le caractère concret, la sincérité. Mais une grande partie des nouvelles générations ignore l’essentiel du contexte de mémoire religieuse où se situe le pape. Des évêques comme Sorrentino restent optimistes : « Les premiers chrétiens aussi étaient peu dans un monde marqué par un mélange d’autres philosophies et religions. Malgré tout, je crois que nous sommes à la veille d’un nouveau printemps[294]. » L’évêque ne se retranche pas derrière des visions irréalistes, il estime au contraire que la crise historique des structures ecclésiastiques mêlée à la crise numérique ne doit surtout pas être sous-estimée. Cependant, il est convaincu que le pontificat de Bergoglio favorise une nouvelle conscience de l’Évangile. Après quelques années, dans le diocèse d’Assise, explique-t-il, sont apparues des « familles spirituelles, qui se réunissent à la maison comme cela se passait “alors” à Jérusalem ». Chaque paroisse possède ses groupes de familles spirituelles. « Ils fraternisent, méditent sur la parole de Dieu, se donnent des tâches de charité. La société désagrégée se reflète aussi dans l’Église, alors les gens se réunissent autour de l’Évangile. » Sorrentino a été appelé jusqu’à Seattle, aux États-Unis, pour parler de cette expérience.

En attendant, décennie après décennie, la structure solide qui a caractérisé l’Église catholique pendant des siècles se distend et l’hémorragie de la présence des jeunes dans les églises est tangible. Guido Veccia, chef scout à Ancône âgé de trente ans, offre la vision de quelqu’un qui veut encore faire partie de l’Église : « Les jeunes ont du mal à trouver à la paroisse quelque chose qui alimente

294. Entretien avec l’auteur.

leur capacité à être au monde. En général, la paroisse fournit soit des loisirs, soit une doctrine hors de la réalité[295]. » Veccia est responsable des scouts entre seize et dix-huit ans, voire un peu plus. « Ils n'ont aucune idée de ce qu'est une messe, de ce que signifie l'eucharistie, ils n'ont aucun rapport avec la langue de la liturgie ni avec la vie de l'Église. Les prêtres leur ont seulement inculqué le sens du péché, du "ça ne se fait pas". » Consensus pour François ? Peut-être, mais ils expriment de l'indifférence pour les thèmes qu'il soulève. Les jeunes de leur âge sont étrangers à l'Église, qu'ils perçoivent comme le Palais ou qu'ils condamnent pour les scandales de pédophilie. Parfois, Veccia rencontre des non-croyants plus attentifs aux thématiques soulevées par le pape que les catholiques de son âge. Les croyants les plus engagés ont salué positivement le virage de François vers une foi vécue de manière authentique. Mais le jeune chef scout ne peut s'empêcher une remarque : « Ceux qui se retrouvent dans les discours de François se sont éloignés de l'Église, ceux qui ne s'y retrouvent pas sont restés. »

295. *Ibid.*

12

Haine contre le pontife

Rome est décorée pour Noël. On est le 21 décembre. Sur le viale Trastevere, deux jeunes se jettent sur un kiosque, déchirent une affiche à l'effigie du pape, la roulent en boule et lui donnent de furieux coups de pied. Une femme passe et demande pourquoi. « Ce François ne nous plaît pas », répondent-ils agressivement. Aucun pape de l'époque contemporaine n'a été aussi détesté que François. Ce n'est pas une question de chiffres, mais la manière méprisante avec laquelle une partie de la société, quoique minoritaire, l'attaque. Pendant les décennies passées, les manifestations contre Wojtyła ou contre Ratzinger, que ce soit aux Pays-Bas, en Allemagne, en Angleterre ou pendant les référendums en Italie, avaient un caractère politique et l'agressivité des slogans s'insérait dans le cadre d'un conflit sur des thèmes plus vastes : divorce, avortement, abus sexuels, réforme de l'Église.

Aujourd'hui, ce sont une haine et un mépris viscéraux qui se manifestent. François ne doit pas seulement faire face aux loups de la hiérarchie ecclésiastique opposés à lui, mais également à la vague sombre d'un bouillonnement social qui aime le langage populaire et se présente sous une forme identitaire hystérique, brandissant une fierté nationale-cléricale, intolérante face à l'échange d'idées. Se sentant encouragés par le langage violent des tweets du numéro 2 du gouvernement Salvini et par son mépris affiché pour l'antifascisme, les groupes d'extrême droite attaquent publiquement le pape et son message social. Un dimanche, via della Conciliazione, en face de la basilique Saint-Pierre, le groupe néofasciste Forza nuova a déroulé une banderole où était écrit : « Bergoglio Badoglio. Stop à l'immigration. » Comme pour dire que le pape avait trahi l'Italie et les Italiens (car dans la rhétorique néofasciste, le maréchal Pietro Badoglio, qui signa en 1943 l'armistice avec les Américains, était un « traître » de l'alliance entre l'Italie fasciste et l'Allemagne de Hitler). En ligne, l'agressivité contre François poursuit une escalade sans limites. « Je voudrais que le Seigneur nous libère de ce traître et dictateur de notre Église [...] Le pape Ratzinger devrait reprendre la situation en main ou l'Église catholique romaine partira en morceaux. » Voilà seulement un fragment de la masse d'insultes quotidiennes. Il peut également arriver qu'un journal d'information opposé à la ligne de Bergoglio accompagne un article quelconque d'une caricature violente du pape propulsée en première page : un François au visage boudeur, avec un double menton et une lèvre animale[296]. Insulte gratuite. « Ce n'est pas un pontificat *nice*, sympathique, c'est un pontificat dramatique où des cardinaux attaquent le pape et où des athées le soutiennent », reconnaît le jésuite père Spadaro, fidèle compagnon d'aventure. Un évêque italien de Fano, Armando Trasarti, remarque avec amertume : « Il y a des gens qui prient pour la mort du pape et se disent dévots. »

« Je garde toujours la paix intérieure qui m'est venue au moment du conclave, c'est un don de l'Esprit qui m'est venu depuis le début du pontificat et que je ressens aujourd'hui encore », confie le pape à un ami latino-américain. On l'accuse d'être hérétique ? « Je le prends avec humour », répond-il à la journaliste mexicaine Valentina Alazraki. Déjà, en tant qu'archevêque de Buenos Aires,

296. *Libero*, 02/12/2018.

Bergoglio affirmait, citant don Quichotte, que « si les chiens aboient, c'est le signe qu'on avance[297] ». Dans cette phase tourmentée pour le pontificat et pour la planète, sa conviction est qu'il faut rester ferme « contre toute tentation de confusion et de défaitisme ». Ne pas tomber dans le piège de la victimisation et de l'esprit de vengeance[298]. C'est en priant que Bergoglio parvient aux décisions les plus importantes. « Il a comme une intuition, confie un prélat qui le connaît de près, et il décide d'aller de l'avant. » L'image de la Madone bavaroise qui desserre les nœuds l'accompagne. Bruno Forte, évêque de Chieti et secrétaire spécial des deux synodes sur la famille, fait remarquer que les documents principaux de son pontificat sont inspirés par une conception joyeuse et libre de la vie de foi : « Joie de l'Évangile », « Joie de l'amour », « Réjouissez-vous et exultez »[299]. Mais un autre élément soutient la ténacité du pape argentin. Sa formation de jésuite. « *Militia est vita hominis super terram*… », disait saint Ignace. « Vivre, c'est combattre », et Bergoglio se bat.

François est un homme profondément libre, qui n'hésite pas à reconnaître avoir suivi une psychanalyse pour résoudre des conflits internes et avoir eu « beaucoup de doutes, beaucoup, beaucoup », comme il le raconte aux fidèles d'une paroisse romaine. Il se montre agenouillé devant le confessionnal et raconte en audience générale qu'il se confesse tous les quinze jours. Car « le pape aussi est un pécheur » et a besoin de s'ouvrir à un confesseur. « [Il] écoute les choses que je lui dis, il me conseille et me donne le pardon, et j'ai besoin de ce pardon. » Pendant l'été 2017, il affiche sur la porte de son appartement à Sainte-Marthe un panneau « Interdit de se plaindre », que lui a offert place Saint-Pierre un psychothérapeute

---

297. A. Skorka, interview de G. Ferrara, TV2000, 03/07/2019.
298. François, préface à « Lettere della tribolazione », *Ancora-Civiltà cattolica*, 2019.
299. *Evangelii gaudium* (2013), *Amoris lætitia* (2016), *Gaudete et Exsultate* (2018).

sicilien. « François a réhabilité l'image de l'Église », déclare le cardinal Raffaele Farina. « Il l'a fait sortir du coin », dit un évêque italien. Il a ouvert de grands horizons à l'Église en la poussant à oser, affirme depuis son observatoire du Vatican monseigneur Vincenzo Paglia. Il est important qu'il ait également laissé de la place aux opposants.

Dans la deuxième partie de son pontificat, François continue à agir avec énergie, repoussant les frontières de l'Église. Certains de ses adversaires les plus lucides savent que l'action de Bergoglio a créé des situations irréversibles. « On ne retournera plus aux principes non négociables », reconnaît en privé l'auteur du blog tenacement anti-Bergoglio « Rosso Porpora ». Le pape François a enterré une fois pour toutes l'obsession du catholicisme traditionnel en matière sexuelle. Les relations prémaritales, la contraception, le divorce, le remariage et les rapports homosexuels sont sortis de la sphère de la diabolisation permanente. Sous le pontificat de Bergoglio, l'Italie a adopté en 2016 et en 2017 des lois sur les unions civiles (y compris entre partenaires de même sexe) et sur le testament biologique sans qu'une alliance entre le Vatican, la CEI et la droite parlementaire s'y oppose frontalement comme à l'époque de Benoît XVI et du cardinal Ruini. Ce changement a désorienté de nombreux évêques italiens, restés orphelins des oppositions en vigueur pendant les pontificats précédents. Aux États-Unis non plus, une partie de l'épiscopat ne digère pas la fin des « guerres culturelles » auxquelles elle était habituée.

Le cardinal Parolin, secrétaire d'État et l'un des *papabiles* du futur conclave, dit que les « mots de François s'accompagnent de gestes puissants ». En effet, une grande partie de son pontificat est alimentée par des gestes. Le pape n'a pas changé le catéchisme, mais l'accueil cordial réservé à la nonciature de Washington, en 2015, à un ancien élève jésuite homosexuel avec son partenaire vaut plus que tous les codicilles. Le signal est tout aussi clair quand il déclare erroné de croire que les chrétiens doivent procréer

« comme des lapins[300] ». Un seul mot, l'invitation à la parentalité responsable sans entrer dans des détails techniques, et toutes les épuisantes discussions sur la pilule sont balayées.

François a toujours considéré l'avortement comme un mal, bien qu'il ait prêché la miséricorde pour les femmes en difficulté. Ces derniers temps, face aux accusations de l'opposition interne de « trahison » des principes doctrinaux, il a éprouvé le besoin de prononcer des discours durs. Il compare l'avortement au fait d'engager un tueur pour éliminer une vie humaine et compare l'avortement sélectif à la pratique d'un génocide nazi « en gants blancs ». Ce qui a provoqué des réactions dans le monde laïc habituellement à l'écoute de ses interventions. « Cher pape, l'apostrophe l'écrivaine Dacia Maraini, je ne peux m'empêcher de vous demander pourquoi vous avez utilisé des termes si durs et punitifs. Je voudrais seulement vous rappeler qu'aucune femme n'a de plaisir à avorter. Si elles le font, c'est pour de nombreuses raisons douloureuses que vous devriez connaître… Croyez-vous vraiment que l'on puisse combattre un mal ancien par les menaces et la diabolisation ? » La seule solution, affirme Maraini qui rappelle son estime pour Bergoglio, est la construction patiente d'une culture de la maternité responsable[301].

Les gestes sont la chair et le sang du pontificat de Bergoglio, la manière dont il suggère de vivre le christianisme dans le monde contemporain. Porter sur sa soutane le ruban jaune des *comfort girls* coréennes, les esclaves sexuelles des troupes japonaises pendant la Seconde Guerre mondiale, est une manière de se placer aux côtés de tous les esclaves d'aujourd'hui. Ouvrir le Jubilée de la miséricorde à Bangui, au cœur de l'Afrique, signifie dépasser le triomphalisme romain et prendre conscience que l'avenir du chemin du christianisme passe par les périphéries de la planète.

300. François, conférence de presse, 19/01/2015.
301. D. Maraini, « 27Esimamora », *Corriere della Sera*, 16/10/2018.

Des gestes qui marquent leur temps et caractérisent l'œcuménisme de François. Quand en octobre 2016 il se rend en Suède pour participer aux célébrations des cinq cents ans de la Réforme protestante, il ne se contente pas de faire l'éloge de la soif de Dieu de Luther comme l'avait fait Benoît XVI lors de son voyage en Allemagne en 2011. Pour la première fois, il traite l'événement de la Réforme comme faisant partie d'une histoire chrétienne partagée. Pendant la prière œcuménique dans la cathédrale de Lund – vêtu de la même tunique blanche sobre que les notables luthériens –, il serre dans ses bras l'évêque luthérienne Antje Jackelén, première femme primat de l'Église de Suède, et reconnaît « avec gratitude que la Réforme a contribué à donner une plus grande centralité aux Saintes Écritures dans la vie de l'Église ». Dans la déclaration conjointe signée avec le président de la Fédération luthérienne mondiale, l'évêque Munib Younan, il va encore plus loin, soulignant la communauté de destin. Catholiques et luthériens, est-il écrit, sont « profondément reconnaissants pour les dons spirituels et théologiques » apportés par la Réforme. Ces mots constituent une pierre milliaire et expliquent la haute sympathie et l'estime dont bénéficie François dans les milieux protestants.

Il multiplie également les gestes d'union spirituelle avec les orthodoxes. Il cite le patriarche œcuménique orthodoxe Bartholomée dans l'encyclique *Laudato si'* pour mettre en évidence que la théologie orthodoxe peut représenter un « magistère » pour l'Église catholique. Quand il se rend à Constantinople au siège du patriarcat œcuménique, il demande à Bartholomée de le bénir : un geste d'humilité sous le signe de la fraternité, un renoncement symbolique à toute forme de suprématie pour maintenir uniquement la mission de l'évêque de Rome de « présider dans la charité », comme le déclare François lors de la première rencontre avec la foule après son élection. Ce jour de novembre 2014, Bartholomée posa avec délicatesse un baiser sur la tête inclinée de François. Les voyages en Roumanie et en Bulgarie en 2019 sont un nouveau signe d'attention envers le monde orthodoxe, aujourd'hui déchiré par le conflit entre Constantinople et Moscou en raison de la reconnaissance par Bartholomée du patriarcat orthodoxe indépendant d'Ukraine, sans lien avec le patriarcat de toutes les Russies. Ce conflit est un coup dur pour les perspectives œcuméniques (après que le patriarcat russe a déjà saboté le concile panorthodoxe de Crète en 2016). Le pape a écrit une lettre personnelle aux deux patriarches Bartholomée et Kirill pour leur témoigner sa proximité dans ce moment difficile.

L'œcuménisme de François n'oublie pas les fautes historiques de l'Église catholique aux dépens des confessions chrétiennes minoritaires en Italie. Dans le temple vaudois de Turin, il demande pardon pour les « comportements non chrétiens, et même non humains, que nous avons eus contre vous pendant l'histoire[302] ». En se rendant à Caserte en visite à la communauté pentecôtiste menée par le pasteur Giovanni Traettino, son ami depuis l'époque de Buenos Aires, il demande pardon pour les persécutions infligées par les catholiques au nom des lois raciales du fascisme.

Surtout, dans le dialogue interreligieux, le pape argentin fait rempart contre ceux qui incitent à la haine contre l'islam, imputant à la religion musulmane la responsabilité des actes de terrorisme qui ont ensanglanté l'Europe ainsi que des massacres de Daech au Moyen-Orient. François a toujours rejeté l'équation entre terrorisme et islam, qu'il qualifie de mensonge. Il rappelle que la majeure partie des victimes est de religion musulmane, exhorte les dirigeants islamiques à condamner clairement les actes de terrorisme fondamentaliste[303] et, lors de sa rencontre avec les représentants religieux musulmans au Caire en 2017, il encourage, citant Jean-Paul II, l'alliance entre frères et sœurs vivant « sous le soleil d'un unique Dieu miséricordieux ». Dans la capitale égyptienne, où se situe l'ancienne mosquée al-Azhar (considérée comme le centre spirituel de l'islam sunnite), le pape Bergoglio

302. François, visite au temple vaudois, 22/06/2015.
303. François, conférence de presse, 30/11/2014.

exhorte à s'engager ensemble pour dénoncer toute agression contre la dignité et les droits humains. Démasquant la « violence sous les airs d'une présumée sacralité ». Condamnant toute forme de haine au nom de la religion comme falsification idolâtre de Dieu. Car le nom de Dieu est paix[304].

Quand en juillet 2016 deux jeunes « soldats de Daech » de nationalité française égorgent dans son église le prêtre Jacques Hamel dans la ville de Saint-Étienne-du-Rouvray, près de Rouen, le pape François rend hommage aux martyrs chrétiens assassinés pour ne pas avoir renié le Christ. Mais il n'alimente pas l'hystérie antimusulmane. La mort d'un homme doux comme le père Hamel, dit-il en célébrant une messe pour lui à Sainte-Marthe, est le signe d'une persécution satanique. Ajoutant : « Qu'il serait plaisant que toutes les confessions religieuses disent : tuer au nom de Dieu est satanique[305]. »

L'accusation la plus haineuse que les adversaires de François adressent au pape est celle de négliger les victimes chrétiennes des conflits dans le monde. Quand, après le massacre des chrétiens à Pâques au Sri Lanka (plus de trois cents morts le 21 avril 2019) le pape exprime sa douleur pour ces attentats et manifeste son « affectueuse proximité à la communauté chrétienne, frappée alors qu'elle était en prière », le front anti-Bergoglio s'exclame que ce n'est pas assez. Le sort des témoins du Christ et de ses nouveaux martyrs, le sort même du christianisme ne semblent pas être « au sommet de l'échelle pastorale de Bergoglio, car les problèmes sont autres… », écrit le journal *Libero*. Une accusation que les opposants répètent avec ténacité contre un pape qui depuis le début n'a pas souhaité désigner de victimes privilégiées du terrorisme, mais a systématiquement souligné que tous – chrétiens, Juifs, musulmans, yézidis, hommes et femmes de toute croyance et de toute ethnie – sont filles et fils de Dieu. Aucune église catholique détruite n'est

304. François, discours, 28/04/2017.
305. AgenSIR, 14/09/2016.

là encore privilégiée. C'est pour cette raison que François a refusé avec délicatesse la proposition d'Emmanuel Macron de célébrer la première messe dans la cathédrale de Notre-Dame après l'incendie désastreux.

Le dialogue intense et tenace qu'il pratique avec l'islam depuis le début de son pontificat connaît son point culminant dans la signature conjointe avec l'imam d'al-Azhar, Ahmed el-Tayeb, d'un document sur la *Fraternité humaine pour la paix mondiale et la coexistence commune*. L'événement s'est déroulé à Abu Dhabi, le 4 février 2019, à l'occasion d'une conférence interreligieuse promue par les Émirats arabes unis. Pour la première fois depuis l'avènement de Mahomet il y a quatorze siècles, les plus hauts chefs religieux du catholicisme et du monde sunnite ont établi un accord commun. Fruit d'un an de travail théologique préparatoire, le texte sonne comme une sorte d'encyclique christiano-islamique : « La foi amène le croyant à voir dans l'autre un frère à soutenir et à aimer. » C'est la volonté même de Dieu – est-il écrit en écho au Coran – de vouloir la diversité des religions. Pour cela, « on condamne le fait de contraindre les gens à adhérer à une certaine religion ou à une certaine culture, comme aussi le fait d'imposer un style de civilisation que les autres n'acceptent pas ».

Dans le document de François et el-Tayeb, la condamnation du terrorisme et de toute violence ou persécution causée par l'instrumentalisation de la religion et du nom de Dieu n'est pas une déclaration d'urgence mais la marque d'une vision plus large. Car les religions, comme l'affirme le document conciliaire *Gaudium et Spes*, ont la mission de partager « les joies, les tristesses et les problèmes du monde contemporain ». On sent dans le texte, pour la partie islamique, l'expérience de vie du philosophe et théologien el-Tayeb, formé à la Sorbonne et à l'université de Fribourg en Suisse. Il s'agit à la fois d'un document religieux et géopolitique, qui parle de paix, d'injustice socio-économique, de distribution équitable des ressources naturelles, mais également de la réalisation dans chaque société d'une « pleine citoyenneté » pour tous. L'affirmation des droits des femmes ne manque pas : à l'instruction, au travail, à l'exercice des droits politiques, à la liberté des pressions historiques et sociales contraires à leur dignité[306].

Matteo Zuppi, évêque de Bologne, l'un des prélats nommés par Bergoglio dans l'épiscopat italien, qu'il a fait cardinal en 2019, met en évidence un trait théologique de l'action pastorale du pape : « Pour François, il n'y a pas un monde à conquérir, mais nous devons savoir récolter les graines de Dieu qui sont déjà dans ce monde[307]. » C'est également le principe qui guide le pape dans la dimension géopolitique.

---

306. François, Ahmed el-Tayeb, *Fraternité humaine pour la paix mondiale et la coexistence commune*, Abu Dhabi, 04/02/2019.
307. Entretien avec l'auteur.

13
Les épines d'une mission

Le 22 septembre 2018 – après une intense période de négociations et de longues années de contacts et d'entretiens bilatéraux secrets sous les pontificats de Jean-Paul II et Benoît XVI –, le Vatican a pu annoncer la signature d'un accord officiel avec la Chine pour la nomination des évêques. Un événement historique.

Pour la première fois depuis la création de la république populaire, un document international porte la signature de hauts dirigeants de Chine et du Vatican : monseigneur Antoine Camilleri, sous-secrétaire aux Affaires étrangères du Saint-Siège, et Wang Chao, vice-ministre des Affaires étrangères chinois. Le pape a payé un certain prix diplomatique pour atteindre ce compromis, comme renoncer à recevoir le dalaï-lama au Vatican.

« Pour la première fois, après tant d'années, aujourd'hui tous les évêques de Chine sont en communion avec l'évêque de Rome », commente satisfait le secrétaire d'État Parolin, artisan des négociations. Ainsi, la longue scission entre une Église catholique officielle contrôlée par le gouvernement et une Église clandestine devrait prendre fin. Agostino Giovagnoli, professeur d'histoire contemporaine à l'Université catholique de Milan, a écrit que « là où il y avait un mur impénétrable s'est ouverte une brèche qui peut s'élargir dans de nombreuses directions[308] ».

L'accord est léonin. Pékin a imposé sa vision d'une Église catholique « nationale » qui prend de manière autonome les décisions fondamentales. Dans le jargon politique chinois : une Église fondée sur le « principe d'indépendance et une sinisation de la religion ». Pékin a rejeté la méthode de la triade des candidats à l'épiscopat, choisis par le pape et indiqués au gouvernement par le Saint-Siège. C'était la méthode en usage dans les rapports entre le Vatican et les États du bloc soviétique : la sélection des candidats revenait au pape. Dans l'accord avec Pékin, la procédure est inversée : le « Conseil des évêques catholiques » chinois présente le nom du candidat au pape, à qui revient officiellement la nomination. Si le pape n'est pas d'accord, le Conseil des évêques « statuera », ouvrant une phase nébuleuse.

L'accord est provisoire, donc modifiable dans le temps. Surtout, il reste secret (apparemment à la demande du Vatican). *Avvenire* offre quelques indices confirmant la position désavantageuse du Vatican. « Le Saint-Siège accepte que le processus de désignation des candidats à l'épiscopat se fasse par le bas, par les représentants du diocèse, avec l'implication de l'Association patriotique », rapporte le journal de l'épiscopat italien. Association sous le contrôle strict du Parti communiste chinois. Le dernier mot, l'« aval », reviendra au pape[309]. À l'occasion de la signature de l'accord, le pape accepte de retirer l'excommunication de sept évêques nommés par le gouvernement sans approbation papale, ainsi que d'un évêque irrégulier entre-temps défunt. Le sort des évêques de l'Église clandestine, tous nommés à l'époque par le pape, reste à définir. Sur demande du Vatican, certains ont accepté d'être évêques auxiliaires du titulaire officiel du diocèse.

308. A. Giovagnoli, *Vita e Pensiero*, 06/2018.
309. S. Falasca, *Avvenire*, 22/09/2018.

« Je pense à la résistance [de l'Église clandestine], aux catholiques qui ont souffert : c'est vrai, ils souffriront. Dans un accord, il y a toujours de la souffrance », reconnaît avec sincérité le pape François face à la presse au retour de son voyage en Estonie. Mais à la fin, explique-t-il, ce qui compte c'est que la nomination soit faite par le pape et qu'il y ait un dialogue sur les candidats éventuels[310]. Il ajoute avec réalisme qu'au cours des siècles passés, en Europe et en Amérique latine aussi les monarques décidaient du choix des évêques. Laissant entendre qu'il faut faire confiance à l'évolution de l'histoire. Le premier effet de cet accord est la participation de deux prélats chinois au synode des jeunes : l'évêque de Yan'an Giovanni Battista Yang Xiaoting et l'évêque de Chengde Giuseppe Guo Jincai, secrétaire du Conseil des évêques chinois, tout juste affranchi de son excommunication. Jean-Paul II comme Benoît XVI avaient en vain tenté d'inviter des évêques chinois aux assemblées synodales. Le gouvernement de Pékin y avait toujours mis son veto.

Quelques jours après l'annonce de l'accord, François adresse un « message aux catholiques chinois ». Un document sobre et lucide, à la fois religieux et politique. Le pape prend à cœur la sensation d'abandon qui peut envahir les catholiques de la clandestinité et leurs interrogations sur « la valeur des souffrances affrontées pour vivre dans la fidélité au Successeur de Pierre ». Il souligne l'importance pour annoncer l'Évangile qu'il existe enfin une unité pleine et visible de l'Église catholique en Chine, invite à la réconciliation des divers groupes catholiques, exhorte évêques, prêtres et fidèles à « chercher ensemble de bons candidats » (un passage qui marque son acceptation de la sélection par le bas). La lettre du pape appelle à un bon dialogue entre la communauté ecclésiastique et les autorités civiles et exprime la volonté de bâtir des rapports d'amitié entre le Saint-Siège et la Chine, tout en assurant que les catholiques chinois sont engagés pour promouvoir

310. François, conférence de presse, 26/09/2018.

le développement de la société, « assurant un plus grand respect de la personne humaine y compris dans le domaine religieux[311] ».

Un passage de ce message reflète pleinement la psychologie du pape Bergoglio. « Si Abraham avait exigé des conditions sociales et politiques idéales avant de sortir de sa terre, peut-être qu'il ne serait jamais parti. » François n'a pas peur de se mettre en chemin sur les sentiers de l'histoire. « Le temps est supérieur à l'espace », proclame-t-il depuis le début de son pontificat et répète-t-il continuellement dans ses principaux documents : l'encyclique *Lumen fidei*, signée avec Benoît, l'exhortation apostolique *Evangelii gaudium*, l'exhortation postsynodale *Amoris lætitia*, l'encyclique *Laudato si'*. Pour Bergoglio, la chose la plus importante est de mettre en route des processus. Tout aussi important, se mesurer sans peur à la réalité. « Le gardien de but doit arrêter la balle d'où qu'elle arrive », s'exclame le pape argentin dans son parler populaire. Pékin est un acteur stratégique de l'ère contemporaine, un partenaire indispensable pour la paix. Mais pas dans la perspective de diviser la planète en de nouvelles sphères d'influence, comme ce fut le cas à Yalta, souligne Bergoglio. « Le monde occidental, le monde oriental et la Chine sont en mesure de maintenir l'équilibre de la paix et ont la force pour le faire. Nous devons trouver une manière, toujours à travers le dialogue », expliquait François à l'*Asia Times* de Hong Kong alors que les négociations étaient encore en cours[312].

L'accord avec la Chine est un pari et un investissement. Les gouvernants chinois ont toujours rejeté l'idée d'avoir au sein de leur pays une institution (dans ce cas ecclésiastique) soumise à une autorité étrangère, c'est-à-dire le pape de Rome. Pékin est décidé à maintenir un contrôle de fer sur les dynamiques sociales. Les réseaux sociaux sont très surveillés et censurés. « Depuis 2018, de nouvelles dispositions réglementent de manière contraignante les

311. François, message aux catholiques chinois, 26/09/2018.
312. F. Sisci, *Asia Times*, 28/01/2016.

activités de culte et interdisent l'instruction religieuse avant dix-huit ans, ainsi que l'organisation de camps de vacances », affirme le père Bernardo Cervellera, missionnaire de l'Institut pontifical pour les missions étrangères (PIME) et directeur de l'agence Asia News. Les réunions religieuses privées sont interdites. « L'activité de prière est interdite dans les maisons, on ne peut prier que dans des lieux de culte établis[313] », ajoute-t-il. Une bureaucratie exténuante régule les permis à obtenir : au niveau local, du district et de l'État. Des destructions d'édifices de culte ou de signes religieux ont lieu sous divers prétextes.

Cependant, il est vrai que, dans un pays aussi vaste, l'application plus ou moins rigide des règles dépend beaucoup des fonctionnaires locaux. Dans le même temps, un autre obstacle s'est manifesté. Au moment de l'enregistrement civil du clergé, les autorités demandent la signature d'un document où le prêtre ou l'évêque accepte le principe d'indépendance, d'autonomie et d'autoadministration de l'Église en Chine. Et cela, reconnaît-on à Rome, « malgré l'engagement [de Pékin] [...] de respecter la doctrine catholique ». L'indication du Saint-Siège, exposée dans un document publié en juin 2019, consiste à signer en ajoutant une précision manuscrite que cela se fait « sans contrevenir à la fidélité due aux principes de la doctrine catholique ». Si c'est impossible par écrit, une précision verbale suffira, avec ou sans témoin. Il suffira de signer avec la conscience d'agir pour le bien de la communauté diocésaine[314].

En août 2019 sont ordonnés les deux premiers évêques chinois avec mandat papal sur la base des règles (secrètes) de l'accord entre le Saint-Siège et la Chine. Le premier, Anton Yao Shun, a étudié aux États-Unis et à Jérusalem. Il est évêque de Jinjing, en Mongolie intérieure. Le deuxième est Stephen Xu Hongwei, coadjuteur à

313. Entretien avec l'auteur.

314. « Orientations pastorales du Saint-Siège concernant l'enregistrement civil du clergé en Chine », 28/06/2019.

Hanzhong. Tous deux ont été élus en avril lors d'une réunion présidée par la hiérarchie ecclésiastique chinoise. Ils étaient les seuls candidats. Selon l'agence Asia News, tous deux avaient été préalablement approuvés par le Saint-Siège[315].

François regarde loin. Il faut « se faire pèlerins sur les sentiers de l'histoire », telle est la conviction qu'il manifeste également dans le « message aux catholiques chinois ». D'autre part, le nombre de catholiques en république populaire de Chine, estimé à dix millions, est en baisse en raison de l'urbanisation de masse, qui a détruit de nombreuses communautés locales. En revanche, les communautés autonomes évangéliques foisonnent, avec près de cinquante millions d'adhérents. Pour François, il reste essentiel d'avoir réussi à nouer un accord international avec le géant du XXIe siècle, la Chine.

« François est un berger et un missionnaire », répètent les membres de la curie qui lui sont le plus proches. Sa capacité de travail, pour un homme entré dans sa quatre-vingt-troisième année de vie, est notable. Il se réveille le matin un peu avant cinq heures, une heure de prière à la chapelle, extinction des feux à dix heures du soir. Pas de télévision. Seulement *L'Osservatore romano* à la sortie des presses l'après-midi et *Il Messaggero* le matin, car il faut prendre le pouls des faits divers de la ville où l'on vit (outre les revues de presse internes au Vatican). Au départ, il ne devait pas se déplacer beaucoup au cours de ce pontificat en raison de la sciatique qui le tourmente, mais François est devenu itinérant, avec plusieurs voyages par an. À un rythme frénétique, le pape a mis sur son agenda 2019 la participation à la Journée mondiale de la jeunesse à Panama, les visites dans les Émirats arabes unis et au Maroc, ses voyages en Bulgarie, en Macédoine du Nord, en Roumanie, à Madagascar, au Mozambique, à l'île Maurice, au Japon. « Les voyages l'épuisent, mais ils le mobilisent énormément », explique quelqu'un qui le suit souvent. Un bon prêtre, répète François, « se

315. S. Ticozzi, Asia News, 15/04/2019.

laisse manger » par son troupeau. Bergoglio se laisse consumer par le pontificat.

Pendant la septième année du pontificat, la tenue du synode sur l'Amazonie programmé en octobre 2019 est devenue cruciale pour le projet réformateur de François. Y ont participé les évêques du Brésil, de Colombie, du Pérou, du Venezuela, de Bolivie, d'Équateur, de l'ancienne Guyane britannique, de la Guyane française et du Suriname. Ce synode a pris une importance universelle en raison des deux sujets sur la table : le problème des *viri probati* – hommes mariés d'une foi et d'une moralité éprouvées à qui pourrait être confiée la tâche de célébrer l'eucharistie – et le thème des tâches spéciales à confier aux femmes. Il y a des années, l'évêque autrichien naturalisé brésilien Erwin Kräutler avait soumis la question au pape. Dans la prélature très étendue de Xingu, qu'il dirigeait alors, vivent sept cent mille fidèles, répartis dans huit cents communautés avec vingt-sept prêtres. Résultat : on ne peut célébrer la messe que deux ou trois fois par an. La réponse de François avait été qu'il revenait aux évêques locaux et aux conférences épiscopales nationales d'élaborer et de présenter des propositions au Vatican. François s'est progressivement penché sur la question. Il sait qu'elle pourrait ouvrir la voie à une révolution dans l'Église, car le manque chronique de vocations n'affecte pas seulement l'Amazonie, mais caractérise de nombreuses régions de l'univers catholique.

« Nous devons réfléchir pour savoir si les *viri probati* sont une solution, a-t-il déclaré en 2017. Voir quelles tâches ils pourraient accomplir, par exemple dans les communautés très isolées[316]. » L'hypothèse de travail est l'institution expérimentale d'un « ministère local », c'est-à-dire que ces hommes mariés seraient appelés à célébrer l'eucharistie seulement au sein de leur propre communauté. La date du synode approchant, François a évoqué la subtilité théologique qui pourrait ouvrir une brèche à

316. G. di Lorenzo, *Die Zeit*, 09/03/2017.

la nouveauté. Partant du principe que le prêtre ordonné possède la faculté de célébrer les sacrements, de gouverner et d'enseigner (*munus sanctificandi, munus regendi, munus docendi*), « l'évêque donnerait seulement [à un ancien marié] les facultés pour le *munus sanctificandi* ». Citant l'étude d'un théologien, le pape dresse la liste : « Qu'il célèbre la messe, qu'il administre le sacrement de réconciliation et qu'il donne l'onction des malades[317]. »

Même s'il rappelle que le célibat est un « don pour l'Église », le document de travail du synode (*Instrumentum laboris*) a ouvert la voie à l'innovation. « Pour les zones les plus reculées de la région, il convient d'étudier la possibilité de l'ordination sacerdotale d'anciens, préférablement indigènes, respectés et acceptés par leur communauté, bien qu'ils puissent avoir une famille constituée et stable, afin d'assurer les sacrements qui accompagnent et soutiennent la vie chrétienne[318]. »

Le dernier signal des intentions de François est venu avec la nomination en tant que rapporteur général du synode du cardinal brésilien Claudio Hummes, plus de quatre-vingts ans, archevêque émérite de São Paolo et grand ami de Bergoglio. Depuis toujours favorable à cette réforme, Hummes avait affirmé publiquement déjà en 2006 – dès sa nomination par Benoît XVI en tant que préfet de la Congrégation pour le clergé – que le célibat n'était pas un dogme et que même certains des apôtres étaient mariés. On avait immédiatement fait taire le cardinal sur ordre du pape Ratzinger. Il est arrivé au synode panamazonien avec la conviction que les changements sont urgents : « Je crois que l'Église a un grand besoin de trouver de nouveaux chemins [...] nous devons parler de perspectives nouvelles sans avoir peur[319]. » Mais avant même le début du synode le 6 octobre 2019, dans les couloirs

317. François, conférence de presse, 27/01/2019.
318. « *Instrumentum laboris* de l'Assemblée spéciale pour la région panamazonienne du synode des évêques », Press Vatican, 17/06/2019.
319. S. Protz, *Vatican news*, 11/05/2019.

de la curie, les avertissements de l'aile traditionaliste circulaient déjà : « L'exemple d'un clergé marié ne restera pas cantonné à l'Amazonie, cela augmenterait les tensions internes à l'Église. » Le cardinal Burke et l'évêque Athanasius Schneider (Kazakhstan) lancent un tir de barrage préventif en invitant les fidèles du monde entier à jeûner et à prier pendant quarante jours afin d'empêcher l'approbation d'innovations hérétiques.

Malgré cela, au terme de trois semaines d'un débat extrêmement ouvert et libre de préjugés, les évêques ont approuvé à la majorité des deux tiers la demande du pape d'instituer un clergé marié. Au paragraphe 111 du document final, on propose d'« ordonner prêtres des hommes idoines et reconnus par la communauté, qui ont un diaconat permanent fécond et reçoivent une formation adéquate au presbytérat, pouvant avoir une famille légalement constituée et stable[320] ».

Il s'agit d'un tournant crucial pour l'Église catholique de rite latin. Après la déception des synodes sur la famille, qui avaient vu prévaloir les résistances des conservateurs, l'issue du synode pour l'Amazonie représente une victoire de la méthode de François consistant à stimuler les évêques à proposer par le bas des réformes de l'Église. Si le pape argentin met rapidement en œuvre ce document, une page entièrement nouvelle s'ouvrira pour le catholicisme. Le fait d'avoir canalisé la question des *viri probati* sur les rails du diaconat permanent garantit un processus graduel qui finira possiblement par concerner tous les pays catholiques du monde.

Le synode pour l'Amazonie a également apporté une nouveauté concernant les femmes : la proposition d'instaurer un nouveau rôle ecclésiastique pour les femmes, celui de « guide de communauté ». Cette charge comportera certainement un acte rituel et deviendra ainsi un petit pas vers le diaconat féminin, étant donné que certains

320. Synode pour l'Amazonie, document final, 26/12/2019.

groupes de travail du synode s'étaient officiellement exprimés en faveur des femmes diacres.

Cependant, une semaine après la clôture du synode, le cardinal Camillo Ruini partait déjà à l'attaque : « Ordonner prêtres des diacres mariés… est une erreur. » L'influent ex-président de la Conférence épiscopale italienne lançait un avertissement personnel au pape : « J'espère et je prie pour que le pape ne confirme pas [la demande du synode][321]. »

321. A. Cazzullo, *Corriere della Sera*, 03/11/2019.

14
« Moi, je vais de l'avant »

Par ailleurs, pendant le synode, le cardinal Müller s'était déjà fait entendre : « La tradition de l'Église n'est pas un jeu que l'on peut modeler selon son bon plaisir[322]. »

Le principal engagement de François, aujourd'hui comme au début de son pontificat, est la « conversion » de l'Église. Il n'y a pas besoin d'évêques administrateurs, rappelle-t-il début 2019 aux évêques américains, mais de pasteurs qui sachent saisir le passage de Dieu dans l'histoire. Une Église est crédible si ses membres se reconnaissent pécheurs et limités, et comprennent la nécessité de la conversion. Sans cette conscience personnelle et communautaire, avertit François, « on peut même courir le risque de finir par faire de Dieu l'"idole" d'un groupe existant déterminé[323] ».

Au moment le plus dramatique de son pontificat – l'année 2018 des grands scandales qui ont révélé l'énormité des abus sexuels, et ont vu surgir la demande de démission du pape –, François enfonce son bistouri dans la tumeur cachée qui corrompt

322. P. Rodari, *La Repubblica*, 10/10/2019.
323. François, lettre aux évêques américains, 01/01/2019.

la vie ecclésiastique : le cléricalisme. « Une manière déviante de concevoir l'autorité dans l'Église – si commune dans nombre de communautés dans lesquelles se sont vérifiés des abus sexuels, des abus de pouvoir et de conscience », écrit-il. Un mal obscur qui « annule non seulement la personnalité des chrétiens, mais tend également à diminuer et à sous-évaluer la grâce baptismale que l'Esprit saint a placée dans le cœur de notre peuple ». Au-delà du langage religieux, ces mots sont d'une gravité exceptionnelle. De plus, laisse entendre le pape, il ne s'agit pas d'un phénomène marginal : « Le cléricalisme, favorisé par les prêtres eux-mêmes ou par les laïcs, engendre une scission dans le corps ecclésial qui encourage et aide à perpétuer beaucoup des maux que nous dénonçons aujourd'hui. » Ces pensées sont exprimées dans la « Lettre au peuple de Dieu » d'août 2018. Elles expriment le profond malaise que François éprouve envers une Église qui ne lui apparaît pas fidèle à l'Évangile. « Il est nécessaire que chaque baptisé se sente engagé dans la transformation ecclésiale et sociale dont nous avons tant besoin », insiste-t-il, les abus étant le point de départ de son raisonnement.

Sur ce terrain a eu lieu le premier court-circuit sérieux entre le pape Bergoglio et le pape émérite Benoît. Un véritable choc de visions. Si le pape jésuite voit le péché du cléricalisme en tant qu'idéologie et l'idolâtrie du pouvoir clérical comme étant à la racine des abus sexuels et de nombreux autres maux de l'Église, le pontife démissionnaire (théologien effrayé par la révolution du concile Vatican II) s'est adressé au public avec une analyse opposée : « Seul là où la foi ne détermine plus l'action des hommes de tels crimes sont possibles. » L'incident, qui a perturbé six ans de coexistence tranquille (à part quelques remous lors de l'enterrement du cardinal Meisner), a eu lieu en avril 2019, quelques semaines après le sommet des présidents des conférences épiscopales sur le thème des abus sexuels. Le mensuel catholique bavarois *Klerusblatt* publie un essai de l'ancien pape (qu'une habile mise en scène fait également apparaître sur un certain nombre de sites Internet et dans la presse internationale, dont en Italie le *Corriere della Sera*) qui attribue le fléau de la pédophilie à « l'effondrement de la théologie morale catholique » et à l'abandon par l'Église d'une éthique fondée sur le droit naturel. Ratzinger fait porter la faute aux déviations de la théologie conciliaire – selon lui déterminée par une mauvaise interprétation de Vatican II – et déplore un relâchement dramatique des mœurs à la suite de la révolution sexuelle de 1968, qui aurait prêché la licéité de la pédophilie. Il parle de clubs gays et de projections de films pornographiques dans les séminaires, de la défense des droits civils dans les procès ecclésiastiques, tournée vers la protection à outrance de l'accusé « au point de pratiquement exclure la condamnation ».

Aux projets de réforme structurelle de l'institution ecclésiastique, Benoît XVI réserve des mots de condamnation ferme : « L'idée d'une Église meilleure créée par nous-mêmes est en vérité une proposition du diable par laquelle il veut nous éloigner du Dieu vivant. » Son essai ne résiste pas à une note autobiographique agacée. Dans les années postconciliaires, écrit-il, « dans de nombreux séminaires, des étudiants surpris à lire mes livres étaient considérés comme inaptes au sacerdoce. Mes livres étaient cachés comme s'il s'agissait d'écrits nuisibles à lire en cachette… » Des mots surprenants, car en 1968 Ratzinger publiait justement sa célèbre *Introduction au christianisme*, considérée comme un classique qui a nourri des générations d'étudiants en théologie[324]. La théologienne Marie-Jo Thiel fait immédiatement remarquer que l'ancien pape n'affronte pas du tout l'« aspect systémique » des abus sexuels au sein du clergé et ne cite jamais le « lien [affirmé par François] avec les abus de pouvoir et de conscience[325] ». En effet, l'épisode ne concerne pas un simple débat entre théologiens, mais met en lumière une sorte de magistère parallèle de l'ancien pape face au pape régnant.

324. Benoît XVI, *Corriere della Sera*, 11/04/2019.
325. M.-J. Thiel, entretien avec C. Hoyeau, *La Croix*, 11/04/2019.

C'est ainsi que l'a immédiatement perçu le bloc traditionaliste anti-Bergoglio. L'analyse de Benoît XVI sur la pédophilie, commente l'ancien préfet de la Congrégation pour la doctrine de la foi, Müller, est « excellente [...] meilleure que d'autres explications, très profonde[326] ». Dans le cercle de François, l'embarras autour du contre-manifeste de Ratzinger est tel que certains évêques et cardinaux sont intervenus pour voiler la déchirure. Le cardinal Angelo Becciu, nommé à l'époque par le pape Ratzinger numéro 2 de la Secrétairerie d'État, affirme que le texte de Benoît est un signe de « son grand amour pour l'Église ». L'évêque de Chieti Bruno Forte, soutien de François qui l'a nommé secrétaire spécial des synodes sur la famille, s'est empressé de déclarer que l'intervention du pape démissionnaire est une manière d'encourager l'Église à la réforme et à l'annonciation joyeuse de l'Évangile.

De son côté, l'entourage de Ratzinger s'en est tenu à la position que Benoît « voulait aider le débat et n'avait pas l'intention de critiquer quiconque ». Quoi qu'il en soit, il avait demandé la permission de publier ses réflexions tant à la Secrétairerie d'État qu'au pape François. La réalité des faits se trouve dans le tweet de l'éditorialiste du journal des évêques italiens *Avvenire* : Stefania Falasca cite un document officiel du Vatican de 2004 où il est écrit que « l'évêque émérite aura soin de n'interférer en rien, ni directement ni indirectement, dans la conduite du diocèse et il évitera toute attitude [...] qui pourrait même donner l'impression qu'il constitue presque une autorité parallèle à celle de l'évêque diocésain[327] ».

L'incident met en lumière toute l'ambiguïté d'un pape démissionnaire qui continue à porter son nom pontifical et l'habit blanc, à vivre au Vatican et à se faire appeler Sa Sainteté. À son époque, son secrétaire et préfet de la Maison pontificale,

326. L. G. Müller, TgCom24, 15/04/2019.
327. Congrégation pour les évêques, *Apostolorum successores*, Press Vatican, 22/02/2004.

monseigneur Gänswein, avait suscité la polémique en déclarant que, depuis l'élection de François, il existe un « ministère de Pierre élargi – avec un membre actif et un membre contemplatif[328] ». Ratzinger lui-même, dans une lettre au cardinal Brandmüller de novembre 2017, déclarait qu'il considérait comme parfaitement clair qu'« il y a un seul pape[329] ». Pourtant, lui aussi reste en contradiction. Si Pie XII, craignant d'être capturé par les forces de Hitler, avait envisagé sa démission et son retour sous le statut de « cardinal Pacelli », en privé, Benoît XVI se décrit comme un père qui conserve son essence paternelle bien qu'il ait cessé de s'occuper de ses enfants. Il appartiendra au successeur de Bergoglio de trancher le nœud de cette ambiguïté de fond.

François ne sera pas celui qui réalisera cette « conversion » de l'Église et sa déclérícalisation. Le pape argentin est un semeur. D'autres – si le hasard le veut – feront mûrir la récolte. Le temps file vite en cette deuxième partie du pontificat. « Je ne sais pas si je serai à la prochaine Journée mondiale de la jeunesse [en 2022] », a-t-il dit avec une pointe de mélancolie lucide en prenant congé le 27 janvier des jeunes volontaires de la Journée mondiale de la jeunesse de Panama. Le rythme frénétique auquel il agit laisse pressentir que le pape argentin entend profiter de chaque instant de son existence pour accomplir sa mission.

En attendant, Bergoglio est seul. Il est impressionnant de constater comme cette observation revient souvent dans les conversations privées du monde ecclésiastique, romain comme non romain. « C'est une personne très seule, ça se sent, mais cela ne l'a pas rendu sombre », confie la supérieure d'un ordre religieux. « Il a la capacité d'encaisser les coups sans se laisser renverser », observe un évêque ami. Le cardinal Gualtiero Bassetti, président de la CEI, le répète : « François ne se décourage pas, ne se démoralise pas à cause de ceux qui s'opposent à lui. Il fait confiance à Dieu.

328. G. Gänswein, discours, 20/05/2016.
329. A. Tornielli, *La Stampa*, 21/09/2018.

Comme Jean XXIII, il ne croit pas aux prophètes de malheur[330]. »
La solitude du pape est rendue encore plus intense par l'inertie de nombreux évêques dans le monde, qui n'apparaissent pas sur la scène publique pour relancer les thèmes qu'il défend. « Des évêques peu réactifs, peu courageux, qui ne se mobilisent même pas quand le pape les exhorte à agir », a souligné il y a longtemps le président de l'une des plus importantes conférences épiscopales européennes. Par ailleurs, font remarquer de nombreux prélats, il est difficile que des paroisses essentiellement fréquentées par des soixantenaires se mobilisent en faveur d'un élan réformiste.

Mauro Magatti, sociologue et directeur du Centre d'anthropologie de la religion à l'université catholique de Milan, observe que pour un homme arrivé à soixante-seize ans sur le trône papal, après une vie consacrée à l'Évangile, c'est une expérience extrême que de « découvrir un nid de vipères ». Par ailleurs, poursuit Magatti, « c'est un pape anxiogène pour le clergé comme pour les évêques, il a compris que l'Église doit s'insérer dans les points de contradiction de la société, là où émerge une demande de sens, pour se soustraire à l'agenda technico-économique dominant ».

François déstabilise. Ouvrir la nouvelle année en pointant le doigt contre ceux qui « vont à l'église, sont là tous les jours puis vivent en détestant les autres et en parlant mal des gens », en disant que c'est un scandale et qu'il vaut « mieux vivre en tant qu'athée plutôt que de donner un contre-témoignage du fait d'être chrétien », voilà un choc pour l'*establishment* ecclésiastique. La vieille garde de la curie est encore plus choquée par son exhortation à comprendre que l'Église, comme la société, est entrée dans un « véritable changement d'époque », où il n'est pas possible de « s'ancrer dans l'autoconservation », mais où il faut choisir « la vitalité d'un parcours en continuel développement ». Dans les grandes villes du monde contemporain, souligne le pape

330. G. Bassetti, table ronde à la FNSI, 01/03/2018.

en s'adressant à la curie à la veille de Noël 2019, « nous avons bien d'autres paradigmes, qui nous aident à repositionner nos manières de penser et nos attitudes [...] nous ne sommes plus en chrétienté [...] nous ne sommes plus les seuls aujourd'hui à produire la culture, ni les premiers, ni les plus écoutés[331] ». Au cœur du palais apostolique, François a voulu rappeler pour l'occasion les derniers mots du cardinal jésuite Carlo Maria Martini, disparu l'année précédant son élection : « L'Église est en retard de deux cents ans. Pourquoi ne se secoue-t-elle pas ? La peur a-t-elle cédé la place au courage ? »

Bergoglio désoriente, car il exerce le rôle de pape d'une manière radicalement différente de ses prédécesseurs. « François se montre sous un jour problématique, démythifie la figure papale, révèle les tourments du pasteur », affirme une religieuse qui le suit depuis longtemps avec attention. « L'affaire chilienne a fait du bruit non seulement en raison du comportement de cet épiscopat, mais à cause du comportement du pape, note le cardinal Francesco Monterisi. Un pape qui se trompe... qui demande pardon... se repent ? Les papes apparaissaient comme le "roc", la pierre inamovible. François se montre bien plus humain... » Dans une part non négligeable du milieu curial et ecclésiastique, cette attitude provoque l'égarement. Et l'attente d'un gouvernement à venir plus stable. Vétéran du concile Vatican II, l'évêque Bettazzi réfléchit avec la sagesse souriante de ses quatre-vingt-quinze ans : « François plaît aux gens, moins au clergé, moins encore aux évêques. »

L'Église catholique est entrée dans une phase de turbulences non seulement à cause des questions doctrinales agitées par une corporation de cardinaux et d'évêques, mais à cause d'un brassage social, politique et religieux. En Europe de l'Est a émergé un catho-nationalisme qui a des ramifications politiques jusque dans la partie occidentale du Vieux Continent. François est alarmé

331. François, discours à la curie romaine, 21/12/2019.

par le vent illibéral qui souffle en Europe et dans le monde. Méchancetés et laideurs, dit-il, marquent le temps présent. De même que la peur, qui favorise l'esclavage, et « c'est aussi l'origine de toute dictature, parce que c'est sur la peur des peuples que croît la violence des dictateurs[332] ». Au sud du monde, de grands pays catholiques comme les Philippines et le Brésil sont aux mains de gouvernements qui exaltent l'aspect violent de l'État au nom de la lutte contre la délinquance. Face à la brutalité du darwinisme politique dominant, le pape Bergoglio se fait toujours plus net : « Le bien, s'il n'est pas commun, n'est pas bien[333]. »

Sous le pontificat de Bergoglio, l'institution ecclésiastique apparaît fortement divisée. « Trop de gens se retranchent, restent incertains, ne comprennent pas la nouveauté de sa manière de concevoir la présence de l'Église dans le monde contemporain », confie un prélat de curie. « Quand la nouveauté avance, l'ancien se rebelle », ajoute le cardinal Bassetti. Aux États-Unis, la hiérarchie est profondément divisée entre la vieille garde et les défenseurs de la ligne Bergoglio. L'Afrique, qui dans les prochaines décennies dominera démographiquement l'univers catholique, a une hiérarchie ecclésiastique qui regarde souvent avec étonnement, voire avec hostilité, les débats et les thèmes soulevés par les Églises d'Occident. À leur tour, les jeunes générations africaines sont souvent plus proches de l'Europe et de l'Amérique que de leurs propres aînés. Pendant ce temps, les États-Unis, la Chine et la Russie se déplacent comme des plaques tectoniques.

Andrea Riccardi, leader historique de la communauté de Sant'Egidio, affirme que « sous la croûte, les tensions du monde se réverbèrent aussi au sein de l'Église ». Le pape François ? « Il tient bon et résiste. » Malgré la succession incessante d'« attaques irrespectueuses, très fortes et personnelles », reconnaît le cardinal

332. François, homélie à Sacrofano, 15/02/2019.
333. François, message vidéo au World Government Summit, 10/02/2019.

Parolin, secrétaire d'État[334]. Quelques semaines avant le sixième anniversaire de l'élection papale, le cardinal Kasper lance un signal d'alarme. À la télévision allemande ARD, le cardinal déclare qu'il y a des gens à qui le pontificat de Bergoglio ne plaît pas : « Ils veulent y mettre fin au plus vite et veulent tenir un nouveau conclave [...] ils veulent aussi préparer le conclave de manière à ce que le résultat corresponde à leurs intentions. »

Deux des plus proches collaborateurs de François au conseil des cardinaux partagent l'idée que la vision sociale du pape suscite une forte opposition. Le cardinal Oscar Rodríguez Maradiaga le déclare explicitement : « L'encyclique *Laudato si'* a été critiquée par de puissantes entreprises pétrolifères avant même sa publication[335]. » La mentalité conservatrice de certains milieux économiques s'étend jusqu'à la curie, a déclaré le pape au président de la Conférence épiscopale allemande, le cardinal Marx.

Le père Arturo Sosa, prévôt général des Jésuites, confirme l'encerclement du pape : « Il y a des gens, tant à l'intérieur de l'Église qu'à l'extérieur, qui voudraient que le pape François démissionne, mais il ne le fera pas[336]. » Lors d'une rencontre avec ses confrères jésuites à Madagascar, le pape avoue se sentir assiégé. L'arrivée à la curie du cardinal philippin Luis Tagle devrait l'aider à se sentir moins seul. L'archevêque de Manille, nommé préfet de la Congrégation pour l'évangélisation des peuples (responsable de la sélection des évêques d'Asie et d'Afrique), est un défenseur convaincu des réformes.

Quelques semaines avant son quatre-vingt-troisième anniversaire, François a connu l'attaque publique la plus violente de son pontificat. Cent intellectuels catholiques l'ont accusé d'actes sacrilèges pour avoir autorisé qu'une image de la Pachamama (la grande Terre Mère) soit apportée à Saint-Pierre par

334. P. Parolin, *Gazzetta d'Alba*, 18/12/2018.
335. Collectif, *Francesco e noi*, Piemme, 2017.
336. N. Magnani, ilsussidiario.net, 21/08/2019.

le cortège des indigènes lors des cérémonies d'ouverture du synode panamazonien. Le pape est également attaqué pour son document signé avec le grand imam d'Al-Azhar, Ahmad al-Tayyeb. François doit se repentir, est-il écrit. Ceux qui suivent son exemple « risquent la damnation éternelle[337] ». *L'Osservatore romano* intervient de manière parfaitement inhabituelle par une prise de position en première page pour affirmer que François « n'a jamais été idolâtre et ne le sera jamais[338] ».

Il n'est pas difficile d'entrevoir les étapes de ces manœuvres. Intensifier la campagne de délégitimation, rassembler des dossiers sur les cardinaux – *papabiles* ou non – qui pourraient entraver un changement gênant, et enfin programmer pour le prochain conclave le choix d'un candidat pape « modéré ». Impossible de faire totalement reculer l'horloge, les conservateurs le savent aussi, l'important est que l'on n'arrive pas à un François II. Le sociologue Magatti craint que Bergoglio ne reste une parenthèse. « Courage, Saint-Père ! », lui a dit un évêque latino-américain après la lettre du nonce Viganò qui exigeait la démission du pape. « Dans toute communauté, il y a un Judas. » François l'a regardé un instant, puis a répondu : « Oui, mais ici le Judas n'est pas à la curie, il est en Amérique. »

Dans ce climat de tension, l'avertissement du pape sur la possibilité d'un schisme tombe comme la foudre dans un ciel serein. François rentrait alors de son voyage au Mozambique, Madagascar et l'île Maurice. C'était le 10 septembre 2019. Aiguillonné par un journaliste américain lors de la conférence de presse dans l'avion, le pape déclare qu'« il existe toujours l'option schismatique dans l'Église ». Cela fait partie de la liberté humaine accordée par Dieu, bien qu'il ne s'agisse pas d'un comportement chrétien.

Le fait que François affronte sans ambages l'existence d'une division au sein du catholicisme en révélant que certaines

337. Marcotosatti.com, 12/11/2019.
338. F. Arizmendi Esquivel, *L'Osservatore romano*, 13/11/2019.

personnes, par leurs critiques incessantes, poursuivent une « idée fixe : changer le pape ou faire un schisme, je ne sais pas[339] ». Pendant de nombreuses années, les soutiens du pape avaient tenté de relativiser le poids de l'opposition, et voilà que François présente la vérité sans voile et dénonce la « possibilité d'un schisme ». Il existe un moralisme abstrait, ajoute-t-il, qui débouche sur une tendance pseudoschismatique. Comment réagir ? « Être doux avec les personnes qui sont tentées de provoquer ces attaques[340]. »

La fracture est réelle. Outre ses opposants directs, le pape doit prendre en compte un courant critique qui – comme le cardinal Robert Sarah, préfet de la Congrégation pour le culte – ne s'oppose pas formellement à François, mais évoque une « Église déchirée, dans un état de grande confusion… une véritable cacophonie de la part des évêques et des prêtres[341] ».

Pendant la cérémonie du 5 octobre 2019 pour la création de treize cardinaux, François évoque les « nombreux comportements déloyaux d'hommes d'Église ». Le soir, lorsqu'il accompagne les nouveaux cardinaux auprès du pape émérite Benoît XVI, ce dernier a lui-même tenu à rappeler la valeur de la fidélité au pape[342].

Pourtant, quelques mois plus tard, Joseph Ratzinger rompt de manière retentissante le pacte de non-interférence sur lequel s'appuyait depuis plus de six ans la coexistence entre le pape démissionnaire et le pape régnant. Le 13 janvier 2020, *Le Figaro* annonce en avant-première la publication d'un livre cosigné par Benoît XVI et le cardinal Robert Sarah[343]. L'ouvrage porte sur le thème du célibat, et son objectif affiché est de réfuter toute éventualité d'un clergé marié – réforme attendue dans les annonces

339. François, conférence de presse, 10/09/2019.
340. *Ibid.*
341. E. Pentin, *National Catholic Register*, 23/09/2019.
342. Communiqué du bureau de presse du Saint-Siège, 05/10/2019.
343. J.-M. Guénois, *Le Figaro*, 13/01/2020.

postsynodales sur l'Amazonie. Sarah demande expressément à François d'y opposer son veto.

Le titre, *Des profondeurs de nos cœurs,* a le ton d'un cri d'alarme péremptoire. Le livre se compose de quatre parties : une introduction à quatre mains, un texte de Ratzinger, un texte de Sarah, puis la conclusion des deux auteurs. Le célibat est « indispensable », proclame Benoît XVI, soulignant que « de la célébration quotidienne de l'eucharistie, qui implique un état de service de Dieu permanent, naquit spontanément l'impossibilité d'un lien matrimonial[344] ». Et cette impossibilité doit être maintenue, car l'abstinence sexuelle est désormais « ontologique » par rapport au sacerdoce. Face à ce qu'ils qualifient de vacarme créé par un étrange synode de médias, Ratzinger et Sarah, dans leur introduction, invoquent saint Augustin : « *Silere non possum!* Je ne peux pas me taire[345] ! » Le scandale éclate. Peu importe que les deux auteurs affirment être deux évêques en « filiale obéissance au pape François », en quête de vérité, animés par un esprit d'« amour de l'unité de l'Église », exempts de toute velléité de division.

De fait, le pape émérite Ratzinger prend publiquement position – et signe Benoît XVI – à propos d'un sujet sur lequel le pape François est en train de prendre sa décision à travers un document solennel. Le pape à la retraite se range aux côtés d'un cardinal tel que Sarah, dont les batailles éditoriales contre Bergoglio sont soutenues par de solides groupes conservateurs, particulièrement américains, qui ont par le passé acheté en masse ses livres pour les diffuser.

Avec Sarah, l'ancien pape affirme d'un ton emphatique : « Il était de notre devoir sacré de rappeler la vérité du sacerdoce catholique [...]. Il est urgent, nécessaire, que tous, évêques, prêtres et laïcs, ne se laissent plus impressionner par les mauvais plaidoyers, les

344. Benoît XVI, R. Sarah, *Des profondeurs de nos cœurs*, Fayard 2020.
345. *Ibid.*

mises en scène théâtrales, les mensonges diaboliques, les erreurs à la mode qui veulent dévaloriser le célibat sacerdotal[346]. »

Le scandale éclate. La première réaction de l'entourage de Ratzinger, rapportée anonymement à la presse italienne, est d'affirmer que le pape émérite n'a confié à Sarah que quelques « notes », sachant qu'il écrivait un livre sur le sacerdoce. Ratzinger serait « totalement étranger » à l'opération éditoriale et n'aurait jamais approuvé la publication d'un volume à quatre mains[347]. Par la suite, le secrétaire de Benoît XVI, monseigneur Gänswein, diffuse un communiqué précisant que Ratzinger avait adressé à Sarah un texte de sa main sur le sacerdoce en « l'autorisant à en faire l'usage qu'il souhaitait », sans avoir toutefois approuvé le projet d'un livre à quatre mains, encore moins sous une couverture qu'il n'avait pas vue. Benoît XVI, poursuit Gänswein, est seulement l'auteur de son texte, et de rien d'autre. Il s'agit donc d'un malentendu « sans mettre en doute la bonne foi du cardinal Sarah[348] ».

La version du malentendu se désintègre en l'espace de quarante-huit heures. Le cardinal affirme qu'il a été en contact permanent avec Ratzinger pendant trois mois, septembre, octobre et novembre 2019, il fournit la preuve de leurs échanges de messages, explique que les épreuves et la couverture du livre ont été envoyées à Ratzinger le 19 novembre et qu'il a reçu son placet le 25 novembre 2019. De plus, le 3 décembre, Sarah a rencontré personnellement le pape émérite[349].

Sarah est un cardinal traditionaliste très proche de Benoît XVI, une personnalité directe, connue au Vatican pour sa rigueur spirituelle. L'idée qu'il ait manipulé les documents reçus de Ratzinger et qu'il ait agi dans le dos de l'ancien pape est « abjecte » et diffamatoire, déclare l'intéressé. Dans le communiqué où

346. *Ibid.*

347. G. G. Vecchi, *Corriere della Sera*, 14/01/2020.

348. Ansa, 14/01/2020.

349. R. Sarah, communiqué, 14/01/2020.

monseigneur Gänswein demande le retrait de la double signature de la couverture du livre, de l'introduction et de la conclusion, on note toutefois une omission. Le texte de l'introduction et de la conclusion emploie le « nous ». Gänswein n'affirme pas que ces deux textes auraient été falsifiés en introduisant le pronom pluriel à l'insu de Ratzinger. Ce n'est clairement pas le cas. Son silence à ce sujet en dit long. En dernière analyse, Ratzinger a commis un faux pas. Son rétropédalage finit par mettre en évidence la gravité initiale de son intervention et le caractère insoutenable de sa position, qui suscite la désorientation et l'irritation d'un grand nombre de catholiques. Uni à Sarah dans le livre *Des profondeurs de nos cœurs*, l'ancien pape Ratzinger s'est placé du côté de l'une des factions qui caractérisent la guerre civile interne à l'Église.

Au moment de sa démission, il avait déclaré se retirer dans une vie de silence et de prière, et, lors de son dernier discours aux cardinaux avant de se retirer à Castel Gandolfo, il avait promis à son successeur « révérence et obéissance inconditionnelles ». Une promesse répétée personnellement à François pendant leur premier échange téléphonique après son élection – dont a été témoin l'un des secrétaires de Benoît XVI, monseigneur Alfred Xuereb.

L'évêque Agostino Marchetto, qui possède une longue expérience de la diplomatie du Vatican et de la curie, commente : « Je crois que ça a été une tragédie intime pour lui, de sortir de sa réserve. C'est la tragédie d'un homme qui s'était engagé à la discrétion, mais qui au fil des ans a senti dans sa conscience le devoir de manifester publiquement sa pensée[350]. » Monseigneur Marchetto estime que la figure du pape émérite doit être démythifiée, et que, après sa démission, l'évêque de Rome, le pape, devrait être plutôt considéré comme un « évêque émérite » comme les autres. Quoi qu'il en soit, l'affaire a relancé la discussion sur la nécessité de définir rigoureusement le statut des papes démissionnaires en éliminant

350. P. Rodari, *La Repubblica*, 14/01/2020.

le titre de « pape émérite » et l'habit blanc : un contresens, source de confusions.

« Il y a toujours des opposants dans une organisation qui compte des centaines de millions de personnes dans le monde », préfère minimiser le pape François, selon Eugenio Scalfari, le fondateur du journal *La Repubblica*, qui l'a rencontré pendant les jours suivants. « Vatican News », le site officiel du dicastère pontifical de la communication, a rapidement publié des extraits du décret conciliaire sur le sacerdoce *Presbyterorum Ordinis*, où il est solennellement souligné que « la continence perpétuelle [le célibat] [...] n'est pas exigée par la nature du sacerdoce, comme le montrent la pratique de l'Église primitive et la tradition des Églises orientales ». Parole du Concile. Une gifle pour la thèse de Ratzinger sur le lien « ontologique » entre le sacerdoce et l'impossibilité du mariage.

La démission de Benoît XVI, affirmait le défunt cardinal Karl Lehmann, pendant de longues années président de la Conférence épiscopale allemande, a changé la physionomie de la papauté. Le rôle sacré du pontife est entré en crise. Qui démissionne se soumet au jugement de tous et transmet à son successeur une fonction désormais privée de l'aura d'un statut perpétuel. L'intangibilité de la papauté a vacillé avec Benoît XVI et est soumise à de fortes secousses avec François. La « dévotion » mystique et inconditionnelle que le clergé, les évêques et les fidèles vouaient autrefois au pape a diminué. À présent, chaque rôle semble soumis à un « like ». Le charisme ne suffit pas à couvrir les grincements de la structure ecclésiastique. Du sommet à la base, tout l'univers catholique est entré dans une phase de transition.

François, qui refuse l'image du pape-monarque, est sujet et objet d'un brassage inquiet, qui remodèle selon une forme encore imprévisible le catholicisme du nouveau millénaire. C'est pour cela qu'il se présente non comme un hiérarque, mais comme un disciple faillible du Christ sur les routes de Galilée, le monde contemporain.

François va vers le crépuscule sans tourment. Après l'intervention de l'ancien nonce Viganò, la démission papale est devenue un sujet tabou, mais le renoncement – quand l'âge se fera pesant – reste une option. S'il doit démissionner, « il prendra sa valise, quittera Rome sans habit blanc et ne dira plus un mot », assure un responsable latino-américain au Vatican. En attendant, il va de l'avant. « François va de l'avant même si on ne le comprend pas », expliquait un intime du pape au plus fort de la rébellion déchaînée par les quatre cardinaux opposés à l'*Amoris lætitita.*

François ne renonce pas à se battre pour sa vision de l'Église. Célébrant la messe à Saint-Pierre lors du sixième anniversaire de sa visite aux migrants de Lampedusa, François évoque encore une fois les « derniers » de ce monde. « Ce sont les derniers abusés et abandonnés qui meurent dans le désert [ou en défiant] les flots d'une mer impétueuse ; [...] torturés, maltraités et violentés [...] » L'Église dont rêve Bergoglio est appelée – dans l'esprit du discours des Béatitudes de Jésus – à consoler les affligés, à « assouvir leur faim et leur soif de justice », à prendre soin des rejetés. C'est une Église qui brise les frontières de toutes les Églises. Reprenant l'image biblique de l'échelle de Jacob qui reliait le ciel et la terre, François invite ses contemporains à être « ces anges qui montent et descendent, en prenant sous le bras les petits, les boiteux, les malades, les exclus[351] ». Rétrospectivement, le père Federico Lombardi, qui a connu de près aussi bien Benoît XVI que son successeur, estime que Bergoglio fait preuve d'un « extraordinaire courage spirituel en prenant le nom du saint d'Assise ».

Derrière la scène de la popularité de François, de fortes tensions parcourent l'Église. Hans Küng, le grand théologien de Tübingen, protagoniste et observateur critique de près de soixante ans de développements et de régressions, d'ouvertures et de crises de l'Église catholique, suit avec grande inquiétude la parabole du pontificat de Bergoglio : « François a débuté de manière très

351. François, homélie, 08/07/2019.

audacieuse, à présent il faut voir jusqu'où il pourra arriver. » Il s'agit littéralement d'observer mois après mois, réfléchit Küng, « jusqu'à quel point le pape peut avancer sans briser l'Église catholique[352] ». Le théologien suisse, qui est en contact avec Bergoglio, donne l'exemple de l'Église anglicane, paralysée depuis des années sur la question des femmes évêques et des prêtres et des évêques homosexuels. Entre les communautés anglicanes occidentales et africaines, l'opposition est frontale. L'immense corps catholique aussi est en tension. L'appareil du Vatican ne soutient pas l'effort de réforme du pape, c'est évident. L'épiscopat catholique actuel ne serait pas en mesure de tenir un concile réformateur, affirme Küng. Le cardinal Martini pensait la même chose. Proche de la mort, il confiait à son secrétaire Damiano Modena qu'un Vatican III maintenant ne serait pas une bonne chose : « On reviendrait en arrière au lieu d'aller de l'avant. Ce n'est pas un épiscopat capable de réfléchir[353]. »

Le pape argentin, fait remarquer Küng, « est entouré d'évêques qui ne parlent pas, ne prennent pas position, restent tapis… tous des créatures de Wojtyła et de Ratzinger ». Dans son bureau, parmi les montagnes de livres, Küng conclut à voix basse : « Il faut soutenir François. »

352. Entretien avec l'auteur.
353. D. Modena à l'auteur.

Index des noms

Table

Cet ouvrage
a été achevé d'imprimer sur Roto-Page
en février 2020
par l'Imprimerie Floch
à Mayenne

N° d'imprimeur : 95781
Dépôt légal : février 2020
ISBN : 978-2-84876-774-1
Imprimé en France